W9-CKM-364

BREVE HISTORIA DE LA
pintura

BREVE HISTORIA DE LA
pintura

PAZ GARCÍA PONCE DE LEÓN

LIBSA

© 2006, Editorial LIBSA
San Rafael, 4
28108 Alcobendas. Madrid
Tel. (34) 91 657 25 80
Fax (34) 91 657 25 83
e mail: libsa@libsa.es
www.libsa.es

Textos: Paz García Ponce de León
Edición: Equipo editorial Libsa
Diseño de cubierta: Equipo de diseño Libsa
Maquetación: Ana Ordóñez y Equipo de maquetación Libsa
Documentación: Archivo Libsa

ISBN: 84-662-1251-5

CONTENIDO

Introducción

*D*ESDE LA PREHISTORIA HASTA NUESTROS DÍAS, TODOS LOS PUEBLOS HAN PRACTICADO LA PINTURA. A TRAVÉS DE LOS COLORES, LA LUZ Y LAS FORMAS, LOS ARTISTAS HAN EXPRESADO LA CONCEPCIÓN DEL MUNDO QUE LES RODEA, HAN HECHO MÁS CERCANO LO INMATERIAL Y HAN COMPRENDIDO, DOMINADO Y APRECIADO LO COTIDIANO.

La pintura es la manifestación artística más conocida por el gran público. Sin embargo, habitualmente creemos que el reconocimiento de la obra es lo único importante y, al enfrentarnos a un cuadro, lo primero que hacemos es mirar la cartela donde aparece el nombre del autor y el título de la obra. Por eso, aunque parezca una evidencia, tenemos que aprender a mirar la pintura, porque sólo así podremos disfrutar al contemplarla.

La popularización de la pintura ha ido modificando el concepto tradicional y la metodología de la misma. Actualmente, además de detenerse en el análisis estilístico y formal de cada una de las obras de arte, se tiende a situar a las pinturas en su entorno originario, para ser estudiadas en función de la realidad social, política e ideológica que las produjo. El conocimiento de la historia del arte es un requisito indispensable a la hora de comprender la pintura, ya que para obtener una valoración mucho más enriquecedora debemos contextualizarla, situándola en un espacio y un tiempo determinado.

El arte de la pintura es un producto cultural, resultado de un momento concreto. Por eso, al mismo tiempo, este breve recorrido a través de la historia de la pintura pretende favorecer la comprensión de las obras de arte en sí mismas, como hechos únicos e irrepetibles, fruto de la individualidad creadora de los diversos artistas que han construido la historia de la pintura.

Esta *Breve historia de la pintura* recoge a través de diez capítulos un estudio completo de la coherente evolución de la pintura a lo largo de los tiempos, procurando una vinculación estrecha entre el texto y las ilustraciones. Se trata de una obra con una finalidad didáctico y docente. Los cuadros van acompañados por un pie de foto muy completo, además de las explicaciones más extensas que se encuentran en el texto. Gracias a ese tono pedagógico, la lectura de *Breve historia de la pintura* es apta para todo tipo de lector.

Las tres Gracias (hacia 1630, Museo del Prado, Madrid), de Rubens.

De la Prehistoria
al año mil

LA PINTURA RUPESTRE
DEL PALEOLÍTICO SUPERIOR

*A*QUEL DÍA DE VERANO DE 1879 EN QUE MARÍA SANZ DE SAUTUOLA GRITÓ «¡PAPÁ, MIRA BISON- TES!», AL DESCUBRIR EL TECHO DE LA CUEVA DE ALTAMIRA EN SANTILLANA DEL MAR (CANTABRIA), COMENZÓ UN NUEVO CAPÍ- TULO PARA LA HISTORIA DE LA PINTURA, QUE HASTA ENTONCES HABÍA CONSIDERADO QUE EL ARTE PICTÓRICO COMENZABA A MANIFESTARSE A PARTIR DE LAS ANTIGUAS CIVILIZACIONES.

El nuevo descubrimiento de Marcelino de Sautuola no sólo hacía retroceder en miles de años la historia general de la pintura, sino que cambiaba la idea que hasta entonces se tenía de la capacidad artís- tica del hombre del Paleolítico. Sautuola publicó sus investigaciones sobre Altamira en 1880 y aunque, en un principio, no contó con el apoyo de las institucio- nes ni de los investigadores, que negaron su autentici- dad, los descubrimientos posteriores en Dordoña (Francia) le dieron la razón. Desde entonces Altamira fue considerado el santuario más importante de pintu- ra prehistórica hasta que, en 1940, el azar quiso que cuatro jóvenes descubrieran la espectacular cueva de Lascaux en Montignac.

El arte es uno de los pocos patrimonios de nues- tra especie. El Homo Sapiens Sapiens, entre los que se incluye el hombre actual y sus más inmediatos antece- sores, los hombres de Cromagnon, llegaron de África hace 40.000 años con un gran bagaje cultural, intelec- tual y técnico. Esto les permitió desarrollar distintas culturas durante el Paleolítico Superior (c. 30.000- 8.000 a.C.), algunas de ámbito europeo, como las pri- meras Auriñacense y Graventiense (c. 30.000-19.000 a.C.), a las que pertenecen las primeras manifestacio- nes del arte de la humanidad sobre bloques de piedra; y otras de ámbito y duración más limitados, como el Solutrense (c. 19.000-15.000 a.C.) en la Península ibé- rica y Francia. La mayor parte de las representaciones rupestres paleolíticas pertenecen a la cultura Magdale- niense (c.15.000-8.000 a.C.), que se extiende por toda Europa, desde la Península ibérica hasta Polonia.

Este mural del año 40 a.C., de la Villa de Boscoreale, muestra a *Mujer tocando la cítara y doncella*. La pintura mural era habitual en las grandes casas romanas.

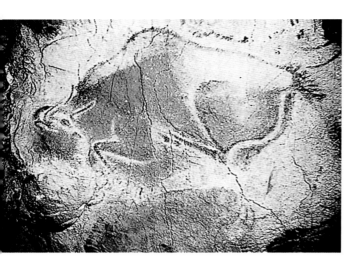

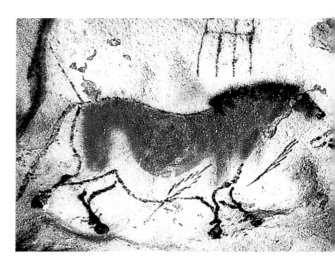

Bisonte procedente de la cueva de Altamira (Cantabria, España) del 10.000 a.C.

Caballo y flechas de la cueva francesa de Lascaux (Francia) del 20.000 a.C.

Con el inicio del Paleolítico aparecieron las primeras referencias plásticas tanto en el arte rupestre y parietal de las cuevas, como en los utensilios portátiles. El arte prehistórico se manifestaba según las posibilidades técnicas que poseía el hombre paleolítico y con el soporte en el que trabajaba. Avanzado el Paleolítico, la técnica de laminar la talla de sílex alcanza su mayor desarrollo. Las puntas de sílex y los arpones de asta fueron sus principales herramientas de trabajo, y con ellos pudieron aprovechar los recursos que les ofrecía la naturaleza, especializándose en la caza de los animales más abundantes e incorporando el pescado y los moluscos a su dieta.

EXTENSIÓN GEOGRÁFICA DE LOS YACIMIENTOS

La mayor parte de los cerca de 300 conjuntos rupestres cuaternarios conocidos se concentran en un área reducida del sudoeste de Europa que hoy corresponde a Francia y España. En el resto de Europa, donde han sido numerosos los hallazgos de arte mueble, hay escasas representaciones de arte rupestre, aunque éstas aparecen en la cueva de Kapowa en Rusia o las de Levanzo y Addaura en el sur de Italia. La concentración de pinturas en el área franco-cantábrica podría deberse a las características geológicas de esta zona, donde son abundantes las cuevas naturales. Pero seguramente se deba a que en esta zona hubo una gran concentración de población por el clima y la abundancia de caza.

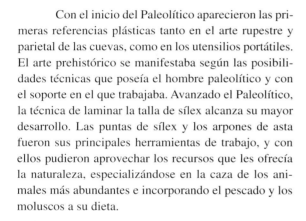

En Francia las pinturas rupestres se concentran en tres zonas. La actual región de la Dordoña, el Pirineo francés y el último tramo del río Ródano. En la zona de la Dordoña, con más de cien cuevas, destacan: la impresionante cueva de Lascaux, la cueva de la Mouthe, la de Font-de-Gaume, Rouffignac, Cougnac y Pech- Merle, entre otras. En la zona del Pirineo francés se han encontrado pinturas en las cuevas de Niaux, Marsoulas, Le Portel y Trois Frères. El tercer foco de cuevas prehistóricas se concentran en el último tramo del río Ródano donde existen cuevas interesantes como las de Chabot, d´Oulen y Ebbou.

Bisontes de Altamira. Los hombres paleolíticos no pintaban buscando la belleza, sino como un soporte de una idea.

En España la máxima concentración de cuevas, más de ochenta, se extiende a lo largo de la cornisa cantábrica, desde el País Vasco, pasando por Cantabria, hasta Asturias. En el País Vasco destacan las cuevas de Altxerri, Ekain, Santimamiñe y Venta la Perra; en Cantabria destacan las cuevas de Altamira, el Castillo, La Pasiega, Las Monedas, Las Chimeneas, Chufín y Hornos de Peña; y en Asturias, la cueva de Tito Bustillo, la de Cándamo, el Pindal y Buxu. En el resto de la Península ibérica destaca la cueva de Parpalló en Valencia; las de La Pileta en Nerja y el Toro en Málaga, la de Maltravieso en Cáceres, las cuevas de Los Casares y de la Hoz en Guadalajara, la de Penches y Atapuerca en la provincia de Burgos y en la zona de Levante la cueva de El Niño en Albacete y la de La Moleta en Tarragona.

TÉCNICAS Y UTENSILIOS

Sólo nos han llegado las manifestaciones artísticas en soportes duraderos como la piedra, la arcilla y el hueso. La finalidad primordial del artista paleolítico fue determinar el contorno de lo que quería representar, en un primer momento mediante el color y luego mediante el grabado. El relleno interior apareció después, cuando desearon representar el volumen de las figuras.

Para realizar las figuras en las paredes, el artista pintaba y grababa utilizando el color, la línea y el volumen. Para pintar usaba colorantes ocres, que iban desde el rojo oscuro hasta el amarillo, obtenidos de tierras naturales, y el color negro que provenía del óxido de manganeso y del carbón vegetal. Los colores se aplicaban en seco, directamente, en forma de pasta, mezclados con grasa y resina o líquido, disueltos en agua. En el vestíbulo de Altamira, H. Obermaier encontró diversos colorantes en trozos afilados, para pintar directamente, y otros machacados y preparados en el fondo de unas conchas de lapa que sirvieron como recipientes o paletas.

Para definir los contornos, bien con pintura o con incisión, la línea podía estar muy definida o más difuminada. A veces el contorno era muy irregular y muy de vez en cuando utilizaban el punteado. En el caso de los bisontes de Altamira, primero se realizó su perfil cérvico-dorsal, y luego se trazaron las patas y demás apéndices que muestran detalladamente las características anatómicas de cada animal en sus diferentes posturas, creando una escena llena de realismo y movimiento.

Para realizar el relleno, podían utilizar un sólo color, que en ocasiones podía ser sombreado con otro,

Figuras humanas con toros y cérvidos de la cueva de la Vieja, Alpera (Albacete, España). La figura del centro debía ser un «gran brujo».

Bóvido de la cueva de Lascaux. Los animales representados siempre están de perfil y desproporcionados.

raspado y difuminado, como en el espectacular techo de Altamira. Otras veces aparecía un punteado en el interior, como en Pech-Merle. El grado de acabado no es el mismo en todos los paneles. En algunas ocasiones, como en Tito Bustillo, se preparaba el muro antes de disponer las siluetas de los animales.

UBICACIÓN

Dentro de las cuevas la mayor parte de las manifestaciones rupestres se encuentran en el interior, ya sea en

Curiosa escena de dos bisontes que se dan la espalda procedentes de la cueva de Lascaux (Francia).

los corredores o en las salas iniciales, aunque también hay grabados en las zonas de embocadura al aire libre como en Venta la Perra o Chufín. Las superposiciones de pinturas y grabados en un mismo panel, a los que a veces se llega con mucha dificultad, han hecho pensar que quizá algunas paredes de las cuevas tuviesen un valor mágico. Algunas representaciones se encuentran al alcance de la mano y, en cambio, otras, como en Lascaux, se hallan en lugares de difícil acceso, por lo que en ocasiones debieron utilizar andamios, bien en forma de piedra o subiéndose encima de otros compañeros.

No existe una regla en cuanto a la colocación de las figuras. En algunos casos, los hombres del Paleolítico no dispusieron sus temas al azar, ni escogieron el repertorio figurativo indistintamente. Su selección y posterior combinación respondía a un esquema reiterado a lo largo del tiempo. Pero en la mayoría de las pinturas rupestres no existe una ordenación clara de las figuras y, en la misma escena, aparecen figuras en horizontal y vertical, unas hacia arriba y otras hacia abajo, como en el caso de Altamira; cosa comprensible si se piensa que cuando realizaban las figuras, las lámparas no les permitían ver más de dos o tres animales al mismo tiempo. Como lámparas o lucernas utilizaban unas piedras ahuecadas donde la mecha era alimentada por grasa.

LOS TEMAS

El arte no nació como expresión de la belleza o del perfeccionamiento, sino como soporte de una idea, como una necesidad. Por eso los hombres paleolíticos no variaron la línea de su representación y los temas, los motivos y el estilo se mantuvieron constantes a lo largo de los siglos.

Cada cultura paleolítica muestra una especialidad iconográfica. Cada cueva presenta una disposición de figuraciones, pero existen tanto en pintura como en grabado tres temas principales: los animales, las figuras humanas y los signos. La mayor parte de las figuras son animales, algo normal en una sociedad dedicada a la caza. La mayoría de los animales se representan de perfil, de tamaño inferior al natural y sin guardar las proporciones entre sí. Los volúmenes de la roca sugieren formas y detalles de su anatomía. El animal que más aparece es el caballo, seguido del bisonte, las cabras, los bóvidos y los ciervos. Excepcionalmente aparecen otros animales como el rinoceronte, el reno, el jabalí, los peces, los pájaros e, incluso, animales imaginarios como el unicornio de Lascaux.

Las escasas figuras humanas son mucho menos realistas que las de los animales. Destaca la galería de retratos paleolíticos de La Marche. A menudo aparecen figuras antropomorfas, como las itifálicas de Altamira y Hornos de Peña. Dentro de las figuras humanas aparecen las pinturas de manos, tanto en positivo como en negativo. Unas veces mostraban tan sólo la muñeca y otras el antebrazo entero. Algunas veces faltan algunos dedos en la mano.

Estas siluetas de manos han sido siempre un misterio, al igual que la enorme variedad de signos abstractos que aparecen en los muros. Pueden aparecer solos o asociados á algún animal y son siempre geométricos. Van desde simples puntos y trazos, hasta complejos signos cuadrangulares con divisiones internas. Los signos podían ser la expresión de un lenguaje simbólico entendido por la comunidad de hombres paleolíticos.

EL SIGNIFICADO DEL ARTE PALEOLÍTICO

Tras el descubrimiento de Altamira y otras cuevas francesas, se intentó encontrar el significado de estas pinturas prehistóricas y, desde entonces, las investigaciones se han sucedido sin alcanzar hasta el momento el consenso. La teoría del abate Breuil, a principios del siglo XX, mantenía la idea de que el hombre paleolítico realizaba prácticas mágicas y ritos frente a estas pinturas para asegurare la buena caza. La doctora Laming Emperaire y el profesor A. Leroi Gourhan, partiendo de un análisis detallado de las pinturas y grabados, llegaron a la conclusión de que las cuevas no se decoraron al azar. Los animales que plasmaba el hombre cuaternario eran símbolos que representaban los dos principios originarios de la vida, el dualismo sexual macho/hembra,

Cripta del templo funerario Deir el-Bahari (hoy en el Museo
Egipcio de El Cairo), construido por la reina Hatshepsut
y su sucesor Tutmosis III.

asociando lo masculino al caballo y lo femenino al
bisonte. Actualmente se barajan todas las hipótesis y se
continúa trabajando en busca de nuevas teorías.

LA PINTURA DEL ANTIGUO EGIPTO

La pintura egipcia es una excepción dentro de las civilizaciones antiguas. Los hallazgos confirman que la
pintura existió en los edificios importantes de Mesopo-
tamia y en otras ciudades de la cuenca del Indo, pero es
únicamente la egipcia la que ha perdurado hasta nuestros días. La razón por la que la pintura egipcia se ha
conservado está en relación con el lugar donde se ha
encontrado y su soporte. La mayor parte de las pinturas
pertenecen a las tumbas y algunas a los templos. Ninguna otra civilización antigua, salvo la etrusca, se dedicó con tanto esmero a su enterramiento. Las tumbas
eran consideradas por la religión egipcia como lugares
eternos y duraderos, por eso los egipcios las construyeron siempre en piedra, al igual que sus templos. A este
factor habría que añadir otro fundamental que sin duda

Sarcófago de Djedhorefankh, Dinastía XXII (Museo de El Cairo). Es
un ejemplo de decoración: escenas con intensos colores de dioses
y ofrendas para acompañar al difunto en su viaje al Más Allá.

ha favorecido a la conservación de las pinturas: el
clima seco del desierto cercano al Nilo.

Apis era representado por un toro y era una práctica habitual enterrar a las grandes personalidades con momias de animales sacrificados, con el objetivo de que tuvieran en su último viaje lo mismo que han tenido en vida.

Tumba de Nebamón. La caza era uno de los pasatiempos preferidos de las personas ricas.

Dentro de la arquitectura sagrada, los templos se expusieron más intensamente al paso del tiempo, lo que hizo que sus zonas pintadas se deteriorasen más rápidamente que las de las tumbas, que debían perdurar eternamente y protegerse de las profanaciones. Las pinturas debieron cubrir también las paredes de los palacios y residencias egipcias. En la tierra de los faraones se consideraba la vida presente como algo efímero, y la muerte como un camino que les llevaba a la segunda vida, que era la definitiva.

Por eso dedicaron materiales más perecederos a la construcción de sus viviendas, aunque no por ello dejaron de ser suntuosas. La arquitectura civil egipcia fue rica y abundante, y también lo fue la pintura que decoró sus paredes, aunque el deterioro que sufrieron sus materiales ha hecho que prácticamente haya desaparecido.

EL LENGUAJE DE LAS FORMAS

Las artes figurativas no sufrieron cambios importantes a lo largo del tiempo, porque buscaban un sistema de representación que les permitiese crear una realidad inmutable, eterna, que no estuviese sometida a la tiranía del tiempo y huyese de lo accidental y lo circunstancial. A partir del Imperio Antiguo (2654-2130 a.C.), que abarca las dinastías III y IV, las reglas de representación en pintura, relieve y escultura aparecen ya perfectamente definidas y serán siempre consideradas como modelos de representación válidos para cualquier momento y cualquier lugar. El artista sólo tenía que

conocer el modelo adaptándolo a las exigencias iconográficas y al momento histórico, lo que hizo que el lenguaje plástico egipcio sufriera pequeñas modificaciones a lo largo de toda su historia.

Los egipcios se distinguieron entre todos los pueblos del Próximo Oriente por haber buscado desde el principio un sistema de proporciones ideal del cuerpo humano. El modelo básico era la figura de pie, y los módulos guardaban relación con el brazo, el puño cerrado, el ancho de la mano y el codo. El cuerpo humano media 18 puños de altura, ó 4 codos, ó 24 anchos de mano; y sentado, 15 puños de altura. Estas normas apenas cambiaron, aunque durante el Imperio Nuevo (1154-1075) las tumbas de los nobles y los artesanos no mantuvieron siempre la ortodoxia proporcional.

El principio básico de la plástica egipcia se basa en la utilización del contorno como elemento fundamental de la figuración. Desde la Prehistoria el perfil fue el elemento fundamental, el más característico para definir y diferenciar a los seres vivos y los objetos. El famoso «relieve de Hesiré» muestra claramente el sistema que utilizaron en la pintura y el grabado para representar al hombre de pie. La estilización del cuerpo humano está en la base de todas las manifestaciones plásticas. El eje vertical del cuerpo se cruza en ángulo recto con la línea horizontal de los hombros, siendo estos y el ojo los únicos que se muestran de frente y todo lo demás se representaba de perfil. La figura se muestra desde diferentes puntos de vista pero el resultado es totalmente armonioso. El lado hacia el que miraban las figuras fue originariamente el izquierdo, de tal manera que nos mostraban su perfil derecho. Esto está

Osiris fue uno de los dioses más importantes del Antiguo Egipto. En esta escena Osiris está sentado para juzgar al hombre muerto Hunefer, mientras se está pesando su corazón en una balanza.

quizá relacionado con la dirección que tenía la escritura jeroglífica. La mujer se representa como el hombre, pero con el pie izquierdo menos adelantado. Suele aparecer quieta, frente al hombre que se muestra caminando. Lleva vestidos largos sin mangas y muestra un solo pecho, a veces descubierto, sin guardar relación con el vestido o los hombros. Si las categorías sociales más elevadas exigían un estricto canon de representación con posturas y actitudes rígidas, las escenas que representan a trabajadores manuales realizando sus tareas muestran una mayor variedad de posturas. Pero en general el número de gestos y actitudes siempre fue muy reducido.

El orden que domina las composiciones obedece a la necesidad de exponer las formas acoplándolas al orden cósmico que rige el mismo Egipto. La ausencia de perspectiva o cualquier ilusionismo espacial en las pinturas se debe a que el arte egipcio figurativo es conceptual. Cada figura o grupo puede aislarse de lo que hay a su alrededor y analizarse individualmente. Para representar los cuerpos dispuestos en hilera, en una misma fila perpendicular a la superficie, los artistas egipcios utilizaron diferentes convencionalismos. En la tumba de

Userhat, un escriba real de la Dinastía XVIII, o en la tumba de Menna, los artífices usaron el método de la superposición partiendo de la figura en primer plano, detrás de la cual se van situando escalonadamente las demás. En la tumba de Sennefer, gobernador de Tebas, hay también un intento de perspectiva en la escena de la barca donde los remeros van disminuyendo su altura.

La pintura está íntimamente unida con la superficie plana, incluso la escultura exenta partía siempre del plano. La policromía fue aplicada tanto a figuras en superficies planas, como a figuras en relieve. La relación del relieve con la pintura fue tan estrecha en la plástica egipcia, que desde el Imperio Antiguo adquirió su expresión perfecta complementándose a la perfección. Cuando la luz ilumina oblicuamente los colores uniformes aplicados sobre el delicado relieve, estos se transforman adquiriendo volumen. Los escasos ejemplos que conservamos de tumbas con pinturas planas pertenecen a tumbas de nobles, altos dignatarios de la corte y personajes relacionados con el culto de los tem-

«Estela del músico Djed Khonsu Infankh», madera estucada y pintada del 1306 a.C., Museo del Louvre. Muestra al cantor de Amón tocando el arpa ante Horus.

plos, ya que era una solución más práctica y económica para estos grupos sociales, cada vez más amplios, que deseaban decorar dignamente sus enterramientos.

El color, que fue una necesidad básica de la expresión visual, estuvo presente no sólo en la pintura y los relieves sino en la arquitectura, la escultura y los objetos más humildes. Utilizaron una paleta no muy amplia de colores, de origen mineral y vegetal. De las rocas calcáreas obtenían el blanco y del carbón de leña el negro. El amarillo, el marrón y el rojo los sacaban de los ocres, aunque el amarillo podían obtenerlo también del oropimente, un sulfuro natural del arsénico. Pulverizando la azurita y la malaquita obtenían de manera natural el azul y el verde, pero también los podían conseguir de manera artificial, calentando sílice, malaquita, yeso y natrón hasta formar una masa, llamada «masa azul», que se podía pulverizar una vez se hubiese enfriado. Mezclando esta masa con ocre amarillo conseguían el color verde. Para mezclar todos estos materiales utilizaban aglutinantes naturales, como la clara de huevo y la cola de pescado.

Sabemos los pasos que seguía el artista, desde que preparaba el muro, gracias a las tumbas que están sin terminar. La mayoría pertenecen al Imperio Nuevo, como la tumba de Horemheb (Dinastía XVIII) con paredes tan sólo dibujadas, otras labradas en bajorrelieve y otras totalmente acabadas. Los colores se aplicaban con pincel al temple, en seco, sobre las paredes calizas de las tumbas, que previamente habían sido pulidas o trabajadas en relieve. Si la superficie caliza tenía muchas imperfecciones, se colocaba sobre ella una capa de yeso. Los pinceles se formaban a base de fibras vegetales agrupadas mediante una cuerda. También utilizaban como modelos rollos de papiro, donde pintaban las imágenes y los textos que luego eran llevados a los muros.

ICONOGRAFÍA

La temática egipcia puede parecer demasiado igual al estar siempre al servicio de la religión que le concedía un valor mágico. Pero al examinarla detenidamente se comprueba cómo existe una amplia temática, que en ocasiones introdujo variantes sin traicionar los principios que se le imponían. Además las posibilidades temáticas de la pintura y los relieves eran mucho mayores que los de la escultura exenta.

Arriba, escena que describe la vida en el campo y el cobro de impuestos procedente de la tumba de Menna, escriba de Tutomosis IV. Abajo, tumba de Sennefer, gobernador de Tebas.

El enterramiento como lugar eterno fue buscado por las personas de los diferentes estamentos desde el Imperio Antiguo (2654-2130 a. C.). Los faraones de estas dinastías construyeron impresionantes pirámides, pero temáticamente son mucho más interesantes las modestas mastabas de los nobles egipcios. En ellas se encontraba la estatua del difunto y pinturas con diferentes escenas. La estatua era imprescindible porque era el lugar donde residía el alma del difunto. En el frente de la pared oriental se instalaba una falsa puerta, y sobre ella se realizaba la escena del banquete del difunto. A ambos lados de la puerta se depositaban las ofrendas, al principio reales y luego pintadas o esculpidas. A medida que el poder de los grandes señores fue creciendo y el de los faraones disminuyendo, sus enterramientos fueron aumentando el número de cámaras, y sus paredes se llenaron de escenas relacionadas con la vida y la profesión del difunto. No existían en ellas signos sagrados ni referencias plásticas a los dioses o a los seres del Más Allá.

De la mastaba de Atet, esposa del príncipe Nefer-Maat, situada en Meidum, es de donde procede el famoso «friso de las ocas». Este conjunto presenta tres parejas de ocas en una composición simétrica, donde destacan la brillantez de los colores y las matizaciones sublimes, que dan a estas aves una apariencia naturalista.

En la mastaba de Ti, de Saqqarah, se encontró la sala de las ofrendas más importante de la historia de Egipto. En la zona oriental del muro sur se encuentra el relieve que muestra al propietario de la tumba, administrador de los templos funerarios de los faraones, inspeccionando las reses y los antílopes destinados al sacrificio. Su esposa aparece sentada en el suelo, abrazada a una de sus piernas, mientras un administrador de pequeño tamaño lee el inventario de las ofrendas. Cada muro se divide en varios registros, mostrando variadas actividades artesanales y agrícolas. De la boca de los trabajadores salen letreros que dan más vitalidad a las escenas. Destaca en el muro norte el extraordinario relieve de Ti cazando un hipopótamo. Estos relieves representan uno de los puntos culminantes del arte el Imperio Antiguo, combinando a la perfección los relieves de escasa profundidad con la pintura.

Fue durante el débil gobierno de las dinastías V y VI cuando las cámaras sepulcrales de las pirámides se

Parte de la cámara sepulcral de la tumba de Tutankamón, que destaca por la profusa decoración de techos y paredes.

cubrieron con jeroglíficos de los *Textos de las pirámides*. Debió existir una pintura y un relieve policromado, pero apenas se ha conservado.

El orden del Imperio Antiguo se quiebra con el llamado primer Periodo Intermedio (2130-2040 a.C.), que artísticamente aporta muy poco. Las obras son escasas y la calidad disminuye.

«El friso de las ocas» pertenece a la mastaba de Atet (esposa del príncipe Nefer-Maat), ubicada en Meidum. Se trata de una composición simétrica en la que sorprende el detalle con el que están dibujadas las ocas.

El Imperio Medio (2040-1777 a.C.) supone la recuperación política, religiosa y cultural. Los nuevos faraones procedían de Tebas, lo que revitalizó la ciudad. Los nobles abandonaron las mastabas como lugar de enterramiento y comenzaron a excavar sepulcros en las rocas. Se multiplicaron los centros de producción de arte egipcio y aparecieron las diferencias de calidad. Fue un periodo muy creativo en cuanto a arquitectura y escultura, pero no fue especialmente importante en cuanto a pintura. Las pinturas y relieves provienen de las tumbas particulares donde se observan algunos cambios. Se resaltan más los detalles y se ensayan nuevas posturas en las figuras. Aparece la perspectiva ilusoria con imágenes en distintas alturas, dentro de una misma escena, y los colores se vuelven más libres, apareciendo tonos intermedios, pero la ejecución es mucho más descuidada.

Durante el Imperio Medio las pirámides disminuyeron su tamaño y dejaron de decorarse siguiendo los *Textos de las pirámides*. Son los *Textos de los sarcófagos* los que se utilizaron en las tumbas faraónicas, aunque siguen sin tener mucha importancia para la pintura porque no se traducen en imágenes.

Después de la gran humillación que sufrió el orgullo egipcio durante el segundo Periodo Intermedio (1777-1560 a.C.), el Imperio Nuevo (1560-1075) fue una etapa de gran brillantez que duró casi quinientos años. Fue la gran época de la pintura. Los ejércitos egipcios conquistaron grandes territorios en Asia, y Egipto se relacionó con diferentes países. Con estos nuevos contactos, la cultura egipcia se vitalizó.

Los faraones se enterraron en el Valle de los Reyes y las reinas lo hicieron en un lugar próximo algo más hacia el sur, el Valle de las Reinas. No sabemos si la elección del lugar estaba en relación con su geología, ya que el valle era un lugar recogido, dominado por una montaña que tiene forma de pirámide. Las mismas pirámides que habían sido olvidadas por los grandes faraones que pasaron a enterrarse en hipogeos. La planta de estas tumbas excavadas en la roca fue cada vez mayor, por lo que también fueron aumentando la superficie de paredes pintadas.

Las tumbas de los faraones y sus esposas se llenaron de pinturas o relieves pintados, de compleja lec-

Tumba de Nefertiti, en el Valle de las Reinas, con distintas escenas en las que la protagonista es la reina.

tura. Los temas que eligieron los faraones para decorar sus tumbas provenían de los nuevos textos: *El libro de la cámara secreta*, dividido en 12 partes, que cuenta lo que le ocurría al sol en el mundo de las tinieblas durante la noche; *El libro de las puertas*, también dividido en 12 partes y, el más popular de todos, *El libro de los muertos*, que aparece muchas veces copiado en papiros enrollados como parte del ajuar funerario. Los llamados *Libro del día* y *Libro de la noche* son incorporados a las tumbas con la Dinastía XIX. Todos estos libros introducen una nueva y variada iconografía funeraria, que conjugaba los rituales osiríacos con el principio de reencarnación de la vida del difunto. La estructura y el programa decorativo de las tumbas reales hacía incapié en la reencarnación del rey que, al igual que el viaje que realiza el sol cada noche al mundo de las sombras, tenía que superar todo tipo de obstáculos hasta llegar a la meta, el renacimiento matutino.

Entre los dioses que aparecen representados destaca la presencia de Osiris, Hathor y Anubis. Osiris fue una de las divinidades más importantes cuyo culto se extendió por todas las capas sociales, sustituyendo en algunos santuarios a otras deidades. En la tumba de Horemheb éste aparece como un adolescente ante Osiris, representado como una momia, y el faraón le ofrece vino y cerveza. Se trata de un tema tradicional expresado con formas que también lo son.

Anubis era el dios, mitad hombre mitad chacal, que aseguraba la integridad del cuerpo del difunto durante la momificación. También es conocida su imagen pesando el alma del difunto en una balanza frente al tribunal de Osiris.

La diosa Hathor, encargada de proteger a los muertos, adoptó desde el Imperio Medio la forma de vaca y también fue representada como una mujer coronada con un gran círculo sostenido por dos cuernos. A ella estaba dedicada la cripta del templo funerario Deir el-Bahari, construido por la reina Hatshepsut y su sucesor Tutmosis III.

Decoración del sarcófago de la tumba de Tutankamón. Esta escena representa la llamada «ceremonia de la abertura de la boca» para que el difunto tenga la capacidad de hablar, ver y comer en el Más Allá.

Escena procedente de *El libro de las puertas*, que forma parte de los libros que aportaron una nueva iconografía para la decoración de las tumbas de los faraones y sus esposas.

En el Imperio Medio surge el más terrible de los seres que acechan a los muertos durante su viaje al Más Allá: Apofis o Apopis. Fue representado como una serpiente, que surge también en el Imperio Medio. Atacaba a la barca solar y el *Libro de los muertos* relata su muerte cuando el gato de Ra le corta la cabeza delante del árbol sagrado de Heliópolis.

Los difuntos se representaban bajo formas humanas o como momias. Su alma o fuerza vital, lla-

Dos escenas de *El libro de los muertos*: arriba, la ceremonia de abertura de la boca. Abajo, el llamado papiro de Heruben en el que el difunto ya embalsamado recibe los rayos de Ra para que le acompañen en su viaje.

mada «ka» o «ba», se representaba como un ave de cuerpo corto con cabeza humana.

En cuanto al estilo, al comenzar el Imperio Nuevo los relieves de las tumbas siguieron los modelos del Imperio Antiguo con un gusto por la composición simétrica, la estilización de las figuras y los colores apagados, fruto del sentimiento nacionalista que surgió tras la expulsión de los hicsos. Pero con los reinados de Amenofis II y Tutmosis IV la composición y las actitudes de las figuras se dulcificaron en un estilo llamado «gracioso». Se mantuvieron los convencionalismos del lenguaje plástico, pero los hipogeos faraónicos traducían las imágenes procedentes de los papiros de manera muy directa, lo que determinó un estilo esquemático muy semejante al de la escritura jeroglífica. A finales de la Dinastía XVIII surge el llamado estilo «amarniano» del herético Amenofis IV, o Akhenatón, que fundó una nueva capital donde sólo se daba culto a Atón, el dios solar. Estos cambios político-religiosos se vieron acompañados por un paréntesis en las formas artísticas, que vivieron un momento de gran naturalismo. Tanto el rey Akhenatón como sus familiares son representados con cabezas alargadas sobre un tronco delgado, que se ensancha mucho en las caderas. Pero sus sucesores volvieron a recuperar las formas académicas aunque en ocasiones resultaban un poco descuidadas.

El lujo llegó a la vida de los nobles y altos dignatarios de la corte del Imperio Nuevo, que desde entonces fueron enterrados en hipogeos llenos de figuras pintadas. Incluso los artesanos y las gentes modestas decoraron sus tumbas con ricas figuras. Entre el Valle de los Reyes y el Valle de las Reinas se edificó el poblado de Deir el-Medina, habitado por los arquitectos, escultores, albañiles, pintores y guardianes de las tumbas reales; y en la misma orilla del Nilo, pero más cerca del río, se encuentra Abd-el-Gurna, la necrópolis de los nobles y altos dignatarios.

La novedad en las tumbas privadas fue la aparición de las figuras de los dioses y de escenas relacionadas con la momificación o los viajes funerarios al Más Allá, como en la tumba de Pairy donde él y su mujer aparecen adorando la imagen del dios Osiris sentado en un trono. La tumba de Ramose, alcalde de Tebas, contiene dos registros con la escena de su enterramiento. Aparece desfilando el cortejo con los dos trineos que llevan los armarios decorados, uno guarda

Mural con la ofrenda para el faraón de la tumba de Ramsés III. Los faraones fueron enterrados en el Valle de los Reyes; las reinas fueron enterradas en un lugar cercano, más al sur.

el sarcófago y el otro los vasos canópicos con las entrañas del difunto. También aparecen los portadores del ajuar y las ofrendas del difunto y, en la zona inferior, destaca el grupo de plañideras, con vestidos blancos de lino plisado, mirando hacia arriba.

Pero en estos hipogeos privados encontramos todavía temas del Imperio Antiguo como las escenas de caza, de navegación, recolección y los grandes banquetes funerarios. La tumba de Menna goza de gran fama por las pinturas que cubren sus dos cámaras, alejadas en ocasiones de las convenciones de la pintura egipcia. La cámara anterior a la capilla presenta escenas de la vida cotidiana, como la trilla, donde reina una gran sencillez en los trazos de las figuras, y una limitada policromía. Otro artista decora la capilla con escenas de caza y pesca muy alabadas, donde el agua se representa mediante diversas ondulaciones en las que habitan diferentes especies marinas. También es famosa la escena de la caza en los pantanos, procedente de la tumba de Nebamón, por la riqueza de colores, la seguridad de los trazos y la elegancia de las líneas.

Destaca entre todos ellos, el hipogeo de Nakht, el astrónomo de Amón, que vivió en tiempos de Tutmosis IV, por las excelentes pinturas que cubren la primera y pequeña cámara de su tumba. Las escenas se dividen en varios pisos. En la escena del banquete y la música destaca la figura del arpista ciego, personaje típico de los banquetes fúnebres, que aparece representado con una gran espontaneidad alejándose de los rígidos esquemas habituales; rasgo que es todavía más notable en las figuras de las tres bailarinas que danzan en el centro de la escena del banquete. Una de ellas, desnuda, tañe un laúd al mismo tiempo que baila y vuelve su cabeza hacia atrás, mostrando de frente el tronco y los pechos. Estas novedades técnicas buscaban la variedad de los sistemas de representación, para no caer en la monotonía. Esta animada escena contrasta con las solemnes del muro opuesto donde aparece la ofrenda al dios Amón de Nakht y su esposa, cantante del mismo dios, o la escena de la pesca y caza en una zona pantanosa.

Los constructores de las tumbas reales recurrieron a los temas del *Libro de los muertos* para decorar sus enterramientos en Deir el-Medina, aunque la calidad es menor que la de las tumbas faraónicas. Una de las más famosas es la tumba de Sennedjem con escenas como la del dios Anubis cuidando la momia del difunto.

Arriba, pintura de un río rodeado de árboles y arbustos encontrada en una tumba del poblado de Deir el-Medina, donde también se encontró (abajo) la curiosa estela de Bai, con representación de orejas, muy habitual en el Imperio Nuevo.

Pintura mural de la tumba de Nakht (Tebas) en la que se aprecia un banquete de damas de la alta sociedad. Nakht era el astrónomo de Amón.

Imagen que decoraba el templo del dios Amón: las escenas de la vida cotidiana, con objetos y situaciones comunes, eran habituales en algunas pinturas de murales o papiros.

Imagen de Anubis procedente del Valle de las Reinas. El dios Anubis tenía la mitad del cuerpo de hombre y la otra mitad de chacal. Su función era asegurar la integridad del cuerpo del difunto en la momificación.

Los templos del Imperio Nuevo conservan algo de la pintura y los relieves pintados que cubrieron sus muros, con una iconografía que no difiere mucho de la de las tumbas. Representan sobre todo las leyendas de los dioses, así como escenas de guerra protagonizadas por faraones. Pero el peligro no sólo lo representaban sus enemigos sino todo aquello que perturbase el equilibrio de la naturaleza, como las sequías, inundaciones, epidemias... que aparecen simbolizadas como animales salvajes que son vencidos por el faraón.

Lo poco que conservamos de pintura profana pertenece al Imperio Nuevo, cuando la cultura del lujo aparece entre los poderosos. No sabemos cómo fue la temática de los palacios y residencias. El primer conjunto notable procede del palacio de Malkata, construido por Amenofis III en la orilla occidental del Nilo, cerca de Tebas. Los fragmentos muestran paisajes cubiertos por diferentes plantas o pájaros volando sobre un fondo de color. Poseen un gran carácter decorativo, pero no sabemos si tenían otro significado. Los restos del palacio de Tell el-Amarna, la ciudad fundada por Amenofis IV, llamado también Akhenatón, presentan de nuevo escenas llenas de una rica vegetación con aves. También procede de allí un fragmento significativo con dos jóvenes desnudas que se acarician, algo novedoso porque la ternura no es un rasgo que aparezca en el arte egipcio. Al nordeste de Menfis, Ramsés II construyó una nueva cuidad, llamada Pi-Ramsés,

En este friso de la tumba de Set I se pueden distinguir las figuras de Horus con cabeza de halcón, Tot con cabeza de ibis y el chacal Anubis.

donde se encontraron numerosos fragmentos de cerámica que recubrían las paredes con imágenes marítimas llenas de animales de diferentes especies y alguna figura femenina.

LAS BASES DE LA PINTURA ROMANA

Las condiciones que produjeron la conservación de la pintura egipcia no se dieron en la pintura griega. Su pérdida ha hecho que cuando se quiera hacer una historia de la pintura griega haya que recurrir a los textos y a los escasos fragmentos que se conservan, a las copias romanas, relativamente fieles, y a las escenas plasmadas en las cerámicas. Los griegos tuvieron gran aprecio a sus pintores, probablemente más que a sus arquitectos y escultores. Conocemos sus nombres, sus biografías llenas de anécdotas y las descripciones de algunas obras. Pero si la obra de los pintores griegos no se ha conservado, no ocurre lo mismo con la de los romanos. La erupción del Vesubio en el año 79 de nuestra era sepultó las ciudades de Campania permitiendo que se preservaran conjuntos muy completos de pintura monumental, mientras que en otras ciudades romanas éstos desaparecieron para siempre.

La pintura romana se basa fundamentalmente en la herencia griega, más bien helenística, y en el sentido práctico del carácter romano. Durante la Monarquía (siglo VI a.C.) la mentalidad rústica de los romanos consideraba que el arte era una actividad corruptora de las costumbres de un buen ciudadano. A partir del siglo II a.C. los romanos comenzaron sus conquistas, conocie-

Arriba, pintura sobre madera estucada de la puerta de acceso de la tumba de Sennedjem. Abajo, friso procedente de Tell el-Amarna, hacia 1340 a.C.

Estela de caliza policromada del Museo Egipcio de El Cairo.
Una de las épocas de mayor esplendor se vivió con Ramsés II,
quien aparece agarrando a unos prisioneros del pelo.

ron otras civilizaciones y comenzaron a importar las riquezas de los lugares sometidos. Desde entonces las pinturas griegas llegaron masivamente a Roma y también los pintores helenos, para realizar los encargos de los romanos más intelectuales y refinados. La sociedad romana cambió sus costumbres y Roma se convirtió en una ciudad suntuosa.

Esta influencia griega no impidió que la pintura romana mostrase el característico sentido práctico que dominó toda su producción artística. Su sentido utilitario del arte les hizo buscar una pintura que no sólo fuese bella, sino que creara un ambiente grato y presentase temas docentes. Así la pintura se convertía en decoración, más que creación.

A pesar de la alta consideración que profesaban por la pintura griega, los romanos no admiraron de la misma manera su propia pintura. El carácter práctico que le dieron hizo que los muralistas y fresquistas fuesen considerados como artesanos y no como artistas. Por eso ante la cantidad de nombres de escultores y arquitectos que conocemos, apenas nos han llegado nombres de pintores.

TÉCNICAS DE LA PINTURA ROMANA

La mayor parte de la pintura romana se hizo al fresco. Aunque el método para su realización sufrió alguna alteración, el procedimiento habitual consistía en preparar el muro previamente, aplicando tres capas de mortero, una mezcla de cal y arena, y una capa gruesa de pozzolana volcánica. Luego se daban tres manos de cal mezclada con polvo de mármol. Una vez seca, esta superficie se pulía con trozos de mármol, vidrios y paños que anulaban la rugosidad de la pared. Una vez preparado el muro se aplicaba el color sobre la superficie previamente humedecida. De esta manera, cuando las dos primeras capas se secaban, iban reaccionando químicamente con el color, y se formaba una pequeña capa de carbonato cálcico que permitía una buena conservación del fresco y hacía que el color quedase perfectamente adherido al muro.

Los colores que utilizaban eran de origen mineral y orgánico. El negro lo obtenían de sustancias orgánicas; los grises y violetas de la mezcla de diferentes tierras; el verde provenía del manganeso; el rojo del

Pintura de la Sala del Trono de Cnossos en la que se representa
un grifo. La pintura griega, y en concreto la helenística,
fue la base para la posterior pintura romana.

La pintura griega no se ha conservado en buenas condiciones, como sucede con otras civilizaciones. Este arte se utilizó mucho para decorar, como en estas tres copas antiguas.

cinabrio; el blanco del carbonato cálcico; el azul del silicato de cobre y los ocres y amarillos del óxido de hierro. Estos colores eran triturados, mezclados y disueltos en agua con un poco de cola antes de aplicarse en los frescos.

La pintura de caballete fue más escasa. Se realizaba sobre madera y al temple, utilizando como aglutinantes para mezclar los colores: la cola, la goma, el huevo, la leche e incluso el aceite. En algunas ocasiones los cuadros de caballete se realizaban siguiendo la técnica de la encáustica, muy utilizada en la Grecia helenística, donde los colores eran disueltos en cera caliente y se aplicaban antes de que ésta se secara. También empleaban una técnica mixta que preparaba la madera como si fuese un fresco y sobreponían el color al temple.

La gran pintura mural se produjo entre los últimos años de la República y los primeros del Imperio, aproximadamente entre el año 150 a.C. y el 98 d.C. Las grandes muestras que se han conservado de esta época pertenecen a las tres ciudades de la Campania: Herculano, Pompeya y Stabies, que fueron sepultadas por el Vesubio. También existen pinturas en la misma Roma, encontradas en la zona del Palatino.

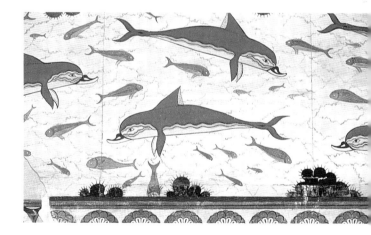

Fresco de los delfines de Cnossos que destaca por el detalle y las líneas tan puras usadas para representar el fondo marino.

LOS CUATRO ESTILOS MURALES

Las relaciones entre la pintura y el soporte mural eran tan complejas que justificaron su clasificación en cuatro estilos. Clasificación que realizó el investigador alemán August Mau en 1882, y que desde entonces ha sido aceptada por casi todos los investigadores. Esta clasificación sólo se refiere a las obras más difundidas, dejando a un lado la producción de otros artistas y otros géneros menores no menos interesantes. Los

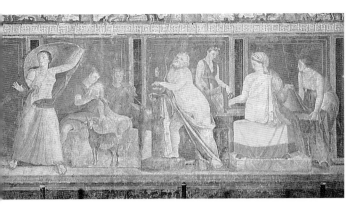

Arriba, pintura sobre Dionisio procedente de la Villa de los Misterios de Pompeya, siglo I a.C. Abajo, pintura mural de la Villa de Boscoreale, también del siglo I a.C.

Fresco del mito del nacimiento de Adonis del palacio de Nerón en Roma, que en la época recibió el nombre de «Casa de Oro».

Mural de la Casa de los Vetii, Pompeya, siglo I a.C. El estilo arquitectónico buscaba el efecto de profundidad en las salas de las casas de las grandes familias romanas.

nombres de cada estilo responden al tema y la intención que pretendían transmitir sus autores. El primer estilo, llamado «estilo de incrustación» o «estructural», se inicia a mediados del siglo II a.C. y se mantiene hasta los primeros años del siglo I a.C. Se limita a reproducir las losas de mármol y otros ornamentos, como jaspes y pórfidos, que poseían las casas helenísticas del Mediterráneo. Este tipo de pintura creaba un efecto de gran suntuosidad y colorido con un procedimiento, el del fresco, muy barato. Los mejores ejemplos de este estilo pertenecen a varias casas de Herculano, como los aposentos de la Casa Samnita donde el muro se divide en un basamento que imita el granito, sobre el que se disponen tres franjas que representan mármoles jaspeados grises, rojizos y rosados, coronados por una cornisa volada de estuco que simula mármol blanco.

El segundo estilo, el «estilo arquitectónico», basado en el efecto ilusionista de profundidad que crean las arquitecturas en perspectiva, comienza con el siglo I a.C. y abarca toda esta centuria. Este estilo, que está muy relacionado con el de incrustación, gozó de un enorme éxito en las salas de las villas de Pompeya, como por ejemplo en las villas de Boscoreale, los Misterios y la Casa del Laberinto. En una de las salas de la Villa Boscoreale se obtienen tres planos ilusionistas de

Arriba, pintura del siglo I procedente de la Villa de Agripa,
Pompeya, en la que se representa una escena mitológica.
Derecha, las dos pinturas, procedentes de las ruinas de Pompeya,
reflejan las vidas de los dioses.

gran efecto por medio de un primer plano de columnas
sobre pedestales, que se alzan frente a un alto zócalo,
sobre el que corren cornisas voladas y molduras que
enmarcan los vanos de la pared. En el cubículum utilizaron otra modalidad más recargada, que dispone un
basamento de mármol sobre el que se levanta una
columnata a través de la cual se ve la ciudad llena de
edificios amontonados.

Entre finales del imperio de Augusto (31 a.C.-
14 d.C.) y principios del de Tiberio (14-37 d.C.) se
desarrolla el tercer estilo denominado «mixto» u
«ornamental». Se llama así porque mezcla elementos
de incrustación con otros arquitectónicos fingidos,
que organizan paneles con paisajes bucólico-fantásti-
cos o vistas urbanas con figurillas muy vivaces trazadas rápidamente. Además se denomina «ornamental»
por simular diferentes elementos decorativos, de colores muy vistosos y contrastados, entre los que encontramos elementos vegetales que se enroscan en las
columnas, candelabros en las zonas altas, vasijas
decorativas en las repisas superiores, figurillas de animales o pequeñas escenas mitológicas. Conforme fue
pasando el tiempo, las composiciones se fueron reduciendo a paneles con pequeñas pinturas en el centro
que representaban cuadros de los griegos, escenas
mitológicas o paisajes.

En el fresco del triclinium de la Villa de los Misterios
de Pompeya se representan los ritos báquicos y dionisíacos
en los que se cometía todo tipo de excesos.

Arriba, imagen de cómo estaban decoradas las estancias de la Villa Boscoreale. Abajo, una de las paredes de dicha casa con planos ilusionistas y perspectivas pertenecientes al «estilo arquitectónico».

Además de los restos del tercer estilo encontrados en Pompeya y Herculano, en la ciudad de Roma se encontraron importantes restos en la Casa Farnesina y en otros edificios del monte Palatino. Dentro de él, destacan por su calidad y delicadeza los frescos de la Casa Livia, la que fue residencia particular del emperador Augusto y su esposa. Los murales de la sala principal, el triclinium, presentan imitaciones de mármoles, columnas y cornisas que organizan los paneles como templetes que recogen copias de famosos cuadros de los pintores griegos con temas mitológicos amorosos, destacando los relacionados con los amores de Zeus del pintor Nicias. La denominada «Sala de las figuras aladas» debe su nombre a las figurillas que aparecen flanqueando el árbol de la vida en los paneles cuadrangulares.

Finalmente, el cuarto gran estilo, llamado «estilo ilusionista», coincidió con el reinado del emperador Nerón (54-68 d.C.), y se prolongó hasta el final del siglo I de nuestra era. Su época más brillante corresponde al periodo que va desde las reconstrucciones que se llevaron a cabo en la región de Campania tras el terremoto del año 63, hasta la erupción del Vesubio del año 79. Es un estilo que recoge elementos arquitectónicos del segundo estilo y parte de la ornamentación del tercero, pero complicándolo todo en una mezcla llena de teatralidad, suntuosidad e intensos colores, muy influida por la moda impuesta por el emperador Nerón. La aparición de guirnaldas, bucráneos, cortinas y flores han hecho que se le conozca como el «rococó romano».

La ciudad de Pompeya reunió un importante conjunto de murales ilusionistas entre los que destacan los de la Casa de Lucrecio Fronto, la Casa de Pinarius Cerealis, la llamada Casa de Apolo y la famosa Casa de los Vettii. Esta última residencia está totalmente decorada por este estilo, aunque presenta varias tipologías. Aparecen muros llenos de perspectivas arquitectónicas como si fuesen construcciones de varios pisos y otros muros presentan largos frisos decorados con escenas de Amorcillos y Psiques, que van en cortejos báquicos o preparan filtros de amor. Estas escenas de origen alejandrino están realizadas en tonos claros que resaltan sobre un fondo negro.

LOS FRESCOS MEGALOGRÁFICOS

Con este nombre denominó Vitrubio a un tipo de frescos que representan escenas protagonizadas por figuras de grandes dimensiones, a tamaño natural. La aparición de elementos arquitectónicos les relaciona con los frescos del segundo estilo, y una cierta disposición teatral con el cuarto. Pero la intención de estos frescos era relatar una escena con la mayor veracidad posible. Los frescos megalográficos no son muy numerosos, pero

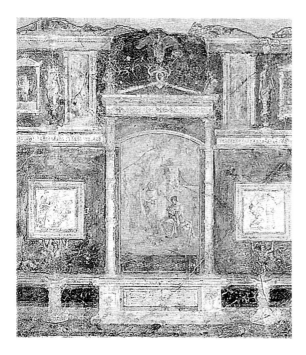

los que existen son de gran importancia por su excelente calidad.

Los ejemplos más importantes proceden de villas cercanas a la ciudad de Pompeya, como la Villa de los Misterios y la Villa de Boscoreale; y en la misma ciudad de Pompeya la Casa de Loreius Tiburtinus.

Los famosos frescos del triclinium de la Villa de los Misterios narran los ritos báquicos y dionisíacos que se difundieron por todo el Mediterráneo durante el helenismo. En la celebración de estos cultos se cometían todo tipo de excesos y abusos bajo los efectos del vino, las drogas y los afrodisíacos, exaltando la parte irracional del hombre. Roma publicó un decreto prohibiendo este tipo de fiestas, pero éstas continuaron celebrándose en secreto, de ahí el nombre de cultos mistéricos. En los muros de este aposento se representan sobre un fondo rojo muy fuerte, entre las columnas simuladas, las diversas escenas que forman parte de estas bacanales: la lectura de los textos sagrados por un niño desnudo, la celebración del ágape servido por las iniciadoras, Sileno tañendo los primeros compases en su lira, la danza de las bacantes en honor a Baco, Sileno y un grupo de sátiros borrachos, Baco y Ariadna presidiendo la sala en el centro del muro testero, el culto al falo de una mujer frente a un genio alado, la flagelación de una joven, la matrona o dueña de la casa presidiendo el rito… Y cierra el espectacular conjunto la mujer desposada en cuyo honor se celebra el culto mistérico.

Los frescos megalográficos del triclinium de la Villa Boscoreale representan una escena de la vida cotidiana de la familia real de Macedonia y en la Casa de Loreius Tiburtinus las escenas pertenecen a un episodio de la vida de Hércules.

Arriba a la izquierda, pintura mural de Villa Farnesina en Roma. Arriba a la derecha, la sala dedicada a Polifemo en la Casa Livia, que fue la residencia del emperador Augusto y su esposa. Y sobre estas líneas, pintura (detalle y general) de la «prima porta» de Casa Livia, del siglo I.

OTROS GÉNEROS PICTÓRICOS

Junto a los grandes conjuntos murales que decoraban las estancias de las casas y villas romanas, se realizaron también pinturas de caballete y pequeños frescos con temas que fueron luego ampliamente desarrollados a lo

largo de la historia de la pintura: el paisaje, la pintura de historia, la pintura mitológica, el bodegón, la pintura de género y el retrato.

El paisaje fue uno de los temas más representados por la pintura romana, creando un género que fundía la experiencia griega con el gusto romano por la reproducción realista y minuciosa de cada elemento. Sus paisajes se realizaban a base de rápidas pinceladas, que conseguían crear un efecto de profundidad utilizando para ello el color de la atmósfera, la superposición de formas o la disminución de las figuras según se alejasen del primer plano. Se realizan desde los primeros años del siglo I a.C. y se pueden clasificar en cuatro clases según su temática. Los paisajes «idílico-sacros» eran el escenario de los episodios mitológicos, como los frescos procedentes de una villa romana en el Esquilino donde las diferentes escenas de la Odisea de Homero, con Ulises como protagonista, son un pretexto para representar un paisaje ideal y sacro lleno de bahías, acantilados, playas y praderas. El paisaje «campesino» se caracterizaba por representar personajes populares que trabajaban la tierra, cazaban o pescaban, destacando las escenas que muestran la vida a orillas del río Tíber y el Nilo. El paisaje «ciudadano» presentaba vistas de calles, puertos y villas romanas, en contraposición con las vistas de la naturaleza del paisaje campesino. Destaca dentro de este grupo *El puerto de mar* procedente de la ciudad de Stabies con ligeras y rápidas pinceladas a base de manchas. Del llamado «paisaje de jardines», muy utilizado en los patios y jardines de las casas patricias, se conservan ejemplos en la Casa Livia de Roma, cuyas pinturas muestran vergeles llenos de palmeras, naranjos y pinos con unas variaciones de color, desde los tonos verdes hasta el azul, que producen un efecto atmosférico.

Durante la República y el Imperio fueron constantes las representaciones que narraban y exaltaban las historias de Roma con un fin propagandístico. Muchos documentos literarios cuentan cómo en el siglo III a.C. estas pinturas, llamadas «triunfales», formaban parte del brillante cortejo victorioso que desfilaba por Roma cuando ganaban una batalla. La costumbre continuó y a mediados el siglo I d.C. se comenzaron a realizar al fresco para edificios oficiales y casas patricias. Además los temas históricos empeza-

Mural con la pintura del rito de iniciación de la Villa de los Misterios, de Pompeya.

Arriba, fresco de guerreros del siglo IV a.C. encontrado en el sur de Italia. Centro y abajo, escenas de la Odisea del 50-40 a.C. conservadas en el Museo Vaticano, Roma.

ron a incluir episodios anecdóticos, como el famoso fresco *Anfiteatro de Pompeya*, que ilustra el episodio de la pelea entre los pompeyanos y sus vecinos de Nocera a la salida del anfiteatro en el año 59. En este fresco la arquitectura exterior, muy conseguida, contrasta con el interior del anfiteatro, que se muestra como un cilindro desligado de la estructura externa. La perspectiva se muestra también distorsionada en los luchadores del fondo, que presentan las mismas proporciones que los del primer plano.

La pintura religiosa romana contaba episodios de la vida de los héroes y los dioses con la intención de transmitir diferentes mensajes a los hombres. En Pompeya fueron muy numerosos los frescos y cuadros dedicados a Venus, ya que la ciudad estaba consagrada a esta diosa del amor. Uno de los episodios que más se repite es el de su llegada a la isla de Citera en una concha, como símbolo de la llegada del amor a la tierra, junto al tema de sus amores con Marte, como la alegoría de la unión entre el Amor y la Fuerza. El símbolo del amor puro lo protagonizaba la historia del rescate de Andrómeda por su amado Teseo. Este último y Hércules eran los protagonistas de las historias de héroes que liberaban a la humanidad. También se pueden encontrar ejemplos de castigos ejemplarizantes como el de Dirce a manos de sus hermanos por haber ofendido a su madre de la Casa de los Vettii.

El tema del bodegón, que aparecía dentro del llamado cuarto estilo a mediados del siglo I de nuestra era, será constantemente representado en pequeños murales y cuadros de caballete. Estos bodegones presentan un detallado estudio de los volúmenes, las superficies y los colores de diferentes frutas y animales muertos entre objetos de metal y cristal.

La pintura de género fue otro de los temas más tratados, generalmente sobre pequeñas tablas de madera, al temple o con técnica mixta. Muestran escenas de la vida cotidiana tanto en las calles, sobre todo representando comercios, como dentro de las casas, por ejemplo la famosa *Muchacha vertiendo perfumes* de la Casa Farnesina.

Arriba a la izquierda, *Retrato de una muchacha*, realizado sobre madera (Museo del Louvre, París). Sobre estas líneas, retrato de Septimio Severo con su familia.

El adjetivo «realista» se adapta al arte del retrato. Este género pictórico fue practicado por los artistas griegos que se instalaron en Roma desde el siglo I a.C. y pasó a ser realizado por los propios romanos desde la República. El *Retrato de una muchacha* encontrado en Pompeya es un buen ejemplo de los magníficos retratos que realizaban sobre madera al temple. La misma técnica utiliza el autor del conocido como *Retrato de Paquio Próculo y su esposa*, encontrado también en Pompeya, entre la casa de un patricio llamado Terencio y la panadería de Próculo. La joven patricia muestra en la mano izquierda una tablilla de escribir, y con la otra mano apoya en su boca una pluma con gesto pensativo. Algunos piensan que se trata del retrato del patricio y su esposa, porque las tablillas y papiros que llevan eran símbolos de personas cultas; pero otros piensan que la pareja representa al panadero y su mujer, por el aspecto campesino y la tez oscura del hombre. En todos los retratos se aprecia el característico interés romano por la individualización de sus personajes. Destacan dentro de este género los más de seiscientos retratos procedentes del Fayum, un oasis en medio del desierto del Egipto Medio, donde vivió una importante comunidad romana durante los siglos II y III de nuestra era. Estos retratos realizados sobre tela o madera, con la técnica de la encáustica o del temple, se colocaban encima de

El *Retrato de Paquio Próculo y su esposa* (Museo Arqueológico, Nápoles) fue encontrado en la casa del patricio Terencio en Pompeya. Los retratos en Roma solían llevarse a cabo con un gran realismo.

los difuntos que eran previamente momificados, siguiendo la costumbre local.

Ladrillo funerario de la dinastía Han, del Museo de Bellas Artes de Boston. Estela hecha con tinta y pintura de colores sobre arcilla en la que se representan distintos personajes.

EL ARTE DEL PINCEL EN LA ANTIGUA CHINA

En la cultura china las tres artes llamadas «del pincel», pintura, caligrafía y poesía, forman un todo integrado que expresa el alma del artista. Parece que al principio, la pintura acompañaba a la poesía para que esta fuese comprendida como una mera ilustración que plasmaba los sentimientos del poeta. Pero con la dinastía Tang (618-907 d.C.), el paisaje como representación de un trozo de naturaleza (Tao) se convirtió en el máximo protagonista del arte del pincel. El paisaje orientaba la expresión poética del artista hasta el espectador, por ello se convirtió en el género mayor por excelencia, expresado tanto por la caligrafía como por la pintura. Las montañas y el agua, unidos por la bruma y el vacío, eran los elementos más importantes del paisaje. De hecho la traducción literal en chino de paisaje es montaña y agua.

Pintura mural de la tumba de Li Hsian (siglo VII), provincia de Shansi, en la que se representan funcionarios chinos y emisarios extranjeros.

La pintura de paisaje iniciada durante la dinastía Tang se consolidó en el periodo previo a la dinastía Song (960-1260 d.C.) gracias al pintor y crítico de arte Jing Hao, que vivió aislado en las montañas en contacto directo con la naturaleza y estudió la pintura Tang. En su obra *Una conversación sobre el método* reflexiona sobre el significado de la pintura y la caligrafía, mediante el diálogo imaginario del autor con un viejo campesino, estableciendo los seis principios que determinan la estética taoísta del arte del pincel: la fuerza, la empatía, la composición, la comunión con la naturaleza, el pincel y la tinta. Posteriormente los tratados chinos les dieron distintos nombres, pero los conceptos eran los mismos y siempre aparecieron claramente definidos.

El principio estético más importante era la captación del espíritu, del movimiento libre que guía al pincel. La naturaleza captada por el alma del artista permanece en su mente, huyendo de la mera ilusión óptica, transmitiéndola luego a través del pincel. El paisaje es un trozo de naturaleza y una sola pincelada contiene en sí misma el universo. La empatía, el segundo principio, era la comunicación con el espectador para que éste entre en la obra, ya que el objetivo de la pintura china es la transmisión poética al que la observa.

El tercer principio era la composición, el esquema fundamental que debe tener el artista en su cabeza para disponer armónicamente los elementos dentro de la idea global de la escena. El cuarto, la comunión con la naturaleza, fue el principio más taoísta de todos, porque gracias a la integración del artista con el paisaje puede sugerir los cambios de este. El pincel, como movimiento que supera los aspectos meramente técnicos, fue considerado el quinto principio. Para conseguir la habilidad y el dominio del pincel se debía interpretar a los maestros del pasado. El sexto y último principio era más técnico y se refería a la habilidad con la tinta, un buen conocimiento y dominio de la misma permite crear variaciones de gradación que producen la sensación de espacio y luz.

Estos principios consiguieron independizar el género del paisaje, y elevarlo a la máxima categoría con unas normas de representación que se llamaban «distancias» *(yuan)* profundas, generalmente mal traducidas como perspectivas. Las tres distancias se equiparan con el realismo, el impresionismo y el expresionismo, no son excluyentes entre sí y aluden a la distancia física y anímica del autor y del espectador.

La «distancia profunda» presenta una gran panorámica que el espectador contempla como desde una barandilla en el vacío, haciendo un recorrido que va desde arriba hacia abajo. De esta manera mirando hacia arriba ve las montañas, a la altura de los ojos divisa la bruma y el vacío y abajo las casas y los detalles humanos cotidianos. Profundiza en cada elemento de la naturaleza con un punto de vista móvil, hasta desgajarlo o romperlo. Suele precisar formatos verticales. Esta distancia es la que muestra el único rollo vertical de seda que nos ha llegado del maestro de las panorámicas, Guoxi, titulado *Principio de la primavera*. Gracias a la delicada técnica de la tinta y la magistral pincelada, el autor capta la constante mutación y dinamismo del paisaje. Este pintor, nacido hacia 1020-25 d.C. fue el mejor representante de la Escuela Song del Norte (960-1127). La intención de sus pinturas, que se reducen al tema del paisaje, se pueden conocer no sólo a través de su obra, sino también por su tratado *Los consejos de un padre*, publicado en el año 1080. En él insistía en la observación directa de la naturaleza para apreciar las variaciones que se producían al cambiar de estación. Consideraba que la visión general de los paisajes no estaba reñida con el gusto por los detalles, haciendo incapié en el tema de las distancias y en el tamaño de los tres objetos fundamentales: las montañas, los árboles y las figuras humanas.

La «alta distancia» es más impresionista y estática porque capta un momento, como una instantánea. El espectador se sitúa al pie de la obra, mirando de frente lo cotidiano. Al fondo está el vacío, como si estuviese al borde de un acantilado, y tiene que levantar la mirada para ver las montañas siguiendo un esquema en «L». Este tipo de distancia, lógicamente, requiere un rollo en vertical, como el utilizado en *Viajeros perdidos*

Izquierda, rollo vertical sobre el Monte Huanglu, de las Cinco Dinastías y los Diez Reinos. Centro, rollo de la misma época titulado *En busca del camino sobre la montaña en otoño*. Derecha, rollo *Nacimiento de la primavera*, de la dinastía Song del Norte. Conservados en el Museo del Palacio, Taipéh.

Rollo vertical hecho con tinta y colores sobre seda de la dinastía Song del Sur titulado *Dios taoísta en la tierra pasando revista a su reino* (Museo de Bellas Artes de Boston).

entre las montañas y corrientes de agua, única obra que se conserva de Fan Guan, el «maestro de las montañas». Este pintor, contemporáneo de Guoxi, pasó toda su vida sólo entre las montañas y creó un estilo personal donde no existen los artificios. En esta obra los personajes se pierden ante la magnitud de la naturaleza que sobrecoge al espectador. El vacío es la parte no pintada y potencia el primer plano que se echa encima del observador.

La «distancia a nivel» es la más próxima a nuestra perspectiva aérea, en la que los diferentes elementos del paisaje van perdiendo la nitidez a medida que se van alejando. Fue la más expresionista de todas y la más utilizada por los pintores de la dinastía Song del Sur (1127-1234 d.C.), cuando sustituyeron los largos rollos verticales por los rollos horizontales y las

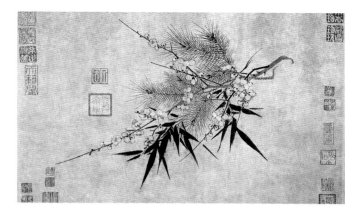

Típica hoja de álbum de la dinastía Song realizada con tinta sobre papel. El título de ésta es *Tres amigos de la estación fría* (Museo Nacional del Palacio, Taipéh).

hojas de álbum de tamaño menor. Ma Yuan realizó, a finales del siglo XII, obras como *El erudito y su criado en la terraza* o *Paseo por un sendero de montaña en primavera*, utilizando la distancia a nivel con una marcada composición en diagonal que abandona las grandes panorámicas en busca de una vista más serena e intimista. En uno de los ángulos inferiores dispone los elementos figurativos, casi siempre un letrado o un poeta, que irradiaba su fuerza hacia las otras tres esquinas, donde la atmósfera húmeda va eliminando los perfiles hasta desaparecer.

A partir de la dinastía Song, la pintura china se reunió en torno a dos grandes escuelas: Norte y Sur, procedentes de las dos sectas de filosofía chan o zen. El zen es una secta budista con elementos de la filosofía taoísta que, alejándose de la idea de colectividad, defiende un camino individual para acercarse a la percepción de la realidad. La diferencia entre ambas escuelas se mantuvo durante las dinastías Yuan (1260-1368), Ming (1368-1644) y Qing (1644-1911). La Escuela del Norte era más academicista, con pintores más ortodoxos que mantenían la tradición; mientras que la del Sur siempre se mantuvo alejada de la corte, con artistas más individualistas que realizaban una pintura más innovadora.

La pintura de personajes fue el género más desarrollado con fines propagandísticos. Durante la dinastía Tang desarrollaban temas con carácter didáctico y práctico abandonando todo tipo de detalles superfluos. Zhou Zang lideró un grupo de pintores que realizaban obras centradas en las costumbres de la vida aristocrática, como en el rollo horizontal *Mujeres preparando la seda*, con un estilo vistoso y exuberante. En él aparecen 12 cosmopolitas damas de la corte: niñas, mujeres y ancianas, formando grupos que preparan y decoran las sedas, mientras muestran diferentes posturas y sueltos movimientos mientras hablan.

Otro tema muy popular en la dinastía Tang fue el de los caballos y jinetes, cuyo máximo representante es Han Gan. El caballo, animal importante en la agricultura, la guerra y el ocio, se representaba contorneando primero la silueta, y luego aplicando el color con pinceladas sueltas que daban la sensación de movimiento.

El género de pájaros y flores se puso de moda en la corte Tang, siendo realizado por miembros de la misma y potenciado, posteriormente, desde la Academia Imperial creada por el emperador Huizong, de la dinastía Song del Norte. El emperador quiso también recopilar en unos álbumes la variada fauna y flora de su imperio con una absoluta veracidad, cosa que los pintores Cui Bo, Yi Yuanji, Mao Yi y otros anónimos realizaron mediante sedas de una gran sencillez y elegancia. El mismo emperador realizó *Periquito a cinco colores* o *Pajarillos sobre una rama de bambú* con una pincelada detallista llena de delicadeza y riqueza cromática.

Liang Kai comenzó su carrera como pintor de la Academia durante la dinastía Song del Sur, pero rechazó todos los honores y vivió retirado en un monasterio chan. La filosofía chan elevó el género del retrato a un nivel taoísta, equiparándolo con el paisaje. Liang Kai realizó los dos retratos del fundador de la escuela Chan del Sur: *El patriarca Huineng rompiendo sutras* y *Huineng cortando bambú*. En estas obras, al igual que en su obra *Li Taibo recitando un poema*, en la

que retrata al famoso poeta Tang, capta el arrebato interior y la vitalidad de los personajes mediante escuetas, rápidas y fluídas pinceladas, casi caligráficas, llenas de sutileza cromática.

A la hora de analizar la técnica de la pintura china, hay que detenerse en los diferentes elementos que participan e integran la obra. Son los llamados «cuatro tesoros de la cámara del letrado» que forman parte de la obra pictórica. El primero es el pincel, ese ligero vástago de bambú con una borla de pelo de animal. Existe una gran variedad de pinceles, desde los

El soporte en tela siempre ha sido muy utilizado por la civilización china. Éste es un lienzo fúnebre de la marquesa de Dai, de la dinastía Han del Oeste, realizado con tinta y colores sobre seda. Está en el Museo Provincial de Hunan.

Detalle de *Reunión de letrados* (Museo Nacional del Palacio, Taipéh), rollo vertical de la época de la dinastía Song del Norte realizado en tinta y colores sobre seda. La autoría es atribuida al emperador Huitsong.

Sakysmuni saliendo de las montañas es un rollo vertical sobre seda perteneciente a la dinastía Song del Sur. La obra es atribuida al prestigioso Liang Kai y está en el Museo Nacional de Tokio.

finos y delicados, para realizar miniaturas, hasta las grandes brochas, pasando por los que a modo de estilográfica tienen en la parte interior un pelo más poroso que absorbe la tinta, mientras los de fuera son más impermeables y la expulsan. El pincel se cogía de una manera determinada y con él se realizaba un movimiento de muñeca perpendicular a la superficie. El contorno o trazo que resultaba era la máxima realización del arte chino, un instrumento de expresión para el alma humana del artista que se comunicaba directamente con el espectador.

El segundo tesoro es la barra de tinta cuyo origen está en el hollín del carbón vegetal que se cuece con resina y se moldea y talla formando barritas con decoración. Pueden llegar a ser auténticas obras de arte. Cuanto más añeja es la tinta, mayor potencial de textura y de cromatismos ofrece.

También atribuido a Liang Kai es este rollo vertical, realizado con tinta y colores sobre seda, con un retrato del poeta Tao Yuanming. La obra está en el Museo Nacional del Palacio de Taipéh.

El tercer tesoro es la piedra de tinta o tintero. En ellos se frota la barrita con un poco de agua hasta que se diluye la tinta en el grado de concentración deseado. Generalmente la utilización es directa.

El soporte, de papel o tela, es el cuarto elemento y se puede presentar bajo tres formas diferentes: el rollo vertical, que es el más consagrado; el horizontal, que se desarrolla de derecha a izquierda y puede ser larguísimo, aunque nunca se despliega totalmente; y la hoja de álbum, bajo el formato de sello o de abanico, que se puede reunir con otros formando un libro, abierto de izquierda a derecha, o formando un desplegable.

Otro elemento importante dentro de la obra, aunque no es de los clásicos, sería el sello. Una obra era más importante según quién estampaba el sello que según quién la realizaba. Los propietarios de las pinturas las estampan como signo de la veneración que les profesaban. Los sellos estaban registrados y se integraban en la composición participando de la expresión total de la obra.

La pintura teocéntrica medieval

EL MUNDO DEL AÑO MIL

L A LLEGADA DEL AÑO MIL TUVO POCO QUE VER CON LOS TERRORES MILENARISTAS QUE LA FANTASÍA DEL RENACIMIENTO TARDÍO DERRAMÓ SOBRE LA SOCIEDAD DE LA EDAD MEDIA. PARA LOS CRONISTAS DE LA ÉPOCA, EL AÑO MIL NO EXISTIÓ COMO HITO HISTÓRICO. TRAS EL DESMEMBRAMIENTO TARDORROMANO, EL OCCIDENTE EUROPEO SUFRIÓ LA INVASIÓN DE LOS PUEBLOS BÁRBAROS, Y NO FUE HASTA LA CREACIÓN DEL IMPERIO CAROLINGIO CUANDO SE INTENTÓ RESUCITAR EL CLASICISMO ROMANO. EL INTENTO FUE UN FRACASO, PERO FAVORECIÓ LA CREACIÓN DE UN SISTEMA DE GOBIERNO UNITARIO EN MEDIO DE UNA EUROPA DOMINADA POR LA ANARQUÍA POLÍTICA.

El sistema feudal se propagó por Europa durante el siglo X favoreciendo la estabilidad de las fronteras, que tan sólo se veía quebrada en España por la lucha contra los musulmanes. Lograr la paz universal fue también una meta que se propuso alcanzar la Iglesia, promulgando las leyes Paz de Dios (989) y la Tregua de Dios (1041).

Los siglos XI y XII se consideran los siglos del despertar de Europa. Se creó una nueva Europa, que se extendía desde las tierras hispánicas hasta los países escandinavos, y desde las Islas Británicas hasta Eslovaquia. Muchas fueron las causas de la evolución económica, política y social. El considerable aumento demográfico se relacionó con la recuperación de las tierras de labranza gracias al avance de las técnicas agrícolas. Mientras, las ciudades comenzaron a repoblarse y floreció en ellas el comercio, un artesanado que fue poniendo las bases para el nacimiento de una clase social burguesa.

La Iglesia canalizó los medios materiales y espirituales del pueblo cristiano, para ponerlos al servicio de su política. Mediante los monasterios, en el siglo XI, y las escuelas episcopales, en el siglo XII, la Iglesia impuso modelos culturales que tuvieron su expresión plástica en el arte románico.

La unidad de estructuras sociales, la apertura de las vías de comunicación y la unidad religiosa y cultural que impuso el cristianismo contribuyeron enorme-

Vidriera de la abadía de Alpirsbach, Stuttgart (Alemania), en la que se representa a Sansón en las puertas de Gaza. Las vidrieras se utilizaron para completar a la pintura en la representación de la historia sagrada en las iglesias.

Cubierta de un evangeliario encuadernado en Mastrique y conservado en el Museo del Louvre, París. Los libros dedicados a Dios también participaban de esa profusa decoración colorista.

Ejemplo de ábside decorado con brillantes colores de la basílica de San Anastasio del castillo de San Elia di Nepi.

mente a difundir este fenómeno artístico por todo el continente europeo. Los mercaderes iban de feria en feria, los monjes vagabundos fundaban filiales de los monasterios madre en tierras lejanas, los peregrinos viajaban a Santiago, Roma y Tierra Santa para conseguir las indulgencias y venerar las reliquias, los estudiantes se dirigían a las célebres escuelas y los caballeros cristianos emprendieron sus cruzadas a finales del siglo XI contra los infieles para ganar las indulgencias del Papa.

Tras la consideración de «monstruoso y bárbaro» aplicada por Giorgio Vasari al arte de la Edad Media, el término «románico», empleado por primera vez en las postrimerías del siglo XVIII, derivó del interés que despertó entre los filólogos la formación de las lenguas románicas o romances. Al igual que estas lenguas vulgares procedían de la mezcla del latín con las lenguas de los invasores bárbaros, las formas artísticas de este periodo de la Edad Media, se consideraron una derivación de la unión de la tradición romana con las técnicas bárbaras, que además se realizaban en los mismos países y durante el mismo tiempo. Pero el arte románico no sólo utilizó elementos romanos y germánicos, sino también bizantinos, islámicos y armenios, creando un estilo esencialmente original.

LA PINTURA MURAL ROMÁNICA

El concepto de arte en el Románico partía de la tradición tardorromana que consideraba al arte, al igual que la ciencia, como una forma de conocimiento. Superadas las tendencias iconoclastas de los primeros tiempos del cristianismo, las imágenes de lo divino no fueron vistas como algo engañoso, sino como un medio necesario para adoctrinar al pueblo que no sabía leer. El hombre del románico comenzó a llenar la arquitectura religiosa de esculturas y pinturas que recordaban a los fieles las ejemplares vidas de los siervos de Dios, invitándoles a imitarlas. Pero la función del arte no era exclusivamente la docencia. Las pinturas murales, los mosaicos, las esculturas y los relieves adornaban los espacios arquitectónicos para que se convirtiesen en reflejo e instrumento de una sociedad teocéntrica. Las obras de arte, como escribió el teólogo franciscano Buenaventura, instruían la inteligencia, alimentaban la memoria y emocionaban el corazón. La instrucción exigía un contenido de gran sencillez y claridad, pero para emocionar las formas debía mostrar fuerza y vigor.

La pintura románica, al igual que la escultura y otras artes figurativas, participaba de las características formales de la arquitectura, y no se podía concebir sin ella. La iglesia como espacio y como símbolo era el

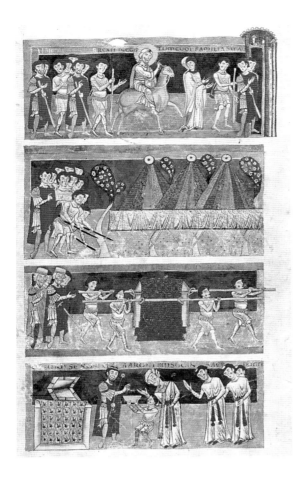

Escenas del Éxodo, procedentes de la Biblia del Panteón (Roma). Los códices y beatos sirvieron de inspiración a las pinturas murales.

En esta página del Evangelario de Otón III, del siglo X, se puede apreciar la característica pintura plana medieval sin ningún tipo de profundidad.

lugar donde se reunían y ordenaban las manifestaciones artísticas. Las iglesias, tanto las parroquias rurales, como las grandes catedrales urbanas, llenas de ornamentos y decoraciones, se convirtieron en un símbolo de esa sociedad que sofocaba lo humano a través de lo divino.

El poder temporal emanaba de Dios. Los señores, reyes y emperadores creían ejercer su poder por mandato divino dentro de una sociedad tremendamente jerarquizada. Una jerarquización que se traslada al interior del templo, donde cada imagen tenía su lugar. Los hombres románicos estructuraron sus templos a semejanza del cuerpo humano: el presbiterio y ábside representaba la cabeza, el crucero los brazos y las naves el tronco y las piernas. Después llenaron todas las superficies de formas y colores que transmitían mensajes al espectador que se acercaba a ellas.

La técnica, la estética y la iconografía de la pintura románica se erigieron sobre las tradiciones del pasado paleocristiano y prerrománico, que se fundieron con concepciones bizantinas contemporáneas, también de carácter docente. El embellecimiento y la docencia

de las pinturas románicas fue una herencia de las basílicas paleocristianas de los siglos IV, V y VI; la estética y la temática se inspiraron constantemente en los códices y miniaturas prerrománicas, sobre todo de los beatos mozárabes y las Biblias carolingias y otononianas. La iconografía se basó en la estética bizantina, gracias a la difusión que tuvo por toda Europa a principios del siglo IX la Hermeneia, una especie de catecismo que indicaba cómo y dónde se debían representar los diferentes temas.

El resultado de todas estas influencias fue una pintura muy intelectualizada con figuras hieráticas, solemnes y majestuosas, llenas de simbolismos, con una estética dominada por un potente linealismo, una simetría a la hora de disponer las figuras, un cromatismo plano y una ausencia de profundidad o perspectiva. La pintura respondía mal a las leyes de la lógica visual, alejándose de conceptos sobre los que se asentaba el arte antiguo, como la mímesis o la proporción, porque el simbolismo impregnaba toda forma, objeto o realidad. El mundo terrenal y visible era un reflejo del celestial e invisible, por eso las formas se consideraban bellas en la medida en que simbolizaban la perfección divina. Una perfección que era completamente ajena a la belleza aparente, y se basaba en la esencia inmutable y eterna de las cosas. De esta manera las formas plásticas ayudaban al hombre a alcanzar lo puro, místico y trascendente, y el placer estético tenía como único fin la alabanza al creador.

El aprendizaje de las diferentes técnicas era eminentemente práctico, y se basaba en recetas que los maestros iban trasmitiendo oralmente a sus aprendices. Los textos sobre técnicas artísticas que se conservan son verdaderas acumulaciones de recetas de taller. La técnica utilizada para decorar los muros de las iglesias era el fresco. Comenzaban preparando el muro mediante el

Fresco del ábside de San Clemente de Taüll en Lérida en el que se puede contemplar a Santa María.

enfoscado, una capa de arena y cal de dos o tres centímetros, y el enlucido, una mezcla de arena fina, cal y polvo de mármol. A continuación se realizaba el estarcido, que era el procedimiento por el que se disponían en la superficie los contornos de la imagen, soplando con polvo de carbón sobre un dibujo previamente agujereado. Por último se aplicaba el color, disuelto generalmente en agua y, en algunos casos, al temple utilizando como aglutinante clara de huevo o cola. Los colores utilizados por los pintores eran habitualmente producto de las tierras naturales del lugar. Eran los mismos pintores los encargados de mezclarlos con agua, molerlos con huevo y guardarlos húmedos para que se usaran en otro momento. El hombre del Románico consideraba que cada cosa tenía su color y que era la luz la que les daba la presencia. Por eso la paleta románica era brillante y respondía al deseo de crear una armonía de colores que se basaban en el principio de oposición.

Toda la pintura románica estaba siempre en función de lo que se quería contar o narrar para que el mensaje llegase al creyente. El Antiguo Testamento, los evangelios canónicos y apócrifos, los comentarios del Apocalipsis, las leyendas hagiográficas, que narraban las vidas de los santos y los bestiarios, fueron las principales fuentes literarias que utilizó el artista medieval. A estas habría que sumar la iconografía consolidada durante los siglos anteriores. La iconografía románica giró, a grandes rasgos, alrededor de diferentes temas: la «manifestatio», la «testificatio», la «narratio» y la iconografía de tipo simbólico.

La «manifestatio» es la exposición de una doctrina al fiel, una reproducción de los grandes principios de la religión cristiana, sobre todo la representación de la Trinidad, la Virgen y la corte celestial. El ábside de San Clemente de Taüll (Lérida) es un claro ejemplo de esta manifestatio. Dentro de la encarnación de las tres personas de la Trinidad, Dios Padre se representa como una mano que bendice, que en Taüll aparece en el arco triunfal de la iglesia. El Hijo se manifiesta como el Pantocrátor o Cristo en Majestad (*Maiestas Domini*), sentado dentro de la mandorla mística, que alude al resplandor divino, flanqueado por las letras Alfa y Omega, símbolo del principio y el fin. La mano derecha de Cristo bendice con los tres dedos, que aluden a las tres personas de la Trinidad, mientras que con su mano izquierda muestra a los fieles el Libro de la Vida en donde se lee: «Yo soy la luz del mundo». A su alrede-

San Clemente oficiando una misa en una escena de una pintura mural de la iglesia de San Clemente, Roma, realizada a principios del siglo XII.

Ábside de San Clemente de Taüll con la corte celestial que acompaña a Dios.

En las paredes de la iglesia de Sant'Angelo in Formis (Italia) se observan estas escenas: arriba, el Juicio Final; en el centro, banquete en casa de Simón, y abajo, la Última Cena.

dor aparecen ángeles portando los símbolos del Tetramorfos, los emblemas de los cuatro evangelistas por los que Cristo se manifiesta al mundo: el toro de San Lucas, el león de San Marcos, el águila de San Juan y el ángel de San Mateo. La representación de la tercera persona de la Trinidad, el Espíritu Santo, no aparece en este fresco pero sí en el ábside de Sant' Angelo in Formis (Capua, sur de Italia) bajo la forma de una paloma blanca que extiende sus alas.

La Virgen aparece siempre retratada como la Madre de Dios, bien sentada con el niño Jesús en su regazo, la llamada «Divina Majestad», bien de pie sosteniendo al niño en sus brazos y señalándole con el dedo como «Camino de Salvación». La primera modalidad recoge la tipología bizantina de la Virgen Theotokos, y la segunda la de la Virgen Odegitria. Es frecuente encontrarla rodeada de la mandorla mística sostenida por ángeles o acompañada por los Reyes Magos, como en el ábside de la iglesia de Santa María de Taüll o en el de la iglesia de Santa María de Esterri d'Àneu, reproduciendo el tema de la Epifanía que alude al universalismo de Cristo.

La corte celestial está formada por ángeles, serafines con tres pares de alas, querubines con ruedas de fuego, arcángeles portando banderas, bienaventurados y multitud de santos. Puede aparecer sola o acompañando a las demás «manifestationes», como los dos serafines que flanquean el ábside de San Clemente de Taüll.

El ábside es el lugar donde estas manifestaciones se muestran por ser el sitio más importante del templo, hacia donde se dirige la mirada del creyente nada más entrar. Aunque también es frecuente encontrarlas en la bóveda de la iglesia, como en la segoviana de

Fresco de la ermita de Santa Cruz de Maderuelo (Segovia, España) con Adán y Eva en el Paraíso.

Dos frescos distintos con el mismo tema: la construcción de la Torre de Babel. Arriba, una pintura mural procedente del monasterio de Montecassino. Abajo, un fresco de la iglesia Saint-Savin-sur-Gartempe.

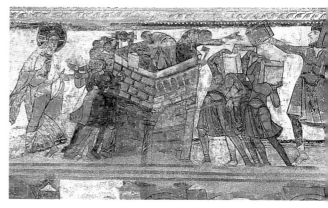

Las «narrationes» son largas historias que cubren las paredes de las iglesias. En la italiana iglesia de Sant'Angelo in Formis se puede contemplar esta *Curación del ciego de nacimiento*, del siglo XI.

fican con su presencia la manifestatio que aparece sobre ellos. A la derecha San Benito, el fundador de la orden benedictina, y a la izquierda, con un nimbo cuadrado, aparece el abad Desiderio mostrando la maqueta de un monasterio en sus manos.

La tercera temática, las «narrationes», son tal y como su nombre indica, largas narraciones que se disponen a lo largo de los muros laterales de las naves, que van relatando diferentes episodios procentes del Antiguo Testamento, del Nuevo Testamento, de las vidas de santos y del Apocalipsis.

La gran bóveda de la nave de la iglesia de Saint-Savin-sur-Gartempe reúne el conjunto más completo del Antiguo Testamento, con escenas del Génesis y el Éxodo. Aparecen detalladas narrationes desarrolladas de manera continua a lo largo de 168 m, sin división arquitectónica, ordenándose en cuatro registros. Comienza el ciclo con la creación, como una reivindicación de que el universo entero ha sido creado por Dios; la expulsión del paraíso; el episodio de Caín y Abel, símbolo de la bondad y la maldad del hombre; la historia de Noé y el diluvio universal, como ejemplo del merecido castigo de Dios a los hombres; y diferentes episodios de la vida de Abraham, José y Moisés. La estructuración de las historias en bandas y los detalles

Santa Cruz de Maderuelo, haciendo referencia a la bóveda celestial desde donde la Trinidad, la Virgen y la corte celestial vigilan al hombre en la tierra.

La «testificatio» es la representación, generalmente en las partes bajas de los ábsides o en los muros, de unos personajes cuya presencia es muestra de la declaración de una verdad. Los apóstoles y los santos son los testigos que dan fe con sus vidas de las verdades de las «manifestaciones». En la parte baja de la cabecera de Sant'Angelo in Formis aparecen flanqueando a los tres arcángeles dos personajes que testi-

de las escenas denotan que el autor se inspiró en los manuscritos miniados de la zona.

Los temas más frecuentes del Nuevo Testamento son los referentes a los milagros de Jesús: la curación del ciego, la resurrección de Lázaro, la curación del leproso o de la hemorroísa son ejemplos de la transformación que se produce en los hombres al escuchar y seguir la palabra de Dios. Son también de gran expresividad los episodios de la vida, pasión y muerte de Cristo, como el extenso ciclo de los muros laterales de la iglesia aragonesa de Bagüés, donde grandes y expresivas figuras narran la vida de Jesús a lo largo de cuatro registros superpuestos.

Diferentes escenas de las vidas de los santos decoran también los muros de las iglesias, como ejemplo de vida dedicada a defender los principios del cristianismo. La extensión de sus vidas varía y suele aparecer en las pequeñas iglesias rurales como exaltación de los santos y santas locales. Este es el caso de las escenas de la vida ejemplarizante de San Quirico y Santa Julita en los muros laterales de la iglesia de San Quirce de Pedret en Barcelona.

Dentro de las narraciones del Apocalipsis, destaca la representación del Juicio Final en los muros de los pies del templo, para que al salir de la iglesia el fiel recuerde que la buena conducta le salvará de arder en el infierno. Destaca el gran Juicio Final en el muro a los pies de la iglesia de Sant' Angelo in Formis. La escena dividida en varios registros aparece presidida por la imagen del Cristo Juez, inscrito en una mandorla. Encima, entre las ventanas, los ángeles tocan las trompetas anunciando la llegada del fin del mundo. A los lados de Cristo, entronizado, se sitúa en dos registros la corte celestial, el de arriba de ángeles y el de abajo con los doce apóstoles. Debajo de Cristo el juicio de las almas, que realiza el arcángel San Miguel, determina la salvación de los bienaventurados a la derecha, que alcanzan la gloria en el Paraíso, y el castigo de los condenados a la izquierda, que cumplen su pena en el infierno.

Los temas de la iconografía simbólica aparecen en los muros románicos entremezclados con los temas de la manifestatio, la testificatio y la narratio. Entre la enorme variedad de temas simbólicos destaca la presencia de las personificaciones de la Iglesia, las representaciones de la gloria en forma de la Jerusalén Celestial, las personificaciones de los meses del año mediante los trabajos del hombre y diferentes temas

Lámina de un bestiario del siglo XVI, en este caso procedente de la Biblioteca Bodleian de Oxford.

Toma de hábito de un monje, procedente del monasterio de Montecassino. Gracias a las pinturas hoy podemos saber cómo era la vida en la sociedad medieval.

paganos de tradición clásica ajustados al cristianismo, como la sirena, el pavo real, el Árbol de la Vida, los pájaros, las puertas y diferentes animales salvajes.

LA PINTURA ITALOBIZANTINA

Frente a la opinión generalizada hasta hace poco de que la pintura románica italiana, como tal, no había existido al estar sometida por el arte bizantino, se ha demostrado que existió un estilo pictórico denominado «estilo italobizantino», que combinó fórmulas decorativas e iconográficas bizantinas con el clasicismo paleocristiano, una inspiración constante en las miniaturas otonianas y un deseo narrativo lleno de ingenuidad y expresividad típico del Románico. Este estilo ha sido también denominado como «escuela benedictina» por surgir en torno al monasterio italiano de Montecassino, donde el abad Desiderio (1057-1087) creó un centro de cultura que fomentó el nuevo estilo atrayendo a pintores y mosaístas de Constantinopla.

Este estilo se extendió por toda Italia siguiendo el deseo de instruir e impresionar al espectador. La basílica de Sant'Angelo in Formis (Capua), en el sur de Italia, es uno de los conjuntos murales de iconografía más completa de todo el Románico. Cuenta con los característicos tonos verdosos y azules, que contrastan con los marrones de las vestimentas, la casi ausencia de efectos espaciales y volumétricos, la simetría compositiva, los movimientos convencionales y la definición de las distintas zonas mediante fondos de color uniforme que delimitan cielo y tierra.

En el norte de Italia, los frescos de San Pietro al Monte poseen las mismas características que los del sur, donde destaca la representación de otra tipología de narratio que muestra a Cristo como el Buen Pastor, con un cayado en la mano y un cordero entre sus piernas, en medio de la Jerusalén Celestial, representada como una ciudad amurallada con torreones en las esquinas y árboles en su interior.

En el centro de Italia la denominada «escuela romana» se muestra en los frescos de la iglesia baja de San Clemente, es un ejemplo de la combinación de la sólida tradición paleocristiana, mezclada con el bizantinismo de las miniaturas y algunos toques de la pintura benedictina.

Arriba, la lucha contra el dragón del atrio de entrada a San Pietro al Monte, Civate, hacia 1090. Abajo, Jerusalén Celestial, de la misma iglesia.

Miniatura sobre pergamino procedente del monasterio de Cluny sobre San Ildefonso mientras escribía su «Tratado sobre la Virginidad de María».

LA PINTURA ROMÁNICA EN FRANCIA

Podemos distinguir dos escuelas diferentes dentro de la pintura románica en Francia: la escuela de Borgoña que se inspira en la benedictina de Italia, y la escuela del Loire que mantendrá contactos con las escuelas españolas.

La escuela de Borgoña era continuadora de la pintura italo-bizantina porque el monasterio de Cluny mantenía una buena relación con el de Montecassino. Se caracterizaba por utilizar colores muy decorativos, y realizar figuras de delicado modelado y suntuosos vestidos sobre fondos azules. Estas majestuosas figuras aparecen en los frescos de Berzé-la-Ville, que era el lugar donde reposaban los abades de Cluny, y en la cripta de la catedral de Auxerre.

Arriba, el papa Urbano II consagra el Altar Mayor del Monasterio de Cluny. En el centro, retrato de un abad en un fresco de Berzé-la-Ville, lugar donde reposaban los abades de Cluny. Abajo, ejemplo de la Majestad de Cristo de la iglesia de St. Chef-en-Dauphiné (Francia).

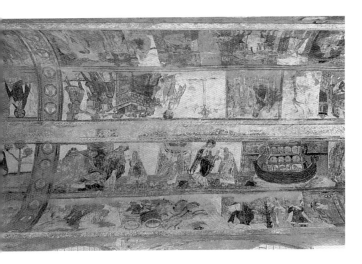

Bóveda de cañón de la nave central de la abadía de Saint-Savin-sur-Gartempe (Francia) en la que se representan escenas del Antiguo Testamento. Este lugar es llamado «Capilla Sixtina de la pintura románica».

La escuela del Loire, que se extendía por el sudoeste de Francia, era la representante de la corriente «francorománica» por el carácter nacional que se le ha asignado. La pintura se vuelve más ruda y expresiva, persigue el movimiento de las figuras y su realismo plástico, abandonando los fondos azules benedictinos que se sustituyen por franjas de color que aluden a los diferentes ambientes. Los tonos azulados y verdosos se cambian por los ocres, pardos y amarillos. Los frescos de la abadía de Saint-Savin-sur-Gartempe, fundada por un hijo de Carlomagno, son los más representativos de esta corriente. Las imágenes apocalípticas del porche, el gran ciclo de la bóveda central con detalladas narraciones del Antiguo Testamento, los relatos de la pasión y resurrección que contienen las tribunas superiores y las narraciones de la ejemplar conducta de los santos Sabino y Cipriano en la cripta, presentan una completísima iconografía que ha hecho que se la conozca como la «Capilla Sixtina de la pintura románica».

LOS COMIENZOS DE LA PINTURA ROMÁNICA EN ESPAÑA

España cuenta con la mayor concentración de pinturas románicas y es el país donde mejor se han conservado. En España se absorbieron las corrientes italo-bizantina y francorrománica, dando lugar a una pintura autóctona llamada «hispanorrománica», pero que se hizo realidad gracias a la rica tradición pictórica que poseyó España durante la etapa prerrománica de los siglos X y XI.

Los restos de las iglesias de Santa María, Sant Miquel y Sant Pere, en Terrasa, y las primeras pinturas de la Iglesia de San Quirze de Pedret, edificio mozárabe recontruido en los siglos XII y XIII, son ejemplos de los primeros frescos románicos de los reinos españoles anteriores a la llegada de las corrientes francesas e italianas. Al llamado Primer Maestro de Pedret pertenece el famoso personaje de brazos extendidos dentro de un medallón circular, sobre el que se posa un ave, que ha sido interpretado como el evangelista San Juan o como una imagen simbólica de Cristo como el ave fénix. A pesar de su carácter ingenuo y popular muestran ya un rico cromatismo. Las pinturas de la parte inferior y la tribuna de la iglesia mozárabe de San Baudelio de Berlanga (Soria) pertenecen a esta misma línea. La temática orientalista de los paneles decorativos y los frescos

En Santa María de Taüll (España) se puede observar la lucha entre David y Goliat, del siglo XII. En la actualidad se conserva en el Museo Nacional de Arte de Cataluña, en Barcelona.

de animales, junto a las escenas cinegéticas, más occidentales, parecen inspirarse en las miniaturas de códices mozárabes y musulmanes, al igual que los colores contrastados y los perfilados contornos. Son un magnífico reflejo del ambiente artístico que se vivía en España en el siglo XI.

Para entender la vida artística de la Europa de los siglos XI y XII basta con contemplar las ilustraciones de los códices. Izquierda, ejemplo procedente del escritorio de Citeaux y conservado en la Biblioteca de Dijon. Derecha, Biblia de Winchester, conservada en la catedral de esa ciudad.

LA GRAN PINTURA HISPANO-ROMÁNICA DEL SIGLO XII

A través de Cataluña llegó a España, a principios del siglo XII, el estilo de la escuela benedictina o italobizantina gestada en Montecassino. Desde Cataluña se extendió por Aragón e, incluso, llegó a tener alguna resonancia en Castilla. Por otro lado, el Camino de Santiago y los contactos políticos con Francia fueron las vías de penetración de la corriente franco-románica que se originó en torno a la escuela del Loire. Este estilo se asentará sobre todo en la zona castellano-leonesa, con algunos ecos en las regiones de Aragón y Cataluña.

El llamado Maestro de Taüll es uno de los primeros en captar la influencia del estilo benedictino en la iglesia de San Clemente de Taüll (Lérida), tras el encargo que recibe del prelado de Ramón de Roda. La ausencia de profundidad espacial, la configuración de imágenes a partir de zonas de color uniformes, los grafismos lineales que definen los detalles y contornos, el intenso cromatismo dominado por el azul y la impecable técnica, tan similar a la benedictina, han contribuido a no descartar la posibilidad de que su maestro fuese

italiano. También se piensa que en la realización de todo el conjunto hubo diferentes manos, siendo el Pantocrátor del maestro y las restantes figuras del ábside, el arco triunfal y los muros laterales, obra de sus discípulos. Además estos discípulos podrían ser los autores de los frescos de la iglesia vecina de Santa María de Taüll. Muy conectado con los maestros de Taüll se muestra el Maestro de Cardós, autor de los frescos de la iglesia de Esterri de Cardós.

El llamado Segundo Maestro de Pedret llevó a cabo una gran actividad en la iglesia de San Quirze (Barcelona) y las de Santa María de Esterri d'Àneu y Sant Pere del Burgal (Lérida). Sus frescos se presentan siempre bajo el estilo italobizantino. En todos ellos es notable el brillante colorido de carmines, amarillos, bermellones, grises, azules y verdes, al igual que la expresividad que muestran algunas figuras, algo no corriente en la solemne pintura románica. Entre las pinturas de este periodo de Pedret destaca la representación en el ábside del Evangelio de las vírgenes fatuas y prudentes. Es impresionante la riqueza cromática que muestran las vestimentas y las joyas que adornan a estas vírgenes, retratadas como unas damas de la Corte bizantina. Es también curiosa la representación en la parte inferior del ábside de Sant Pere del Burgal de una donante con túnica ricamente decorada y cirio en mano. La mujer, llamada por la inscripción de al lado «condesa», se ha identificado como la condesa Lucía de Pallars, ya que su familia fue la benefactora de las iglesias de la zona.

El estilo benedictino italiano en la zona de Cataluña contó con otro gran maestro, el llamado Maestro de Urgell, que realizó los frescos de la iglesia de Sant Pere i Miquel, aneja a la catedral de La Seu d'Urgell. Alrededor de todos estos maestros se formaron grupos de artistas que extendieron este estilo benedictino, aunque un poco más rudo y simplificado, por toda Cataluña. Pero también fue el estilo seguido en algunas iglesias de Aragón, como la de San Juan de Ruesta, e, incluso en la ermita de Santa Cruz de Maderuelo en la provincia de Segovia. Se ha llegado a pensar que el autor de los frescos de la citada ermita fuera el pintor del ábside y el presbiterio de Santa María de Taüll, aunque aquí los colores se aplican disueltos en agua y no hay un predominio de los verdes y azules, sino de colores más tostados. En los muros de esta pequeñísima ermita se realizó un completísimo progra-

ma iconográfico repartido por los muros del testero y de los pies, los muros laterales y la bóveda.

Los frescos de Santa Cruz de Maderuelo son una excepción en las tierras castellanoleonesas, donde la corriente románica que se asentó fue la francesa de la escuela del Loire, caracterizada por una mayor rudeza y expresividad. Aunque hubo algún eco de esta corriente en la Iglesia de Bagües de Aragón y en la iglesia de Santa María el Mur en Cataluña, son los frescos del Panteón de la basílica de San Isidoro de León los más importantes de este estilo francorománico, al igual que los de Taüll lo son del italobizantino. Las pinturas cubren completamente las seis bóvedas cuatripartitas de los dos tramos en los que está dividido el panteón, los muros orientales y meridionales. Las escenas cuentan con un gran simbolismo y una gran suntuosidad en ornamentos y decoraciones. En la bóveda central del primer tramo se halla el Pantocrátor rodeado del Tetramorfos, y en las de los lados se narra el anuncio a los pastores a la derecha, y la glorificación de Cristo en el Apocalipsis según la visión de San Juan a la izquierda. En las bóvedas del siguiente tramo se encuentra la representación de la última cena flanqueada por la degollación de los inocentes en la bóveda meridional, y escenas de la pasión de Cristo en la bóveda septentrional. El muro de la derecha cuenta con un ciclo de la infancia de Jesús y el muro oriental con la Crucifixión, donde el rey Fernando y la reina Urraca aparecen como orantes a los pies de la cruz. Esta representación con-

Izquierda, en el Panteón de los Reyes de León se encuentra este *Majestas Domini* realizado hacia el año 1180. Derecha, también en dicho Panteón de los Reyes está una pintura de la matanza de los inocentes.

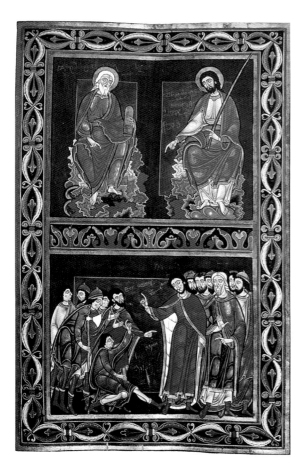

firma que los frescos se realizaron entre los años que ambos estuvieron casados, 1181 y 1188. Completan el ciclo iconográfico toda una serie de profetas, santos, ángeles y alegorías de los meses del año que recorren los arcos y los planos inferiores de los cuerpos voladizos o plafones de la estancia.

A partir de las corrientes francesas e italianas surgió en España un estilo autóctono, llamado «hispano-románico», que fusionaba influencias musulmanas con una estética de cierta dureza. Solía representar temas admonitorios con la aparición de animales relacionados con las pasiones humanas, escenas apocalípticas y de la pasión de Cristo. Todo ello enmarcado con una decoración de atauriques de clara influencia islámica. Ejemplos de este estilo se pueden apreciar en las pinturas de principios del siglo XIII que se conservan en la iglesia de San Román en Toledo y la de San Justo en Segovia, cuyos frescos fueron descubiertos al desmontar el retablo barroco de la Capilla Mayor.

Los mejores restos de la pintura románica en Inglaterra se encuentran en la catedral de Canterbury, Santa María de Kempley (Gloucester), la catedral de Winchester y la catedral de Durham. Todos ellos presentan una marcada influencia del grafismo de las miniaturas que ilustraban los códices, como el de Durham, y las Biblias, como la de Bury. Esta característica, unida a la patente influencia bizantina, con un predo-

Izquierda, Moisés y Aarón representados en una ilustración de la Biblia de Bury. Arriba a la derecha, una miniatura sobre pergamino de *David redactando los salmos*, procedente del Salterio de Canterbury. Y de la catedral de Canterbury procede el fresco sobre estas líneas titulado *Nacimiento e imposición del nombre de San Juan Bautista*, hacia 1130.

minio de azules y verdosos, hace que se puede considerar a la pintura románica inglesa dentro del estilo «italobizantino».

La pintura románica en Centroeuropa siempre presentó un marcado estilo aúlico lleno de grandiosidad como herencia del pasado Imperio Otoniano. Ejemplos de esta complejidad y suntuosidad se encuentran en los frescos de la iglesia de San Jorge de Oberzell. Pero a mediados el siglo XII la influencia del esti-

La *Curación del poseso de Gerasa* forma parte de los frescos que decoran la iglesia de San Jorge de Oberzell (Reichenau, Alemania), del siglo X.

lo italobizantino se fue afianzando en las antiguas tierras otonianas, tal y como demuestran los frescos del monasterio de Nonnberg en Salzsburgo, y la catedral de Ratisbona en Baviera.

LA EUROPA GÓTICA

Los esquemas del Románico alcanzaron su plenitud en la Baja Edad Media. Durante los últimos siglos medievales, el Occidente cristiano sufrió transformaciones políticas sociales, económicas y culturales que produjeron una nueva manera de pensar y llevaron al hombre gótico a las puertas de la Edad Moderna.

Tras la ruptura de la unidad europea aparecieron las nacionalidades. Europa fue configurando sus fronteras y, a medida que el feudalismo se fue debilitando, los monarcas fueron reafirmando el poder real en sus respectivos territorios. En su enfrentamiento con la Iglesia venció el poder espiritual frente al terrenal, de manera que los papas se convirtieron en verdaderos emperadores. La monarquía francesa se convirtió en la protagonista de Europa y fue la cuna del nuevo arte que aparecía en el siglo XIII. El arte gótico abarca las manifestaciones artísticas del mundo occidental producidas durante los siglos XIII, XIV y XV, pero su desarrollo no fue uniforme y los límites geográficos y cronológicos variaron según las zonas. No obstante, existe un hilo conductor basado en la aparición de estilos diferentes relacionados con áreas de influencia. El primer periodo es el Gótico lineal (1200-1330), cuyos orígenes se sitúan en Francia. La segunda etapa denominada italogótica (1300-1400) supone el triunfo de la pintura italiana del Trecento. A finales del siglo XIV aparece en Avignon el llamado estilo internacional (1390-1440),

Frescos de Nonnberg, Salzsburgo (Austria), del busto de san Gregorio, un buen ejemplo de la pintura centroeuropea del siglo XII.

que se difundirá por las diferentes cortes europeas y desembocará en pleno siglo XV con el desarrollo de la pintura flamenca del norte de Europa.

Durante la Baja Edad Media el arte dejó de ser monástico y se convirtió en urbano. Las ciudades, que desde el siglo XI habían comenzado a crecer, se convirtieron a mediados del siglo XII en grandes centros comerciales, gracias a la aparición de una nueva clase social, la burguesía urbana, y al desarrollo de la economía de mercado. El nacimiento del comercio y la industria influyeron en la desaparición del feudalismo y originó el nacimiento de las monarquías absolutas en el siglo XV. El gran auge comercial fue posible gracias a la utilización de nuevos recursos técnicos, que consiguieron buenas vías de comunicación. La navegación, más rápida y segura, permitió que llegasen a las grandes ciudades europeas los productos de Oriente y Asia. Las cruzadas también fomentaron los contactos con Oriente.

Las ciudades estuvieron habitadas también por diferentes artesanos, que se reunieron en gremios, agrupaciones de carácter religioso fuertemente estructuradas, que protegían y controlaban a los artistas. Estos gremios fueron aumentando su poder y comenzaron a demandar un arte popular, frente al carácter más intelectual de la burguesía, dedicando capillas y retablos a sus santos patronos.

En la ciudad gótica del siglo XIII apareció un nuevo espíritu religioso difundido por las órdenes mendicantes, los franciscanos y los dominicos, que renovaban el pensamiento del hombre medieval y proponían un nuevo estilo de vida cristiana basado en la pobreza y en el acercamiento al hombre, como camino hacia Dios. La orden de los franciscanos, fundada por San Francisco de Asís y reconocida por el Papa Inocencio III en 1209, se basaba en la pobreza y la predicación del amor a Dios y a todas las criaturas. La orden de los dominicos, fundada por Santo Domingo de Guzmán y reconocida por el Papa Honorio III en 1217, centraba su actividad en combatir la herejía.

Este espíritu, que ejerció una gran influencia en el arte, se proyectó también en la filosofía de la época. El papel que durante el Románico tuvieron los monasterios como centros del saber, pasó a ser desempeñado en las ciudades, primero por las escuelas catedralicias y luego por las universidades. El pensamiento escolástico de San Agustín y Santo Tomás surgió como un intento de armonizar la antigua filosofía de Platón y Aristóteles con la doctrina cristiana. Concibieron el mundo sensible como un reflejo del más allá, donde la belleza no está en la realidad física, sino en la realidad metafísica, y proponen una exploración de la naturaleza, para encontrar el sentido cristiano de la Revelación. Este saber teológico de la época estableció una serie de principios básicos que configuraban la estética gótica, fomentando un naturalismo cada vez mayor en las artes plásticas. Bajo este ambiente apareció la catedral gótica, como un reflejo de la concepción del mundo bajomedieval. Este fue el lugar donde quedaban integradas todas las artes del color, siendo la pintura la que mejor reflejaba el pensamiento de la época.

CARACTERÍSTICAS DE LA PINTURA GÓTICA

Con la pintura gótica el hombre consiguió una relación perfecta con la naturaleza, reflejando la espiritualidad que guiaba al hombre gótico. Lo sagrado dejó de ser algo distante, como en el Románico, y se acercó al hombre por medio de la naturaleza. A pesar de la utilización de diversos géneros y técnicas, según los periodos y los países, la nota común que caracterizó a toda la pintura gótica fue el naturalismo derivado del pensamiento escolástico, que promovía el acercamiento del hombre al mundo que le rodeaba, viendo el reflejo de Dios en cada criatura. Esto llevó al hombre a analizar los detalles de la naturaleza y desarrollar un característico sentido narrativo en todas sus manifestaciones plásticas.

La finalidad de la pintura continuó basándose en el adoctrinamiento popular, lo que generó una temática de rica iconografía que transmitiese el contenido religioso, basándose en el carácter narrativo y doctrinal. La catedral fue concebida como un libro de piedra que se inspiraba en los temas de los evangelios canónicos y en los apócrifos, y también en relatos como la *Leyenda dorada* de Jacobo de la Vorágine o las *Meditaciones sobre la vida de Cristo* del Pseudo-Buenaventura. Pero esta temática religiosa convive con la iconografía profana, inspirada en los textos literarios o en los libros de viajes.

Los pintores vivían en las ciudades y en un principio estaban unidos a otras agrupaciones de artesanos, pero más tarde se reunieron en un gremio bajo el patrocinio de San Lucas. Durante esta época eran considerados simples artesanos, con una baja consideración social, por eso las obras del siglo XIII generalmente no aparecen firmadas. Pero la situación social de los pintores fue cambiando a medida que surgieron talleres que recibieron encargos de importantes clientes, como

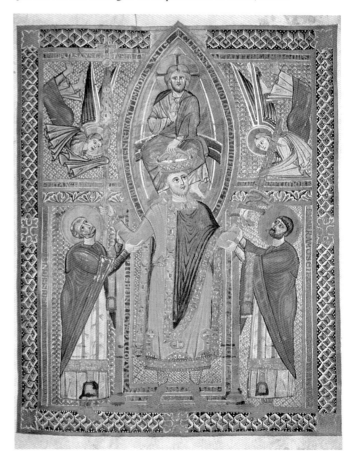

La ceremonia de coronación de Enrique II quedó reflejada en un pergamino del Sacramentario de Enrique II del siglo XI.

Expulsión de los demonios de Arezzo, del Giotto, de la basílica
de San Francisco, Asís (Italia). También del Giotto es esta
matanza de inocentes de la capilla Scrovegni de Padua (Italia).

clientes, los temas, materiales, precios... La clientela
de la pintura dejó de ser monástica y pasó a estar integrada por los reyes, sus cortes, la Iglesia y, a partir del
siglo XIV, la adinerada burguesía, que comenzó a
demandar una pintura de carácter intelectual, contras-
tando con la pintura popular que demandaban los gremios y el pueblo.

En cuanto al trabajo que realizaban los pintores,
los tratados, como el del monje Teófilo o el de Cenni-
no Cennini, muestran todo un repertorio de procedimientos y técnicas artísticas. La pintura mural utilizaba
la técnica del fresco, que aplicaba los colores al temple
sobre el muro seco, lo que permitía hacer correcciones.
Pero en los conjuntos importantes de la pintura trecen-
tista, como los del maestro Giotto, utilizaban el buen
fresco que aplicaba los colores sobre el muro húmedo,
lo que no permitía correcciones y exigía un gran dominio de la técnica. A veces Giotto combinó en una técnica mixta ambos procedimientos. Sobre tabla se usaba la
pintura al temple, que utilizaba la yema de huevo como
aglutinante para los pigmentos. En ocasiones excepcionales, como Ferrer Bassa en las 22 escenas que
decoran la capilla de San Miguel en el Monasterio de
Pedralbes en Barcelona, los pintores utilizaron la pintura al óleo, que será retomada con gran fuerza por los
pintores flamencos.

LA PINTURA DEL GÓTICO LINEAL

El primer foco de pintura gótica está en relación con el
nacimiento de la arquitectura gótica francesa en la Île
de France (París). Este periodo coincide cronológica-
mente con el siglo XIII, cuando bajo las monarquías de
Felipe Augusto y Luis IX, el centro cultural europeo se
encontraba en París y la cultura francesa determinaba
la vida espiritual de Europa. Por eso en un primer
momento fue llamado «estilo franco-gótico». Pero
como este estilo se extendió rápidamente por toda
Europa, excepto por Italia donde se mantenía la tradición bizantina, la antigua denominación se sustituyó
por el nombre de «Gótico lineal», aludiendo a la estética que caracterizaba a esta pintura.

Es la línea la que estilísticamente definía la
pintura gótica de esta etapa. Una pintura en la que des-
tacaban los contornos de las figuras por la influencia
de los emplomados de las vidrieras y el grafismo de las
miniaturas y que, debido a estas influencias, enriquece
las composiciones mediante figuras de brillante colorido y monocromos fondos. La pintura de este momento no se preocupaba por los problemas espaciales o
lumínicos. Las figuras no se concebían en el espacio,

sucedió con Giotto. Algunos artistas incluso fueron
nombrados pintores de la ciudad. Los contratos que se
han conservado aportan datos relacionados con los

Frescos de la capilla de San Martín o del Aceite de la Catedral Vieja de Salamanca, pintados por Antón Sánchez de Segovia hacia 1300.

Pintura del siglo XIII sobre la conquista de Mallorca por Jaime I perteneciente al Palacio Aguilar de Barcelona.

eran planas al igual que los colores. La única referencia a la luz era de carácter simbólico, utilizando fondos dorados para dar un carácter irreal y sagrado a las composiciones.

La estética de esta pintura estaba definida por el cambio de pensamiento que se produjo en el hombre gótico cuando se acercaba a la naturaleza para ver en ella el reflejo de Dios. La pintura se impregna de un sentido narrativo, que idealiza las formas y rompe con el esquematismo románico, introduciendo elementos de la vida cotidiana con carácter expresivo. Los temas apocalípticos se fueron abandonando en favor de los evangélicos, de la vida y muerte de Cristo y de las vidas de los santos como ejemplo para conseguir la salvación. También son frecuentes los temas marianos y los temas profanos de carácter naturalista.

La aparición de una nueva arquitectura en el siglo XIII promovió un enorme desarrollo de las vidrieras. Los muros se volvieron más diáfanos y las vidrieras convirtieron el interior de la catedral en un espacio trascendente que aludía a Dios, lleno de colores. Es también vital en este periodo el desarrollo de las miniaturas. El arte de la iluminación continuó la tradición románica, pero ya no se realizaba en los monasterios, sino en los talleres laicos de la ciudad. Los escritorios regios y las universidades produjeron miniaturas que encuentran una nueva clientela de reyes, reinas y princesas que demandaban obras llenas de elegancia y riqueza.

Frente al gran desarrollo de la vidriera y la miniatura, se produjo un retroceso en la pintura mural de las iglesias. Los documentos demuestran que hubo encargos de pintura mural para edificios civiles, como las de la Cámara Real del Palacio de Westmister, que se han perdido, o las pinturas del Palacio Aguilar, de la calle Montcada de Barcelona, que narran la conquista de Mallorca por Jaime I. En cuanto a pintura mural de carácter religioso, destacan las pinturas de Antón Sánchez de Segovia en la capilla del Aceite (o capilla de San Martín) en la catedral vieja de Salamanca y, de época más avanzada, el gran panel de la Crucifixión de la catedral de Pamplona realizado por Juan Oliver, en el que el dominio de la línea y cierto modulado en los rostros denotan que su autor había trabajado en Avignon.

La pintura sobre tabla contó con importantes ejemplos en España, donde durante el Románico se había iniciado una fuerte tradición de frontales de altar catalanes. Su desarrollo continuó durante el Gótico,

Arriba y abajo, excelente ejemplo del Gótico en el frontal de Soriguerola dedicado al arcángel San Miguel, realizado en el siglo XIII y conservado en el Museo de Arte de Cataluña, Barcelona.

como demuestra el frontal de Soriguerola dedicado a San Miguel. Estos frontales se convirtieron en el punto de partida de los retablos como el de Quejana, del Gótico lineal tardío de Álava, llamado también de Ayala porque fue un encargo del canciller don Pedro López de Ayala y su esposa doña Leonor de Guzmán. Ambos aparecen representados como donantes en medio de un rico programa iconográfico de escenas encuadradas en arquitecturas, que recuerdan a las miniaturas francesas.

Dentro de la pintura sobre tabla destacan las cubiertas mudéjares decoradas de la catedral de Teruel, que combinan escenas profanas y religiosas, o el claustro del monasterio de Silos, donde con un rápido dibu-jo se representan escenas de la vida cotidiana castellana, sobre todo escenas de amor, alternándose con otras de guerra, de caza o de música.

EL DUCENTO

Mientras se desarrollaba el Gótico lineal en Francia y se extendía por el resto de Europa, en Italia surge la pintura del Ducento, que se caracterizó por una estética de fuerte bizantinismo que sentará las bases para la pintura del Trecento. Durante el siglo XIII se definieron en Italia dos maneras de pintar que bebieron del arte bizantino: la llamada «maniera Greca», que derivará en la escuela de Siena del Trecento; y la tendencia denominada «italobizantina», que se proyectará en la escuela florentina del Trecento. La maniera greca aparece representada por pintores que permanecen fieles a la estética bizantina, realizando un arte que busca agradar al espectador. La tendencia italobizantina fue más allá en busca del naturalismo, introduciendo técnicamente elementos revolucionarios.

Los dos centros más importantes donde tuvo su desarrollo la pintura del Ducento fueron Roma y Toscana. En Roma la escuela de mosaístas tuvo en Jacopo Torrici y Pietro Cavallini a sus máximos representantes. En la Toscana, pintores de origen humilde realizaron obras para el pueblo, destacando por su interés iconográfico los crucifijos toscanos. Se trataba de crucifijos procesionales donde diferentes escenas aparecían en los ensanchamientos laterales del tronco de la cruz. En los extremos de los brazos de la cruz se disponían las figuras de la Virgen y San Juan Evangelista y en el extremo superior aparecía el Salvador bendiciendo. Al principio los Cristos seguían la tradición bizantina y se representaban vivos, con el cuerpo muy rígido y con cuatro clavos. Más adelante los artistas se decantaron por los crucificados muertos de ojos cerrados. Giunta Pisano fue, a mediados del siglo XIII, el difusor de este tipo de Cristo estilizado con el cuerpo arqueado y patético rostro.

En la Toscana del siglo XIII también utilizaron la madera para realizar tablas alargadas donde se disponían, alrededor de la imagen de un santo, diferentes escenas como si se tratase de un retablo. Estas escenas, que provenían de las de los crucifijos, estaban relacionadas con los episodios de la vida del personaje central y se desarrollaban con un notable sentido narrativo. Entre los diferentes artistas que realizaron este tipo de obras, figuran Bonaventura Berlinghieri, Margatione d'Arezzo o Coppo di Marcovaldo, destaca la figura del florentino Cenni di Peppo, llamado Cimabue. Este artista fue considerado por Dante en su *Divina comedia* como el pintor más importante antes de Giotto. El hieratismo y la geometrización de las figuras proviene de su formación bizantina, pero en sus crucifijos, como el de la Santa Croce de Florencia, y en sus escenas marianas, como el famoso fresco de la *Madonna con el niño rodeada de ángeles y San Francisco* para la iglesia inferior de Asís o la *Vírgen con el niño* de la iglesia de la Trinidad de Florencia, muestra su interés por introducir notas de realismo que busquen la expresión de los rostros y muestren a las figuras como seres reales.

LA CRISIS DEL SIGLO XIV Y EL FLORECIMIENTO DEL ESTILO TRECENTO

Con la llegada del siglo XIV la pintura gótica experimentó un importante cambio. Si durante el siglo XIII el centro político y cultural de Europa estaba en Francia,

Del prolífico artista Cimabue son estas tres obras: arriba, *Madonna con el Niño rodeada de ángeles y San Francisco*, de la basílica de San Francisco de Asís (Italia); a la izquierda, *Virgen con el Niño*, de la Galería de los Uffizi (Florencia), y derecha, crucifijo de la iglesia de la Santa Croce de Florencia (Italia).

Madonna Rucellai, de Duccio de Buoninsegna, de 1285, realizada en oro y temple sobre tabla. Se trata de un trabajo encargado para la iglesia de Santa Maria Novella de Florencia (en la actualidad se conserva en la Galería de los Uffizi de la misma ciudad).

En medio de esta caótica situación floreció un estilo artístico denominado «Trecento» que, lejos de ser el final de la pintura gótica, supuso el enlace con la pintura renacentista del siglo XV y la apertura hacia el mundo moderno. El desarrollo de este estilo coincidió con el establecimiento de las ciudades-estado, donde la burguesía formada por los banqueros se convirtió en la impulsora de estas obras. Pero la renovación estética fue también el fruto de la transformación que sufrió la cultura y el pensamiento religioso del momento. Bajo la influencia de San Francisco surgió la poesía popular en Umbría con obras como el *Pianto della madonna*, de Jacopone da Todi, que supuso una enorme fuente de inspiración para los artistas. Los pintores trecentistas compartieron mecenas y una estrecha relación con los literatos contemporáneos, en un momento en que la literatura italiana vivía una época de esplendor gracias a figuras como Dante, Petrarca y Bocaccio, precursoras del humanismo en Italia.

La pintura del Trecento, inspirada en la religiosidad franciscana, buscaba un mayor naturalismo y la expresión de los sentimientos. Fue la heredera de las dos maneras de pintar del Ducento que, a su vez, derivaron en dos tendencias pictóricas: la florentina y la sienesa. La escuela florentina del Trecento rompió con la tradición bizantina e introdujo grandes novedades estéticas y técnicas que enlazarán directamente con la pintura del Renacimiento. La escuela de Siena, sin olvidar las conquistas técnicas, plasmó un arte más idealizado que supone el inicio de la pintura del Gótico internacional.

durante la centuria siguiente éste pasó a Italia. Ya en el último tercio del siglo XIII comenzaron a sentirse los primeros síntomas de la llamada «crisis del siglo XIV». Esta crisis se agudizó a mediados del citado siglo, manifestándose en todos los campos: en el político, con diferentes revueltas sociales; en el económico, por la depresión agraria y en el religioso, por el cisma de Occidente. Se produjo un importante descenso demográfico porque las malas condiciones climáticas provocaron la pérdida de las cosechas, el hambre debilitó a la población y ésta cayó presa de la peste. Fue especialmente devastadora la famosa peste negra de 1348. Además las numerosas guerras, como la de los Cien Años, la de las Dos Rosas en Inglaterra, la de Pedro el Cruel y Enrique de Trastámara en España o las luchas entre los diferentes estados italianos, provocaron importantes destrucciones.

Fresco de Simone Martini titulado *Guidoriccio da Fogliano* (1328, Palacio Público, Siena) en el que dicho condotiero está en un primer plano montado a caballo y al fondo las siluetas de las fortalezas que ha conquistado.

Giotto di Bondone (1267-1337), máximo representante de la escuela florentina y del Trecento, es considerado el iniciador de la pintura moderna, ya que su obra creó un lenguaje artístico que inauguró un nuevo concepto espacial y lumínico. Trabajó para los grandes clientes de la época consiguiendo gran fama en vida. La realización de los ciclos de la iglesia alta de Asís, de la capilla Scrovegni en Padua y de la iglesia de la Santa Croce en Florencia, fueron sus obras más destacadas y una muestra de cómo evolucionó su estilo. Su preocupación por el espacio fue constante, sobre todo a la hora de disponer las figuras dentro de las representaciones arquitectónicas, como si se tratase de un escenario. Consiguió crear una perspectiva espacial, con diferentes puntos de vista que convergen en líneas de fuga fuera de la composición, precursora de la perspectiva clásica renacentista. Las figuras dejan de ser planas y adquieren una anatomía volumétrica de cierto monumentalismo. Las caras se vuelven ovaladas y poseen unos característicos ojos rasgados. Es importante el abandono de los rígidos esquemas, que son sustituidos por otros más expresivos, con figuras llenas de vida, gestos y actitudes que transmiten sus sentimientos. Desaparecen los fondos dorados ante el interés por captar la luz natural, que va modelando a las figuras y mostrando las diferentes gradaciones de los colores. Sus logros técnicos van siempre acompañados de una búsqueda de la belleza, que logra plasmar en composiciones llenas de armonía y figuras proporcionadas.

Giotto contó con un destacado grupo de seguidores, como Taddeo Gaddi, Maso di Banco o Andrea da Firenze, cuyas obras muestran también la influencia de la corriente sienesa, que gozó de un enorme éxito entre las capas más populares. Gerardo Starnina, uno de estos discípulos de Giotto, realizó obras como los frescos de la Capilla de San Jerónimo en la iglesia del Carmine de Florencia. Starnina, al igual que otros artistas, abandonó Florencia tras la Revolución de los Ciompi en 1378, en la que se enfrentaron los maestros y los oficiales, y se estableció en Valencia y en Toledo, fomentando la expansión del Trecento por la corona de Castilla.

La escuela de Siena se inicia con Duccio di Buoninsegna y tendrá como máximo representante a Simone Martini. Esta otra tendencia frente al sentido volumétrico y teatral de Florencia, optó por un estilo más amable y menos duro que buscaba la belleza de las líneas y la combinación de suaves colores. Las obras de Duccio, como la tabla de la Maestà para el altar mayor de la catedral de Siena o la Madonna Rucellai para Santa Maria Novella de Florencia, son un claro ejemplo de la corriente sienesa, que buscaba una pintura idealizada centrada en los temas marianos. Sus figuras impregnadas de ternura, lirismo y suavidad, de influencia bizantina, destacan sobre los fondos dorados característicos de Bizancio. Pero la iconografía se renueva mostrando a una Virgen entronizada, rodeada por ángeles y santos en «sacra conversatione» (sagrada conversación).

Simone Martini (1283-1344) fue el máximo representante de la escuela sienesa. Continuador de

El fresco de Ambrogio Lorenzetti del Palacio Público de Siena (Italia) es una de las primeras pinturas medievales en la que el político adquiere un carácter alegórico: *Alegorías sobre el buen y mal gobierno* (1337-1339).

En el retablo de la capilla de Santa Ana, del Palacio de la Almudaina de Palma de Mallorca, está esta *Crucifixión* (1353) de Ramón Destorrents, buen ejemplo del Gótico catalán.

los modelos de Duccio, tal y como se aprecia en su *Maestà* para el salón de del Consejo del Palacio Público de Siena. En esta obra, dedicada a la Virgen, mantiene un gusto por los rostros idealizados de carácter amable, el refinamiento de las líneas, la riqueza de colores y los aires cortesanos que aumentan el carácter decorativo y anuncian el gusto de la pintura internacional. Esta obra forma pareja con otra de carácter profano, el retrato ecuestre de Guidoriccio da Fogliano, donde la silueta del condottiero resalta sobre un intenso fondo azul en el que se recortan también las siluetas de las fortalezas conquistadas por él. Antes de trasladarse a Avignon realizó para la capilla de San Ansano, de la catedral de Siena, una bellísima Anunciación, en la que sobre un simbólico fondo dorado destaca el sinuoso movimiento de la Virgen al escuchar el anuncio del ángel, que se postra ante ella, introduciendo una nueva iconografía del ángel arrodillado. La escena está representada con un gran deta-

Descendimiento, de Ferrer Bassa, de 1346, realizado
para decorar la capilla de San Miguel del monasterio
de Pedralbes (Barcelona).

llismo que continuó en las obras que realizó posteriormente en Avignon.

Los hermanos Lorenzetti continuaron el estilo
de Martini y el de los seguidores de Giotto, creando
una escuela que enlazará con el Renacimiento. Ambos
hermanos difundieron la iconografía de la Virgen de la
Humildad, que gozó de un tremendo éxito. En ocasiones será la Virgen de la Leche que alimenta a su hijo, o
la Virgen de la Ternura, cuyo rostro se muestra melan-
cólico presagiando la pasión que vivirá su hijo. Pero
siempre serán escenas llenas de carácter amable y de
diálogo entre madre e hijo.

El mayor, Pietro Lorenzetti (c. 1280-1348), permaneció fiel a la estética sienesa y al cromatismo mati-
zado de Martini, pero el encuentro con la obra de Giotto en Asís fue decisivo para su pintura. Realizó para la
iglesia inferior de Asís un ciclo de la Pasión donde los
episodios se suceden con un marcado detallismo y un
carácter dramático próximo a la religiosidad popular.
La obra de su hermano Ambrogio (c. 1290-1348) mostró un mayor refinamiento, con una gran influencia de
las fórmulas giottescas. A este artista humanista se debe
la decoración al fresco del palacio público de Siena con

San Marcos cura la mano herida del zapatero Aniano, de Arnau
Bassa, 1346, Seo de Manresa (Barcelona). El Gótico catalán
tuvo una fuerte intensidad en temas y ejecución.

Dos obras de Jaume Serra: arriba, *San Esteban en la sinagoga*, que formó parte del retablo de San Esteban de Gualter, conservada en el Museo de Arte de Cataluña (Barcelona); abajo, *Anunciación* (1361), que formaba parte del retablo del Santo Sepulcro de Zaragoza (hoy en el Museo Provincial de Bellas Artes).

campo están captadas con un punto de vista muy alto que favorece el análisis detallado de todos los elementos, mientras las arquitecturas de la ciudad y el paisaje del campo se muestran como los verdaderos protagonistas de las escenas.

El estilo franco-gótico se mantuvo en Europa hasta que, durante la segunda mitad del siglo XIV, comenzó a notarse la influencia de la pintura italiana con diferente intensidad según las zonas. En Cataluña adquirió un importante desarrollo, destacando la obra de los hermanos Ferrer y Arnau Bassa, Ramón Destorrents y la familia de los Serra. En el resto de Europa aparecerán ejemplos aislados. En Francia, la llegada de Simone Martini en 1340 a la ciudad de Avignon, lugar donde se instaló el papado tras el cisma, motivó que la influencia de la pintura italiana fuese notable. Además de recoger la citada tradición se convirtió en un importante centro cultural donde el intercambio de diversas influencias fraguará en el denominado estilo internacional.

Anunciación y Visitación, obra en temple sobre tabla, de Melchior Broederlam, de finales del siglo XIV. Esta obra forma parte del retablo encargado al pintor para la cartuja de Champol del Ducado de Borgoña.

las *Alegorías sobre el buen y mal gobierno* (1337-1339), consideradas las primeras pinturas medievales en las que lo político adquiere un carácter alegórico. El conjunto es un canto al Gobierno de los Nueve destacando la zona dedicada al buen gobierno con una gran figura, que simboliza el Bien Común, rodeada de las alegorías de las virtudes. Las escenas que representan los efectos del buen gobierno sobre la ciudad y sobre el

LA PINTURA GÓTICA INTERNACIONAL

A caballo entre los siglos XIV y XV surgió el estilo internacional, como una fusión de la pintura del Gótico lineal y la pintura del Trecento. Se denomina también «estilo de corte» porque los príncipes se convierten en su principal clientela y los palacios en centros de cultura desde donde se fomentaba un gusto por la elegancia. Las relaciones comerciales y las alianzas matrimoniales favorecieron la difusión de este estilo en todas las cortes de Europa. En Francia en torno a las ciudades de París y Dijon con Juan el Bueno, Carlos V y Felipe el Atrevido; en Inglaterra con Ricardo II; en Praga en torno a Carlos IV y en España el foco catalán como una continuación del estilo Trecento.

En la cartuja de Champol del Ducado de Borgoña, Melchior Broederlam realizó los laterales del retablo esculpido de la Crucifixión, de Jacques de Baerze, con las escenas de la Anunciación y Visitación, en un lado, y la Presentación en el templo y Huida a Egipto, en el otro. Todas estas escenas son un magnífico ejemplo del estilo internacional, que se caracterizó por tomar de Siena el gusto por las suaves líneas que definen un dibujo muy perfilado, el sinuoso movimiento y los colores caprichosos, pero sin olvidar el gusto aristocrático francés. Fue una pintura con un fuerte carácter decorativo que quiso agradar al espectador mostrando detalles anecdóticos, algo que sirvió de base para la posterior pintura flamenca del siglo XV. Los temas continuaron siendo religiosos pero cada vez las escenas se fueron desacralizando y el ambiente cortesano envolvió las imágenes. Aumentó la representación de paisajes y arquitecturas como elementos simbólicos, aunque a veces el afán decorativo optó por los fondos dorados. Esto último supuso una cierta regresión pero también contribuyó a crear un ambiente irreal, como ocurre en el retablo de San Miquel de Cruï-

La Última Cena de Francesc Serra (siglo XIV) es uno de los temas que decoraban el monasterio de Santa María de Sijena en Huesca, que hoy se conserva en el Museo de Arte de Cataluña (Barcelona).

lles de Lluís de Borrassà en la corona de Aragón; o en el retablo de San Pedro de Hamburgo (también conocido como el retablo de Grabow) del maestro Bertram de la escuela de Westfalia, en el área germánica.

Huida a Egipto, del maestro Bertram, del siglo XIV, forma parte del Retablo de San Pedro (llamado retablo de Grabow) de Hamburgo.

El Renacimiento de las artes

*E*N LAS PRIMERAS DÉCADAS DEL SIGLO XV, MIENTRAS EN FLORENCIA APARECÍA EL PRIMER RENACIMIENTO, FLANDES SE CONVIRTIÓ EN UN FOCO DE CAPITAL IMPORTANCIA DENTRO DEL PANORAMA PICTÓRICO, TANTO POR LA ORIGINALIDAD Y CALIDAD DE SUS OBRAS, COMO POR EL ENORME ÉXITO QUE ALCANZÓ EN EL RESTO DE EUROPA.

LOS PRIMITIVOS FLAMENCOS

El nombre de «primitivos flamencos» es el que mejor define a los pintores de este estilo, ya que la palabra «primitivo» alude a la idea de ser los primeros de un largo proceso, el de la pintura de los Países Bajos, que se prolongará y culminará en el Barroco con figuras como Rubens o Rembrandt. Aunque también sería correcto llamarlo el «Renacimiento flamenco», en contraposición con el Renacimiento italiano, porque la pintura flamenca fue un foco de orientación tanto o más poderoso que el foco italiano, que aportó grandes novedades a la historia de la pintura occidental.

Flandes comprendía los territorios de Bélgica, Holanda y Luxemburgo, más el noroeste de Francia. Durante la Baja Edad Media esta zona se encontraba dividida políticamente en numerosos estados, pero desde la boda de Felipe el Atrevido, duque de Borgoña, con Margarita, la heredera del conde de Flandes, en 1369, todos estos dominios quedaron bajo el poder de la Casa de Borgoña. El ducado de Borgoña era desde el siglo XIV un gran centro artístico que fomentaba el gusto por el arte refinado y lujoso. Más adelante con la muerte de María de Borgoña en 1482, hija y heredera de Carlos el Temerario y esposa del emperador Maximiliano de Austria, estos territorios fueron incorporados al imperio de la Casa de Austria.

Flandes era una de las regiones más pobladas de Europa con una floreciente economía basada en la industria de los tejidos, el comercio y la banca. La pintura flamenca recogía esta doble vertiente social, la aristocrática y la burguesa, por medio de una concepción del cuadro como un objeto precioso pero sin olvidar jamás el gran amor a la realidad, siempre limpia y

Hombre del turbante rojo (1433, National Gallery, Londres), de Jan van Eyck, podría ser un autorretrato del propio artista. Es la primera vez que el retratado mira directamente al espectador.

Tabla de la Anunciación, pintada por el Maestro de Flémalle en el siglo XV, y conservada en el Museo de Bellas Artes de Bruselas. Es un buen ejemplo de fusión entre lo sagrado y lo profano.

elegante. Pero este realismo, que se alejaba de lo trascendente y otorgaba una visión más humana a lo religioso y a lo histórico, no apareció de repente en la mente de un solo artista, como Van Eyck. El interés por lo real, por la materia, por lo visible y lo palpable fue la primera característica que define la pintura flamenca, que se fue forjando dentro de una variada sociedad burguesa integrada por comerciantes y banqueros extranjeros que vivían en las ciudades neerlandesas meridionales. Una población cuya espiritualidad, siguiendo la «devotio moderna», deseaba encontrar en el interior del hombre el camino hacia la verdad despreciando, paradógicamente, las cosas terrenales.

Tanto detalle hace que el observador atento termine por sentirse inmerso en las pinturas flamencas, dentro de un espacio infinito formado por un conjunto de objetos y detalles, que no por su presencia física y su ilusionismo realista dejan de ser imágenes de aquello que es invisible.

El realismo flamenco fue posible gracias a la técnica que utilizaron en sus cuadros: el óleo. Tradicionalmente se ha adjudicado a los hermanos Van Eyck la invención de la pintura al óleo. El uso del aceite aparecía en recetarios del siglo XIII, pero fue con los hermanos Van Eyck y el Maestro de Flémalle con quienes esta técnica alcanzó gran perfección y se difundió rápidamente por toda Europa. La utilización del aceite de linaza como aglutinante de los pigmentos, más el aditivo de materias secantes, consiguió revolucionar el mundo de la pintura. A partir de entonces, el óleo permitió a la pintura detenerse en un modelado profundo y un dibujo preciso que proporcionaba una gran definición de personas y objetos. Se multiplicaron los matices y las gamas de colores, porque al disponerlos por capas, éstos se podían superponer produciendo veladuras. La superficie final era de gran calidad, con un brillante colorido, impermeabilidad y, además, la posibilidad de poder ser corregida durante su realización o una vez terminada. Desde entones el óleo ha sido la técnica más utilizada en la pintura, aunque los flamencos la utilizaban sobre tabla, dando mucha importancia a la elección de las maderas, generalmente de nogal o roble. Las maderas eran ensambladas cuidadosamente y, posteriormente, recibían una imprimación, a base de estuco y cola orgánica, que era pulida y abrillantada hasta que quedaba una superficie lisa y blanca sobre la que pintaban.

En el Flandes del siglo XV no existieron tratados teóricos. Las primeras noticias que sobre Jan van Eyck o Van der Weyden se encuentran en tratados italianos, donde sí existían crónicas sobre los artistas de la época. Este vacío explica por qué quedan todavía por resolver asuntos tan importantes como la identificación del Maestro de Flémalle con el pintor Robert Campin, la precocidad entre el Maestro de Flémalle y Van Eyck en la formulación del nuevo estilo o la disociación entre la obra de Jan van Eyck y la su hermano Hubert. Pero lo que está claro es que la pintura de Jan van Eyck representa la máxima cima del arte de los Países Bajos en el siglo XV y será determinante para la evolución de la pintura europea.

LOS INICIADORES

La identificación del Maestro de Flémalle ha dado lugar a intensos debates. La crítica le dio este nombre al autor de un grupo de unas 28 obras que se creyó que provenían de la abadía de Flémalle, abadía que ni

siquiera existió. En un principio se pensó que el joven Roger van der Weyden pudo realizarlas. Otra hipótesis defendía que en realidad el Maestro de Flémalle era Robert Campin, artista muy estimado y documentado según los archivos de la época, pero cuya obra no nos ha llegado. Esta última asociación es la que ha tenido más aceptación, avalada por la documentación que demuestra que Roger van der Weyden fue uno de sus discípulos, lo que explica la similitud entre ambos estilos.

Las obras atribuidas abarcan un periodo de 40 años: *La Natividad de Dijon* (c. 1425), la *Tabla de la Piedad* (c. 1450); aunque tan sólo están fechadas las puertas del *Tríptico Werl* (1438) en la parte inferior de la puerta de la tabla en la que aparece San Juan Bautista presentando al donante, Heinrich von Werl, un provincial de los franciscanos. La *Tabla de la Anunciación* (c. 1422), también llamada el *Tríptico de Merode*, es su obra más famosa, ejemplo de la fusión entre lo sacro y lo profano. La Virgen está leyendo sentada en el suelo, como Virgen de la humildad, y el ángel se arro-

dilla ante ella para saludarla, mientras un minúsculo Niño Jesús, envuelto en un haz de rayos luminosos, penetra por la ventana de la izquierda sin romper el vidrio, aludiendo a la Concepción de María. El Maestro de Flémalle abandona el lirismo cortesano para acercarse a la materialidad de los objetos cotidianos, aunque cada uno de ellos se transforma en un símbolo del mundo espiritual, siguiendo la sentencia de Santo Tomás: «El mundo físico es una metáfora corpórea de la realidad espiritual». El caldero del nicho del fondo hace alusión a la Virgen como fuente de agua viva; el jarrón de la mesa con lirios es un signo de la pureza virginal; los leones que decoran el banco de madera de la derecha se refieren al banco del rey Salomón; la palmatoria de la mesa apunta a la Virgen como candelabro que aguanta una vela, símbolo de Cristo. En la ventana del fondo se pueden ver los escudos de la familia Ingelbrechts, retratada en la tabla de la izquierda, de rodillas, abriendo la puerta de la estancia donde se encuentra la Virgen. En la tabla de la derecha se encuentra San José, sentado en un banco, trabajando en su taller de carpintero. Llama la atención la ratonera que se expone en el

La magna obra *Políptico de San Bavón de Gante* (hacia 1432) fue un encargo hecho a Hubert van Eyck, que finalizó Jan a la muerte de su hermano. Jan van Eyck marcó profundamente la pintura de su época.

mostrador del fondo y la de la mesa de trabajo, cuyo significado se encontró en los textos de San Agustín aludiendo a la encarnación de Cristo como una trampa que Dios puso al diablo.

La perspectiva de las obras del Maestro de Flémalle está menos lograda que la de Van Eyck, porque el maestro de Brujas concibe un espacio donde existen las cosas, mientras que Flémalle considera que es la acumulación de cosas la que crea el espacio.

Jan van Eyck (c. 1390 -1441), considerado uno de los más importantes artistas de la historia de la pintura, debe parte de su fama a tres hechos que no son completamente ciertos. La historiografía le consideró el inventor de la técnica del óleo, cuando ésta era conocida anteriormente. Su célebre *Políptico de San Bavón de Gante* en realidad le fue encargado a su hermano Hubert y él lo continuó tras su muerte. Por último, se le

atribuyó la responsabilidad del cambio que se produjo en la pintura de su tiempo, cuando el llamado Maestro de Flémalle inició antes este proceso y su hermano Hubert era mayor que él. Pero lo que nadie pone en duda es que fue el pintor flamenco que mayor impacto causó entre sus contemporáneos, y en las dos generaciones siguientes, por su manera de entender y representar la realidad y por el dominio de la técnica del óleo que le permitió crear obras llenas de luminosidad y transparencia. Su amplia formación en arquitectura, orfebrería, escultura, y sus conocimientos de latín, griego, anatomía, geología y botánica le llevaron a formar parte de la corte de Borgoña, participando en misiones diplomáticas de carácter matrimonial, en las que viajaba en calidad de retratista oficial. Pero su obra más importante, el *Políptico de San Bavón de Gante*, no fue un encargo del duque de Borgoña, sino de uno de los hombres más ricos de Flandes, llamado Joos Vidj, quien después de colocar la obra en la catedral de San Juan (hoy de San Bavón) de Gante, fue nombrado burgomaestre de la ciudad.

En el enorme retablo, terminado en el año 1432, se puede apreciar la mano de los dos hermanos. Las formas más suaves e internacionales se deben a Hubert y las más modernas y duras se atribuyen a Jan. El rico programa iconográfico se basa en un poema religioso de la Redención según el Apocalipsis de San Juan. Cuando está cerrado presenta el tema de la Anunciación sobre los donantes arrodillados, Joos Vijd y su esposa Isabel Borluut, ante las figuras de San Juan Evangelista y San Juan Bautista, pintadas como si fuesen esculturas. Abierto, en el cuadro superior, se encuentra representada la Deesis, con el Todopoderoso rodeado de la Virgen y San Juan, flanqueada por dos tablas de ángeles cantores y dos tablas, en los extremos, con Adán y Eva desnudos mostrando un gran realismo. En la zona inferior, la tabla central presenta al Cordero en un altar, detrás de la Fuente de la Vida, rodeado de santos, eclesiásticos y personajes de distinta condición en medio de una amplia pradera celestial. La diversa vegetación está ordenada con fines tanto compositivos como alegóricos y los edificios de la lejanía aluden a la Jerusalén Celestial. Flanqueando esta tabla aparecen, en otras cuatro, las representaciones de las virtudes cardinales a través de diferentes grupos de hombres: los magistrados aluden a la justicia; los caballeros representan la fortaleza; los peregrinos apuntan la prudencia y los ermitaños sugieren la templanza.

La potencia plástica de los retratos de los donantes del Políptico de San Bavón, Joos Vijd e Isabel Borluut, se debe a la descripción objetiva con la que están representados: personas con rasgos singulares, como seres de carne y hueso son también las protagonistas de sus retratos como el famoso *Hombre del turbante rojo* (1433), posible autorretrato de Van Eyck, donde por primera vez en la historia de la pintura, el retratado mira directamente al espectador. El acto de mirar a quien mira aparece en otros retratos como el de *El orfebre Jan de Leeuw* (1436) o el de su mujer *Margarita van Eyck* (1439). El único dibujo que se conserva de Van Eyck pertenece al *Retrato del cardenal Nicola Albergati* (1431-1432), siendo el primer caso europeo en que un retrato nos ha llegado en dibujo preparatorio y cuadro final.

Los retratos de los donantes aparecen también en las dos obras de carácter religioso más importantes de su producción: *La Virgen del canciller Rolin* (1435) y *La Virgen del canónigo Van der Paelle* (1436). Ambos cuadros de devoción retratan a los donantes arrodillados ante la Virgen con el niño. Los paisajes que se atisban al fondo están tan individualizados como los objetos y las personas.

Uno de los retratos más famosos y enigmáticos de la historia de la pintura es el *Retrato del matrimonio Arnolfini* (1434). En esta obra, precursora de los inte-

*Retrato del matrimonio Arnolfini (*1434, National Gallery, Londres), de Jan van Eyck, es considerada la obra precursora de los característicos interiores holandeses del siglo XVII.

riores holandeses del siglo XVII, Van Eyck presenta un doble retrato de cuerpo entero, algo que hasta un siglo más tarde no se volverá a encontrar. La pareja protagonista está formada por Giovanni Arnolfini, comerciante italiano que residió en Brujas, y su mujer Giovanna Cenami, hija de otro comerciante italiano. En este solemne retrato la firma del artista resulta excepcional por su posición, en la pared del fondo: «Johannes van Eyck fuit hic, 1434» y su traza, llena de adornos y rúbricas. Debajo, el espejo redondo y convexo se convierte en un singular recurso pictórico que permite mostrar, en una reducida imagen curva de magnífica precisión, la escena vista desde atrás y nos descubre la presencia de dos testigos, uno de ellos el propio Van Eyck, que acreditan y certifican el sacramento del matrimonio entre los dos cónyuges. Los testigos se colocan en el lugar que corresponde al espectador, lo que hace que éste participe de la escena. Además de los efectos provocados por el espejo del fondo, la lámpara y la ventana, son numerosos los símbolos que representan algo alegóricamente: el perro, símbolo de la fidelidad; la talla de Santa Margarita en la cama, como protectora de la fecundidad; el salterio que cuelga al lado del espejo, que alude a la pureza de la Virgen o las 12 escenas que rodean al espejo aludiendo a las 12 estaciones de la Pasión. Detrás

En *El Descendimiento* (1435, Museo del Prado, Madrid),
de Van der Weyden, se puede apreciar la fuerza dramática
que el artista daba a sus obras.

La tienda de San Eloy (1449, Museo Metropolitan, Nueva York),
de Petrus Christus. Los temas burgueses van dejando de lado
la temática religiosa.

de todas estas realidades tangibles se esconden elementos simbólicos que son referencias alegóricas al carácter sagrado del matrimonio.

Roger van der Weyden (1400-1464) fue el tercer gran representante en los inicios de la edad de oro de la pintura flamenca. Después de formarse en el taller de Robert de Campin, fue nombrado pintor oficial de Bruselas. Su pintura destaca por la síntesis que realiza entre el lenguaje espacial y lumínico de Van Eyck y la expresividad del Maestro de Flémalle. Su personalísima fórmula tendrá una influencia enorme en los pintores flamencos durante la segunda mitad del siglo XV. Frente al carácter intelectual de la pintura de los Van Eyck, logra plasmar una fuerte carga expresiva en sus obras, que optan por los temas patéticos. Una de sus mejores obras, *El Descedimiento* (1435), es un claro ejemplo de la intensidad dramática que transmiten sus figuras. Los personajes, de plástica estatuaria, están dispuestos teatralmente dentro de una especie de celdilla u hornacina cuyo suelo rocoso, con algunas plantas y restos óseos, contrasta con el abstracto fondo dorado. Esta obra, que parece un paso procesional, fue la tabla central de un tríptico que encargó el gremio de los ballesteros para su capilla en la iglesia de Nuestra Señora de Lovaina. Sobresale el paralelismo entre los cuerpos de Cristo muerto y la Virgen desmayada, que dan ritmo a la composición. La disposición de los personajes en un espacio pequeño, unida a las diferentes muestras de dolor de las Marías, San Juan, José de Arimatea y Nicodemos, concede a la escena un dramatismo extremo.

Van der Weyden fue, además, el primer gran pintor flamenco que viajó a Italia, en 1450. La sobriedad del realismo nórdico y la medida italiana estará presente en retratos como el de *Mujer joven* o el *Retrato de Francesco d'Este*, miembro de la familia ducal de Ferrara. En ellos también muestra una excelente técnica, así como una preocupación por la luz y el espacio.

LA PINTURA FLAMENCA EN LA SEGUNDA MITAD DEL SIGLO XV

La influencia de Van Eyck y Van der Weyden se notó en la pintura de todos los Países Bajos. Algunas obras inconclusas de Van Eyck fueron terminadas por Petrus Christus, pintor que con avanzada edad se trasladó a la ciudad de Brujas. Allí realizó obras como *Virgen con niño en su interior* (c. 1460), *Retrato de una joven* (c. 1465) o *Retrato de un cartujo* (1446), en las que se aprecia lo mucho que debe al genio de Brujas, pero que interpreta con un estilo propio que tiende a endurecer los efectos de luz, purificar el cromatismo y geometrizar las formas y expresiones, que adquieren un modelado más duro. En su obra *La tienda de San Eloy* (1449), que muestra a una pareja comprando un anillo al santo patrono de los orfebres, trata el tema de una manera tan realista y detallada que la obra religiosa se transforma en una pintura de género. La religión sigue siendo la razón que justifica las imágenes, pero a su amparo van apareciendo géneros independientes que van constituyendo una pintura civil que refleja la sociedad de la época, con una burguesía rica, orgullosa de su producción artesanal, del poder de los gremios y la internacionalidad de su comercio.

La pintura en Brujas sufrió un nuevo cambio con la llegada en 1465 de Hans Memling (1435-1494), pintor de origen alemán, posible discípulo de Van der Weyden y creador de una escuela en esta ciudad. Pronto se convirtió en el pintor más prolífico del Norte de Europa con una producción que destaca por su belleza, equilibrio y dulzura en las imágenes. Entre los cuadros de temática religiosa destacan sus numerosas *Vírgenes con Niño*, cuyas suaves y apacibles formas gozaron de un gran éxito popular. Esta misma línea de sosegada expresividad y belleza fue continuada en la ciudad de Brujas por el pintor holandés Gerard David (1460-1523). Sus diferentes cuadros con el tema de *El descanso en la huida a Egipto* muestran a una Virgen melancólica que da el pecho al Niño, mientras las pequeñas figuras del fondo los muestran sobre un asno con San José caminando al lado. La creación de tipologías de cautivadora belleza le proporcionó también gran aceptación entre sus contemporáneos.

Lovaina, ciudad al Este de Bruselas, contó a mediados del siglo XV con la presencia de Dirk Bouts (c. 1420-1475), procedente de la ciudad holandesa de

Dirk Bouts pintó estas dos obras: arriba, *Tríptico de la Última Cena* (1464-1468), realizado para la iglesia de San Pedro en Lovaina; y abajo, *Tríptico de la Virgen* (1445, Museo del Prado, Madrid).

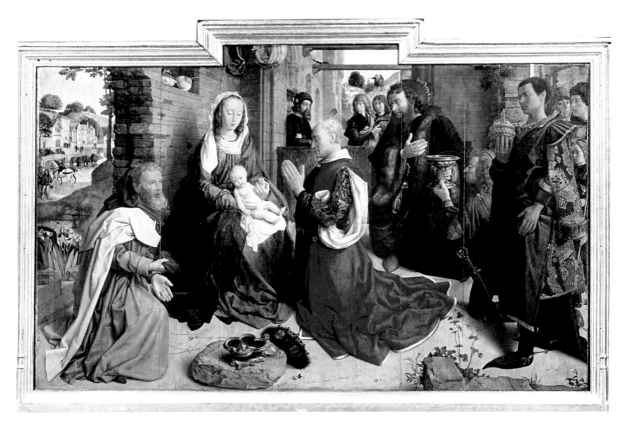

Tríptico Portinari (1473-1482, Galería de los Uffizi de Florencia), y *La adoración de los pastores* (1468-1470, Museo Staatliche de Berlín), son dos obras representativas de Hugo van der Goes.

Haarlem. Ente sus obras de carácter religioso, como el *Tríptico de la Virgen* o los dos de *El Descendimiento*, destaca el *Tríptico de la Eucaristía* (1464-1467), realizado para la colegiata de San Pedro de Lovaina. En la tabla central, que reproduce el momento de la Consagración durante la Santa Cena, logra uno de los más bellos y sensibles interiores del siglo. Los personajes no evangélicos que aparecen representados son los comitentes de la obra, entre los que quizá se encuentra un autorretrato del pintor. La escena central y las cuatro que la flanquean: Abraham y Melquisedec, la recogida del maná, el ángel dando de comer al profeta Elías y la representación de la Pascua judía, utilizan la perspectiva racional del Renacimiento italiano. Su estilo también se caracteriza por el alargamiento de las figuras y el sensible tratamiento de la luz, que realza el color y la plasticidad. La compleja composición está también presente en sus obras de carácter civil entre las que destacan las dos tablas que representan *La justicia del emperador Otón III*, dentro de un conjunto de cinco, destinadas a decorar la sala del Consejo de la ciudad de Lovaina, en 1468.

Adoración de los pastores (1485, Santa Trinidad de Florencia), de Domenico Ghirlandaio. Las escenas en distintas perspectivas permiten contar una historia larga en un solo cuadro.

En Gante, cuya catedral conservaba el gran políptico de los hermanos Van Eyck, no hubo importantes talleres locales hasta finales del siglo XV. Hugo van des Goes (1440-1482) fue el principal artista de esta ciudad. Este pintor, de carácter depresivo, ha sido considerado el primer artista «moderno» porque a pesar de alcanzar un gran reconocimiento, tanto en su tierra como en tierras castellanas y toscanas, abandonó todo y se retiró al monasterio del Claustro Rojo, cerca de Bruselas. Entre sus obras de primer orden, como *La adoración de los Magos*, *La adoración de los pastores* o *La muerte de la Virgen* (c. 1470), su obra capital es el gran *Tríptico del Nacimiento* (1474-1476), también conocido como el *Tríptico Portinari* porque fue un encargo del comerciante Tommaso Portinari, agente de los Medicis en Brujas. Hugo van der Goes consiguió realizar una de las pinturas más bellas de su siglo, donde el realismo nórdico alcanzó sus cotas más altas al saber retratar diferentes estratos sociales, manejar el espacio de esta monumental composición, originar ambientes religiosos y mostrar excelentes calidades. El magistral grupo de pastores que aparecen a la derecha del niño, retratados con una gran naturalidad, será imitado por el italiano Ghirlandaio en su *Nacimiento*.

El peso de la gran tradición de Flandes estuvo presente en toda la producción de Hieronymus Bosch, El Bosco (c. 1450-1516), pero es el maestro que más se aleja de ella, por lo que es considerado como un genio independiente. En los señoríos del norte de los Países Bajos se desarrollaron a mediados del siglo XV focos artísticos que se mostraban reacios a mostrar la realidad de una manera tan objetiva como lo hacían los focos meridionales y optaban por una pintura más libre de imágenes simbólicas. El Bosco residió en Hertogenbosch, una ciudad del norte de Brabante, y gozó de gran estima entre sus contemporáneos. Su pintura, de altísima calidad, no estaba tan preocupada en mostrar los valores volumétricos, el modelado mediante el claroscuro o la iluminación natural. El interés de su obra residía en mostrar con ironía las pasiones encontradas del siglo que le tocó vivir. Este discurso ético-religioso aparece formulado en sus primeras obras, como *La mesa de los pecados capitales*, donde la rueda de los pecados encierra un ojo en cuya pupila aparece Cristo

De genio independiente es considerado El Bosco, interesado en las pasiones humanas, como en *El carro del heno* (1500-1502) y en *El jardín de las Delicias* (1510), los dos en el Museo del Prado.

La pesca milagrosa (1444), de Conrad Witz, tabla conservada en el Museo de Arte de Ginebra.

Retrato de Carlos VII (1447, Museo del Louvre de París), de Jean Fouquet.

y la inscripción: «Cuidado, cuidado, Dios te está viendo». La estupidez humana que se olvida de los sermones divinos es el tema de *La nave de los locos*, obra inspirada en el homónimo poema satírico del alsaciano Sebastian Brandt. El mismo tema aparece en *Las tentaciones de San Antonio* o *El carro del Heno*. El Bosco creó un estilo absolutamente personal en el que la imaginación y el elemento fantástico adquirieron un carácter moralizante, como se observa en una de sus obras más famosas, el gran tríptico de *El jardín de las Delicias* (1510). Cada tabla es la suma de cientos de figuritas, dibujadas exquisítamente, con gamas de colores suavísimos. Estas figuras se entrelazan, salen, penetran o se retuercen con diversos elementos de tipo vegetal, animal o totalmente inventados. En cada caso es un símbolo de vicio, pecado, castigo o virtud. La tabla central presenta toda clase de placeres y goces de la vida, mientras a la derecha se sitúa el Paraíso y a la izquierda el Infierno. Animales, monstruos y personas desnudas aparecen sobre el escenario de un gran paisaje imaginario e irreal.

LA INFLUENCIA DE LA PINTURA FLAMENCA EN EUROPA

La trascendencia de la pintura flamenca fue tal que, ya desde el primer tercio del siglo XV, su influencia se percibió en toda Europa, surgiendo artistas destacados como Jean Fouquet en Francia, Conrad Witz en el área germánica, Nuno Gonçalbes en Portugal o los numerosos pintores hispanoflamencos.

En Alemania, la región de Suabia aceptó con entusiasmo el naturalismo de la pintura flamenca. Lukas Moseren, en su *Retablo de Santa María Magdalena* (1431), y Hans Multscher, en el *Retablo de Wurzach* (1437), se decantaron tempranamente por el realismo plástico-corpóreo de Van Eyck. Conrad Witz (c. 1400-1446) fue el pintor suabo de más carácter. Sus figuras cuadradas están llenas de fuerza expresiva, como demuestra en el *Retablo del altar mayor de la catedral de Ginebra*, para el que realizó uno de los más bellos paisajes del siglo XV en la escena de *La pesca milagrosa* (1444). El episodio, que recogía el momento en que Cristo caminaba sobre las aguas del lago Genezaret, fue situado por el pintor en el lago Leman. Detrás de la figura de Jesús, envuelto en una túnica roja de geométricos pliegues, el paisaje reproduce exactamente la rada de Ginebra y entre las montañas del fondo se identifica el Montblanc.

La Provenza francesa se había convertido en un importante foco de influencias artísticas, gracias a la residencia papal de Avignon. Cuando los Papas regresaron a Roma, la Provenza se convirtió en el centro donde el arte flamenco arraigó con más fuerza, tal y como demuestra el *Tríptico de la Anunciación* del

Maestro de Aix-en-Provence. La detallada escena transcurre en el interior de una iglesia gótica. Resulta novedosa la concepción de la escena desviando el punto de fuga hacia la derecha, y no simétricamente. También sorprende la aparición de algunos elementos iconográficos como las figuras demoníacas que decoran el arco trilobulado que acoge al ángel o la decoración del atril, representado como fuente de vida. El arte del Maestro de Aix-en-Provence influyó en Enguerrand Quarton (c. 1415) que en obras como *La Virgen de la Misericordia* (1452) o su gran *retablo de la Coronación de la Virgen* (1453-1455) crea un arte personal, que sintetiza la plástica detallada de la pintura flamenca, aunque de factura más suelta, con una iconografía inspirada en los tímpanos góticos del norte de Francia.

Junto a la corriente difundida por la Provenza, existió otra corriente vinculada a la corte real de Carlos VII y Luis XI a orillas del Loira, en Bourges y Tours. Allí sobresalió la labor del pintor y miniaturista Jean Fouquet (1420-1480), considerado el iniciador del humanismo figurativo francés por conjugar las formulaciones espaciales del Renacimiento italiano con la exquisitez de los miniaturistas de la escuela de París. Además de la miniatura practicó el arte de la vidriera y los géneros pictóricos del retrato, como el de *Carlos VII*, y la pintura religiosa. En este último apartado destaca el llamado *Díptico de Melun* (c. 1451), donde combina a la perfección las tendencias francesa e italiana. El tratamiento de la composición del panel que representa al donante Étienne Chevalier, acompañado de su santo patrón, es renacentista. La tabla que muestra a la Virgen con el Niño, como Virgen de la Leche, presenta una escena que se aleja de la realidad por la aparición de ángeles de intensos azules y rojos que se disponen alrededor de la Virgen. Este intenso cromatismo contrasta con la palidez del Niño y la Madre, cuyo rostro, retrato de Agnès Sorel, la favorita de Carlos VII, muestra una amplia frente y una indumentaria acorde con la moda cortesana del momento.

Pocas veces en la historia de la pintura el nombre de un artista ha aparecido tan asociado a una sola obra como ocurre en el panorama de la pintura lusa del siglo XV. El *Políptico de San Vicente de Fora*, realizado por Nuno Gonçalbes (c. 1438-1481) para la catedral de Lisboa, es uno de los mejores cuadros flamencos de finales del siglo XV. En los seis paneles al óleo se aprecia la gran influencia del arte nórdico, especialmente de Hugo van der Goes. Las numerosas figuras que acompañan la presentación del rey Alfonso V, la de Enrique el Navegante y la de otros familiares ante el santo patrón, son fruto de la confluencia de lo nórdico y lo meridional. Los rostros están tratados con gran verosi-

El *Políptico de San Vicente de Fora*, de Nuno Gonçalbes, fue realizado para la catedral de Lisboa y está considerado uno de los cuadros más destacados del siglo XV, por la riqueza en su trazo, sus colores y la humanidad de los rostros.

militud y la humanidad de sus caras les acerca al espectador y a las puertas del Renacimiento.

España se convirtió en el feudo predilecto del estilo realista nórdico con tal convicción que se puede aceptar el concepto de «escuela hispanoflamenca». Se inicia durante los reinados de Juan II de Castilla y Juan II de Aragón, a principios del siglo XV, alcanzando su apogeo bajo los Reyes Católicos. El estilo flamenco ejerció una acción dominante sobre la pintura de Castilla, mientras que en las regiones levantinas se notó la influencia del arte italiano, debido a la conquista de Nápoles por el rey Alfonso de Aragón, en 1443, y la subida al solio pontificio de la familia Borgia.

Dos circunstancias históricas favorecieron la llegada del arte flamenco. El famoso viaje de Van Eyck por la península en 1428, como miembro de la embajada del duque de Borgoña, para retratar a la princesa Isabel de Portugal, que le permitió recorrer el país durante un año realizando obras, que no se conservan, y manteniendo contacto con diversos artistas. La comunicación marítima con Flandes también favoreció las intensas relaciones comerciales y artísticas.

La pintura hispanoflamenca en Castilla no se considera una imitación provinciana de los modelos neerlandeses, sino que existe una nacionalización de las formas flamencas, siendo ese proceso el que otorga especial interés a la escuela. No fue la corte la que introdujo el arte flamenco, sino la nobleza. Íñigo López de Mendoza, primer marqués de Santillana, encargó, en 1455, al flamenco Jorge Inglés un retablo dedicado a la Virgen para la iglesia del hospital de Buitrago. Los retratos en la predela del donante y su esposa, Catalina Suárez de Figueroa, junto a los cuarto Padres de la Iglesia y el sentido espacial, paisajístico y arquitectónico, demuestran la influencia de un artista formado junto a Roger van der Weyden.

El pintor que mejor interpretó en Castilla la pintura flamenca fue Fernando Gallego. El *Retablo de San Ildefonso* para la catedral de Zamora, el *Retablo de la catedral de Ciudad Rodrigo*, el *Retablo para la iglesia de San Lorenzo* de Toro, o la *Piedad del Prado* son un ejemplo del arraigo del estilo flamenco en la pintura castellano-leonesa. Éste se caracteriza por un rudo expresionismo de factura más suelta que la neerlandesa, una paleta reducida que tiende a una gama más apagada, monumentales figuras y composiciones, la introducción de tipos étnicos ibéricos y de motivos

decorativos mudéjares y brocados de raíz hispánica, aunque los paisajes están tomados literalmente de los fondos flamencos.

Luis Dalmau fue el primero en dar a conocer en tierras levantinas el arte de los flamencos. Alfonso el Magnánimo le nombró pintor de cámara y le envió a Brujas en 1431. Allí conoció de cerca la obra de Van Eyck, tal y como demuestra en su única obra documentada el *Retablo de la Virgen de los consellers*, encargado por los consejeros de la ciudad de Barcelona en 1443. Los ángeles parecen copiados de los del *Políptico de San Bavón* y la arquitectura, los paisajes y los pliegues de los ropajes son también fieles a los modelos de Brujas. Valencia fue más receptiva que Cataluña al arte de Luis Dalmau, tal y como demuestran las obras de Jacomart: el *Tríptico de la colegiata de Játiva* y el *Retablo de San Martín*. De su discípulo Juan Reixac, autor del *Retablo de la Epifanía*, creó una nueva fórmula combinando el naturalismo de las figuras flamencas con los fondos dorados de tradición gótica y las arquitecturas y ornamentaciones renacentistas.

En Cataluña Luis Dalmau ejerció una gran influencia en la obra de Jaume Huguet, maestro tarraconense instalado en Barcelona que dominó el panorama pictórico durante la segunda mitad del siglo XV. Su éxito fue enorme, lo que le llevó a recibir numerosos encargos gremiales. El *Retablo de San Antonio Abad*, el *Retablo de la Epifanía* y el *Retablo de San Abdón y San Senén* muestran un estilo contradictorio en el que el magnífico dibujo, la sabia pincelada y las figuras llenas de vida interior se combinan con una ostentosa riqueza decorativa, que supone una cierta regresión. Huguet es el ejemplo de un pintor con inmenso talento cuya obra se ve ahogada por las exigencias de los gremios.

Aunque los focos artísticos castellanos fueron más receptivos a la influencia de la pintura flamenca, fue en las principales ciudades de la Corona de Aragón donde trabajó el cordobés Bartolomé Bermejo (c. 1440-1495), uno de los pocos pintores hispanos que se pueden comparar con los grandes maestros neerlandeses. Su dominio del óleo, su concepción plástica volcada en la descripción detallada de lo concreto, y el tratamiento artificioso de las figuras y los paisajes se aprecia a lo largo de toda su carrera, tanto de su etapa aragonesa: *Retablo de Santo Domingo de Silos*, para la

San Miguel venciendo al demonio (1468), de Bartolomé Bermejo, pertenece al retablo de la iglesia de Tous (Valencia). La influencia de la pintura flamenca se aprecia en la obra del español.

iglesia de Daroca; como en su etapa valenciana: *San Miguel venciendo al demonio* del retablo de Tous; y su último periodo en Barcelona: *Tabla de la Piedad del canónigo Desplà* (1490).

En la Castilla de los Reyes Católicos, dominada por la influencia de la pintura flamenca, Pedro Berruguete (c. 1450-1503) se convirtió en el único pintor que gracias a su estancia en la corte de Urbino de Federico Montefeltro, abrió las puertas al Renacimiento español. Sus obras realizadas al regresar de Italia, como las tablas del *Auto de fe* y *San Pedro Mártir predicando*, para el convento de Santo Tomás de Ávila; *La flagelación* y *La oración en el huerto*, del retablo mayor de la catedral de Ávila y *La Anunciación* de la Cartuja de Miraflores en Burgos, no renunciaron a los espacios, las perspectivas y al sentido de la luz que aprendió en Urbino.

LA RECUPERACIÓN DEL MODELO CLÁSICO

A diferencia del estilo flamenco, el arte del Quattrocento italiano se formuló basándose en la idea de recuperación del modelo clásico, como un «renacimiento» o una recuperación de formas, que enlazaran con el pasado glorioso de la Antigüedad clásica. Los modelos clásicos fueron una fuente de inspiración y el arte del Quattrocento no fue un estilo reducido a unas normas y fórmulas que imitaban la Antigüedad clásica, sino el resultado de un largo proceso de experimentaciones desarrolladas en torno a distintos problemas formales, temáticos y compositivos. Además de las distintas experiencias, la aparición del nuevo lenguaje estuvo vinculado a una nueva manera de entender la práctica artística y el funcionamiento de la obra de arte en la sociedad, la consideración del artista, el papel de los mecenas en las cortes y la importancia adquirida por la teoría.

«UT PICTURA POESIS»

Con esta máxima del poeta Horacio, los pintores renacentistas quisieron equiparar su arte al de la poesía, en un intento por defender la figura del artista. Aunque la mayoría de los artistas del siglo XV seguían siendo considerados profesionalmente artesanos, algunos artífices vinculados a la corte consiguieron escapar del férreo control de los gremios, mejorando su posición social. Los artistas italianos comenzaron a firmar sus obras e incluso algunos orgullosos creadores, como Benozzo Gozzoli o Mantegna, comenzaron a autorretratarse

Auto de Fe (1490, Museo del Prado, Madrid), de Pedro Berruguete, es una tabla sobre óleo en la que queda representada la oscura época de la Inquisición.

La Anunciación (1480-1497, Cartuja de Miraflores, Burgos), de Pedro Berruguete, tiene influencias italianas de Urbino.

entre los personajes de sus obras. La aparición de las biografías de artistas, como la de Villani, Ghiberti o Bartolomeo Facio, que tenían su antecedente en la *Historia Natural* de Plinio el Viejo, fue decisiva en su nueva valoración. Pero, sobre todo, fue la nueva consideración de las artes en el Renacimiento la que determinó una notable mejoría en la apreciación social de los artistas. Hasta ese momento, la arquitectura, la escultura y la pintura eran consideradas como artes mecánicas, y no liberales, por utilizar las manos y no la mente. Los artistas del Renacimiento lucharon por el reconocimiento científico de su arte, para poder disfrutar de una mayor libertad que les permitiera escapar del estricto control de los gremios. Para ello recordaron cómo los artistas de la Antigüedad firmaban sus obras y cómo los emperadores romanos practicaban la pintura. Además, argumentaron que para realizar sus obras era necesario el dominio de distintas ciencias, tales como las matemáticas, la geometría, la óptica, la perspectiva...

La figura del artista cortesano tuvo una estrecha relación con el fenómeno del mecenazgo. Los mecenas, amparándose en el reconocimiento que, según Plinio, daba la Antigüedad a sus artífices, protegieron paternalmente a sus artistas. Los programas artísticos que se llevaron a cabo en las diferentes cortes italianas se convirtieron en algo más que un lujo. Las obras de arte fueron instrumentos al servicio de toda una empresa, una inversión necesaria para poder difundir una imagen de prestigio, gloria y poder.

El trasfondo ideológico y cultural del Quattrocento fue el Humanismo. La adaptación del lenguaje artístico a los principios del humanismo fue dispar en las diferentes cortes, porque los hombres del Quattrocento experimentaron constantemente sobre la idea de lo clásico. El panorama artístico no se presentó como un estilo definido y estático, sino como una suma de tendencias que se irán codificando en un estilo único como el del Renacimiento clásico del siglo XVI.

HUMANISMO EPIGRÁFICO Y ARQUEOLÓGICO

El interés por la arqueología fue una de las maneras utilizadas por los artistas para enfrentarse al modelo de la Antigüedad, sobre todo en el norte de Italia. La obra de Andrea Mantegna (1431-1506) en Mantua fue un buen

ejemplo de arqueologismo. Mantegna se formó en Padua, ciudad que desde finales del siglo XIV contaba con un coleccionismo de antigüedades y una universidad que era uno de los grandes focos humanistas de la época. Mantegna se interesó por los restos arqueológicos y comenzó a admirar la obra de Donatello, que había trabajado en Padua, y a contactar con la familia veneciana de los Bellini, casándose en 1453 con la hermana de Giovanni Bellini. Sus primeras obras, como la decoración de la Capilla Ovetari, de la iglesia de los Eremitani de Padua, o el Retablo de San Zenón de Verona, presentaban ya una síntesis entre el mensaje cristiano y el modelo cultural de la Antigüedad. Cuando el pintor se encontraba trabajando en Verona fue solicitado, en 1460, por el marqués Ludovico III Gonzaga para que trabajase en la corte de Mantua.

El humanismo arqueológico que reinaba en la corte de Mantua se manifestó en todas las obras realizadas por Mantegna para los Gonzaga. Entre las primeras obras que realizó allí destacan el *Tránsito de la Virgen* (1460), en el que los cuerpos de los apóstoles están tratados como elementos arquitectónicos, y el *San Sebastián* (1481), cuyo cuerpo pétreo aparece en medio de un paisaje de ruinas arqueológicas, sintetizando la imagen del héroe antiguo con la del mártir cristiano. Entre 1473 y 1474 decoró la *Cámara de los esposos* del Palacio Ducal, con la escena del anuncio a Ludovico de que su hijo Francesco Gonzaga había sido nombrado cardenal, y la llegada de éste a Mantua. Las suntuosas recepciones que decoran los muros se convierten en un retrato colectivo de la corte de Mantua. Al concebir las escenas a la altura del ojo del espectador y simular las arquitecturas, que parecen prolongar la construcción de la sala, Mantega logra crear un gran efecto ilusionista; efecto que lleva al extremo en la decoración del techo, como un precedente de las grandes rupturas escenográficas del Barroco. Entre ocho lucernarios con bustos de emperadores romanos, como si fuesen mármoles entre mosaicos y guirnaldas de piedra, finge romper la arquitectura con un óculo que permite ver el cielo y a varias figuras que se asoman a una balaustrada en un fuerte escorzo, nunca visto hasta entonces. Su última gran empresa fue la serie de nueve grandes lienzos de *Los triunfos de César* (1482-1492) con el tema de las entradas triunfales de la Antigüedad. Esta evocación majestuosa de lo antiguo, que pretendía establecer un paralelismo con los príncipes del presente, fue un hecho común entre las cortes humanistas de los diferentes estados.

La familia Gonzaga con miembros de la corte (1474, Palacio Ducal de Mantua), de Andrea Mantegna.

HUMANISMO FILOSÓFICO Y FILOLÓGICO

La difusión de la filosofía de la Antigüedad durante el Renacimiento tuvo grandes repercusiones en la producción artística. Florencia conoció el aristotelismo, pero fue la filosofía platónica la que difundieron los humanistas desde la Academia, gracias al apoyo de la familia de los Medici. Esta familia burguesa enriquecida con la banca, comenzó con Cosme el Viejo una gran labor de mecenazgo artístico, que a finales del siglo XV culminó en la Edad de Oro de la época de Lorenzo el Magnífico. La Academia surgió en torno a la figura de Marsilio Ficino y tuvo su sede en la villa Careggi, que Cosme el Viejo le había regalado a Ficino. El neoplatonismo fue para el hombre del Quattrocento otra vía de enlace entre su presente y la Antigüedad clásica. Las ideas de la Academia no sólo influyeron en los significados de la pintura florentina de la corte de los Medici, también se reflejarán en los programas artísticos de la corte de Montefeltro, en Urbino, y la corte de los Sforza en Milán.

El éxito de esta filosofía residía en la combinación que establecían entre el mundo antiguo y el cristianismo. Para Ficino el amor era la culminación de la belleza, un circuito espiritual que recorría el universo. El poder del amor, encarnado en la figura de Venus, era lo que relacionaba al hombre con Dios, porque la belle-

La Primavera (hacia 1482) y *El Nacimiento de Venus* (hacia 1485), de Botticelli, Galería de los Uffizi de Florencia, tienen a Venus como protagonista.

za terrenal era el reflejo de la belleza superior, lo que le llevaba a considerar que el amor a la belleza corporal era el primer grado de un amor superior. Venus simbolizaba el poder del amor y se convertía en la divinidad más importante para los neoplatónicos, lo que explica su presencia en la obra de numerosos artistas, como Botticelli, relacionados con la Academia.

Las obras que Sandro Botticelli (1445-1510) realizó para la villa de Castello de Lorenzo di Pierfrancesco de Medici, primo de Lorenzo el Magnífico y discípulo de Ficino en la Academia, son, quizá, las que mejor expresen el pensamiento neoplatónico. En *La Primavera* (c. 1475-1478) la figura de Venus se sitúa en el centro de la composición. A la derecha, la ninfa Cloris se transforma en Flora al ser perseguida y atrapada por Céfiro. Céfiro, el viento, representa el Amor, y Cloris personificaría la Castidad. De su unión surge la victoriosa belleza de Flora, la primavera. Sobre Venus aparece Cupido, dios del amor, que se dispone a disparar una flecha a Castitas, la figura central de las tres Gracias, que a su vez mira a Mercurio, dios del entendimiento, que aparece en el lateral izquierdo apartando las nubes. *Las tres Gracias*, Castitas, Voluptas y Pulchritud, se han interpretado como la liberalidad, porque mientras una hermana da, la otra recibe y la tercera devuelve el beneficio. Su danza cósmica rige el universo neoplatónico, porque en el circuito universal de Ficino, emanaba de Dios un flujo (dar) que producía en los seres una fuerza vivificante (recibir), mediante la cual era posible emprender el ascenso hacia las esferas superiores y conseguir la unión con la divinidad (devolver). El significado de

la obra reside en el circuito del amor. Lo que llega a la tierra como pasión (Céfiro), regresa al cielo como contemplación (Mercurio). También expresa el triunfo del humanismo, alegorizado por la «Venus Humanitas» que preside la composición.

El nacimiento de Venus (c. 1480-1485) representa el nacimiento de la Venus celeste, engendrada por la unión de la sangre de la castración del dios Urano y la espuma del mar. La diosa es arrastrada al mar por los vientos y es recibida por la Hora de la Primavera, que se acerca para cubrirla con un manto de flores. La Venus celeste simboliza la belleza divina que trasciende lo visible y particular, y se complementa con la Venus Humanitas de *La Primavera*, que nace de la unión masculina (Júpiter) y femenina (Juno), y cuya belleza simboliza la belleza individual de los cuerpos.

Boticelli realizó también para la Villa Castello la obra *Palas y el centauro* (c. 1480-1482), entendida como alegoría moral según la cual los sentidos, representados por el centauro, mitad animal y mitad hombre, deben dejarse guiar por la razón. También se ha considerado como una variación de la victoria del amor casto sobre el lujurioso. Otros lo han interpretado como una alegoría política que conmemoraba el éxito diplomático de Lorenzo el Magnífico, tras convencer al rey de Nápoles, en 1480, para que abandonase la liga del papa Sixto IV contra Florencia. Tras el fracaso de la liga, Florencia volvió a relacionarse con el papado y Lorenzo de Médici envió, en lo que se ha considerado como una verdadera embajada diplomática, a sus mejores pintores para que decorasen la Capilla Sixtina. Botticelli fue el encargado de dirigir el conjunto.

Palas y el centauro (hacia 1482, Galería de los Uffizi de Florencia), de Botticelli, se ha interpretado como la lucha entre sentidos y razón. En sus obras ya empiezan a apuntar las figuras más estilizadas que huyen de la estética anterior.

Arriba, en *El tributo de la moneda* (1424-1427, Iglesia del Carmine, Florencia), Masaccio utilizó un punto de vista perspectívico monofocal para reflejar una historia en tres escenas. Derecha, muy diferente es *La expulsión del Paraíso* (hacia 1425, Santa Maria del Camine de Florencia), del mismo pintor.

Formalmente, las obras de Botticelli responden a la crisis del sistema de representación que se vivía en la Florencia de finales del siglo XV. Las figuras estilizadas y sinuosas se disponían en un espacio irreal que no responde a la perspectiva renacentista, buscando ante todo la belleza.

Los pintores tuvieron que utilizar las fuentes escritas para conocer las pinturas romanas, ya que los restos conservados fueron escasos. Una de las fuentes literarias más utilizada fue la *Historia Natural* de Plinio el Viejo (23-79 d. C.), editada en el siglo XV en latín y toscano. Las descripciones de los cuadros antiguos que aparecían en estos textos fueron utilizadas por los artistas del Quattrocento, como Botticelli en *La calumnia* (1485-1490). El cuadro reconstruía una pintura de Apeles descrita por Luciano. A la derecha la Ignorancia y la Sospecha aparecen junto al rey Midas, que tiene grandes orejas de asno por ser mal juez. La Envidia, personaje masculino, guía a la Calumnia, que arrastra a un joven agarrándole de los pelos. Las Insidia y la Mentira, como figuras femeninas, aparecen detrás de la Calumnia ataviándole el pelo. Detrás la Penitencia, vestida de negro, vuelve la cabeza para mirar a la Verdad, representada como una mujer desnuda que mira y señala al cielo. Los textos de la Antigüedad insistían en el gran realismo de la pintura, en la capacidad de engaño para el ojo, y eso es lo que consiguió la pintura renacentista mediante la perspectiva.

EL NUEVO SISTEMA DE REPRESENTACIÓN

La nueva representación de la naturaleza y el espacio pictórico, que comenzaron algunos pintores del Trecento, alcanzó su cima durante el siglo XV. El sistema de representación desarrollado por los artistas del Quattrocento, basado en la aplicación de determinadas leyes geométricas, supuso una revolucionaria renovación de la pintura. El cuadro se concebía como un todo captado desde un punto de vista que articulaba las distancias y dimensiones. La obra de Alberti *De Pictura* (1435) fue el primer tratado que sistematizó el nuevo sistema de representación. La pintura, según Alberti, era como una ventana abierta en la que los objetos y las figuras se disponían en función de sus distancias, con respecto al punto de visión único.

Los frescos de la capilla Brancacci, realizados entre 1424-1427 por Masaccio (1401-1428), fueron la plasmación de este nuevo lenguaje que rompía con los convencionalismos de entonces. Entre todas las composiciones destacan por su intensidad las escenas de la *Expulsión del Paraíso* y *El tributo de la moneda*. En el episodio del Génesis, Adán y Eva sufren el alejamiento de Dios y adquieren por primera vez en la historia de la pintura un aire totalmente dramático. Utiliza un intenso contraste de luces y sombras para modelar los cuerpos y determinar el espacio pictórico.

En la escena del *Tributo* narra, a través de monumentales figuras, la historia del recaudador que pide a

Batalla de San Romano (1456, de la Galería de los Uffizi de Florencia), de Paolo Uccello.

Cristo el pago del impuesto, y éste ordena a Pedro que obtenga la moneda del vientre de un pez y se la entregue al recaudador. Masaccio representó en un sólo espacio las tres escenas que componen el episodio, con un punto de vista perspectívico monofocal. Las arquitecturas de la derecha constituyen la base geométrica de la perspectiva lineal, cuyas líneas confluyen en la cabeza de Cristo, que es el punto de fuga. Pero, además, los colores y la luz desarrollan una idea de la perspectiva, independiente del esquema geométrico. Colocando los colores más vivos en el primer plano y una gama más fría en el paisaje del fondo, logró también crear un efecto de profundidad. A esto unió la idea de la luz como elemento físico que se interpone entre las figuras como creando espacio. Masaccio, al igual que Ghiberti en las puertas del Baptisterio, desarrolla una disminución gradual de las figuras, que van difuminando los contornos a medida que se alejan del primer plano.

La aportación de Masaccio radica en la integración que realizó en su práctica pictórica de las investigaciones en el campo de la perspectiva, que entonces llevaban a cabo en Florencia el arquitecto Brunelleschi y el escultor Donatello. De hecho, en la composición perspectívica y escenográfica del mural de la *Trinidad* (1426-1427), para la iglesia florentina de Santa María Novella, contó con la ayuda de Brunelleschi. Esta obra se considera como un manifiesto plástico de la pintura renacentista.

Las revolucionarias soluciones de Masaccio fueron desarrolladas y definidas por otros artistas a lo largo del Quattrocento. De esta manera, la formulación del nuevo lenguaje se fue forjando a través del desarrollo de diferentes investigaciones, que giraron en torno a diferentes problemas de representación, como las preocupaciones de Paolo Ucello en torno a la perspectiva y el valor plástico del objeto, el volumen y la luz de la pintura de Piero della Francesca y el espacio figurativo de la obra de Andrea del Castagno. Sus obras no guardan conexión estilística porque la recuperación del modelo de la Antigüedad no suministró una normativa que imitar.

La obra de Paolo Uccello (1407-1475) fue singular y atípica. Los rasgos que definieron su trayectoria fueron: el valor arquitectónico que dio al objeto, el análisis de su estructura y su función como referencia compositiva en la representación de la perspectiva.

Trinidad (1426), que Masaccio realizó para la iglesia de Santa María Novella de Florencia, donde juega también con los efectos que proporciona la perspectiva.

En sus primeras obras, como las *Historias de Noé* para el claustro Verde del convento florentino de Santa Maria Novella (c. 1447) o su *San Jorge y el Dragón* (1455-1460), se nota su afán por representar la realidad con voluntad científica. Sus tres famosas tablas de la *Batalla de San Romano* (1456) ponen de manifiesto tanto el grado alcanzado por sus investigaciones en el campo de la perspectiva, como su gusto por el decorativismo. Los objetos y personajes, que aparecen reducidos a los valores geométricos de su volumen, con una iluminación propia, son los componentes de toda una organización perspectívica del espacio. A través de ellos el espacio pictórico de sus composiciones parece un escenario de ficción. La verticalidad del paisaje contribuye a crear el efecto de telón de fondo, haciendo que la escena parezca una representación teatral más que una batalla.

De Piero della Francesca son, a la izquierda, *El Bautismo de Cristo* (1448-1450, National Gallery, Londres); arriba a la derecha, la innovadora *La Flagelación* (1455, Galeria Nazionale, Urbino), y abajo, los retratos del *Díptico de los duques de Urbino* (1465, Galería de los Uffizi de Florencia).

La luz fue el elemento que determinó la creación del espacio en las obras de Piero della Francesca (c. 1415-1492). Desde sus obras tempranas, como *El bautismo de Cristo* (1440-1445), la luz reduce las figuras a una notable simplificación volumétrica que les otorga un cierto hermetismo y una apariencia escultórica. Antes de trabajar en la corte de Urbino, el artista se formó en el ambiente florentino de la década de los treinta, dentro un clima de experimentación que marcó su trayectoria. En los frescos que realizó para el coro de la iglesia de San Francisco de Arezzo (1452-1459), dedicados a *La leyenda de la Vera Cruz*, utiliza la arquitectura como elemento fundamental para el desarrollo de la profundidad del espacio. En unos casos aparecen arquitecturas significativas del momento, como la ima-

gen del Templo malatestiano de Rímini de Alberti en la escena de *La comprobación de la verdadera cruz* ; y en otros, como en *El encuentro de Salomé y la reina de Saba*, las arquitecturas aparecen como proyecto ideal. En todas las narraciones cada figura se muestra como una pieza arquitectónica intocable del conjunto.

Piero della Francesca entró en contacto con la corte de Urbino, una de las cortes que adquirió mayor prestigio como centro humanista y cultural. El verdadero creador de la corte fue Federico de Montefeltro, que llevó a cabo un completo programa artístico, basado en la idea de prestigio y representación militar del triunfo, reuniendo a numerosos artistas de diferentes tendencias:

Melozzo da Forli, Justo de Gante, Pedro Berruguete. Con la llegada al poder de Federico de Montefeltro, puede relacionarse *La Flagelación* (c. 1455) de Piero della Francesca. El hecho de que la escena bíblica aparezca en un segundo plano ha dado lugar a muchas interpretaciones. La obra puede que sea una referencia a la muerte del príncipe Oddantonio de Montefeltro, víctima de una conjura. El pintor representa en primer término a la derecha al hermanastro de Federico, Oddantonio, entre sus malos consejeros, Manfredo Pio y Tommasso dell´Angelo. En esta obra, como en la famosa *Madonna con el Niño, santos y Federico Montefeltro* (1475), también conocida como el *Retablo de Brera*, continúa empleando la arquitectura como componente básico de la escenografía. En esta última las figuras aparecen dentro de una estancia donde la influencia de los edificios de Alberti es notable. La arquitectura actúa como eco de la disposición de las figuras, centradas en torno a un eje vertical con un huevo colgado de la pechina. El huevo de avestruz se ha considerado un símbolo de la creación y el módulo para calcular la estructura de las cabezas de los personajes que están debajo de él. Cada elemento se coloca matemáticamente, siguiendo una exacta relación recíproca, dentro de toda una concepción armónica de la escena. Entre las figuras que rodean a la Virgen y el Niño destaca en primer plano, arrodillado, el retrato de perfil del duque Federico de Montefeltro vestido con armadura. Piero della Francesca retrató de nuevo su característico perfil, junto al de su esposa Battista Sforza, en el famoso *Díptico de los duques de Urbino* (1465). Los personajes se relacionan con el paisaje del fondo mediante una perspectiva aérea que se basa en la gradación de los colores y la difuminación de los contornos.

Antonio Pisanello es autor de estos dos retratos: *Ginevra d'Este* (hacia 1433, Museo del Louvre de París), y *Lionello d'Este* (hacia 1433, Museo de Bergamo).

La Última Cena (1448), fresco realizado para el refectorio de Santa Apolonia, en Florencia, de Andrea del Castagno.

Una nueva experiencia pictórica en torno a la figura y el espacio fue la que llevó a cabo Andrea del Castagno (c. 1421-1457) en la villa Carducci de Legnaia. En el gran salón dispuso toda una galería de *Hombres y mujeres ilustres* (1450-1451), respondiendo al espíritu renacentista. Los ilustres antepasados, concebidos como robustas estatuas en sus nichos, parecen salirse de la arquitectura que les enmarca relacionando el espacio figurativo con el espacio real. La pintura de Andrea del Castagno, de formación florentina, giró en torno a los problemas relativos a la concepción escenográfica del cuadro, pero la expresividad de sus personajes introduce una tensión entre el equilibrio clásico y el patetismo. La energía y el nervio se adivina en los personajes de la *Última Cena* o en el ciclo de la *Pasión de Cristo* que realizó para el refectorio florentino de Santa Apolonia (1448).

El lenguaje clásico tuvo su principal desarrollo en Florencia, pero a lo largo del siglo XV se fueron desarrollando distintas opciones, muchas de ellas incluso contrarias al modelo florentino, que fueron configurando el lenguaje artístico del Quattrocento. Fueron los pintores de Ferrara, como Cosme Tura o Francesco Cossa, los que conscientemente configuraron una verdadera alternativa a los programas neoplatónicos desarrollados en Florencia. La expresividad plástica de Cosme Tura en obras como la *Piedad*, el *políptico Roverella* (c. 1474), *San Jerónimo penitente* o *San Antonio de Padua*, se conjuga con una atención especial por las calidades pétreas de los objetos. La decoración

Dos destacadas obras de Fra Angelico: arriba, *La Anunciación* (1430-1432, Museo del Prado, Madrid); y abajo, *El Descendimiento* (Museo de San Marcos, Florencia).

que realizó Franceso Cossa en el palacio Schifanoia, con un gran ciclo astrológico dedicado a *Los meses*, significó la continuación del estilo de Ferrara, pero la dureza de las formas disminuyó, al igual que la tensión dramática, optando por un espacio luminoso y geométrico.

LA TRADICIÓN GÓTICA

La aparición del nuevo lenguaje del Quattrocento fue paulatina. Las formas góticas permanecieron profun-

El cortejo de los reyes (1459, Capilla del Palacio Medici-Riccardi, Florencia), de Benozzo Gozzoli.

damente arraigadas en los centros italianos, incluso en una ciudad como Florencia, hasta bien entrado el siglo XV. Gentile da Fabriano (c. 1370-1427) demostró en obras como la *Adoración de los Reyes Magos* (1423), para la iglesia florentina de Santa Trinitá, la vigencia del estilo internacional o cortesano, que se recreaba en minuciosas descripciones de una realidad idealizada. Su colaborador en la decoración de la Sala del Gran Consejo del Palacio Ducal de Venecia, Antonio Pisanello, trabajó en diferentes cortes italianas renovando el estilo internacional. Sus retratos, como el de *Ginevra d´Este* y *Lionello d´Este* (c. 1433), y obras como el fresco de *San Jorge y la princesa* (c. 1433-1438), para la iglesia de Santa Anastasia de Verona, son el reflejo de la síntesis actualizada entre el Gótico internacional y el Renacimiento. En esta misma línea se encuentra la obra de Fra Angelico, Benozzo Gozzoli y Filippo Lippi.

Las *Anunciaciones* de Fra Angelico (c. 1400-1455), los frescos que realizó para el *convento de San Marcos de Florencia* y la *Capilla de Nicolás V* en Roma son un ejemplo de un estilo que sintonizó rápidamente con los ambientes religiosos del momento. Sus obras, que huyeron de la realidad y conservaron elementos del Gótico preexistente, buscaron la belleza ideal siguiendo la doctrina que consideraba al arte como medio para alcanzar la perfección.

El cortejo de los reyes que realizó su colaborador Benozzo Gozzoli (1420-1497), para decorar la capilla Riccardi del palacio florentino de los Médici (1459), fue una recreación del espíritu del arte cortesano del último Gótico, lleno de suntuosidad y detalles ornamentales. En la zigzagueante y multitudinaria cabalgata de hombres y animales, que recorren las tres paredes de la capilla, sorprende la utilización de elementos góticos tradicionales en una obra de fecha tan avanzada. Su utilización no aparece como una solución arcaizante, sino como un intento de ambientación histórica de la fecha del acontecimiento que narra: la visita que hicieron en 1439 el emperador griego Juan Paleólogo y José, el Patriarca de Constantinopla, para la celebración del concilio unionista.

Este cortejo se dirigía hacia la cabecera de la capilla, donde se situaba una tabla de la Virgen y el Niño de uno de los artistas florentinos más reconocidos, sobre todo por Cosme el Viejo: el carmelita Fra Filippo Lippi (c. 1406-1469). Aún siendo uno de los primeros pintores que aprendió el arte de Masaccio, abandonó la rotundidad de las figuras por un tratamiento lineal, más refinado, y delicado en cuanto al tratamiento de la luz y el color, tal y como se aprecia en su *Coronación de la Virgen* (1441-1447) o en la enternecedora *Virgen con Niño y dos ángeles* (c. 1465).

LOS INICIOS DE LA PINTURA VÉNETA

La caída de Constantinopla en 1453 terminó con el dominio de Venecia en el Mediterráneo oriental. A pesar de esto y de la liga antiveneciana que formaron Nápoles, Milán y el Papado, Venecia proyectó una imagen llena de poder y de riqueza. Durante la segunda mitad del siglo XV convivieron en Venecia dos tendencias artísticas: la pintura narrativa de Gentille Bellini y Vittore Carpaccio, y la gran tendencia influida por el nuevo sistema figurativo del Renacimiento, en la que se inscribe el gran Giovanni Bellini, precursor de lo que será la gran pintura veneciana del siglo XVI.

El ciclo que Vittore Carpaccio (c. 1465-1525) realizó para la Scuola de Santa Úrsula, con escenas como *La llegada de los embajadores* (1494), y el conjunto de obras realizadas por Gentile Bellini (1429-1507) en la Scuola de San Giovanni: *La procesión de la Santa Cruz en la plaza de San Marcos* (1496), *El milagro de la cruz* (1500), y en la Scuola grande de San Marcos, *La predicación de San Marcos en Alejandría* (1507); presentan extraordinarios paisajes urbanos con un gran sentido escenográfico y un gran detallismo descriptivo, desde los primeros planos hasta el fondo. Sus contemporáneos las consideraban verdaderos documentos históricos que perpetuaban la grandeza veneciana.

La obra de su hermano Giovanni Bellini (1430-1516) fue la que mejor representó la otra tendencia pictórica de finales del siglo XV. Usó la técni-

Arriba, *Virgen con Niño y dos ángeles* (hacia 1465, Galería de los Uffizi, Florencia), de Felippo Lippi. Abajo, *La procesión de la Santa Cruz en la plaza de San Marcos* (1496, Accademia, Venecia), de Gentile Bellini.

La Virgen con el Niño (hacia 1468, Pinacoteca de Brera), de Giovanni Bellini, destacado pintor de Madonnas.

ca del óleo difundida en Venecia por el siciliano Antonello de Messina, pero fue el primero que la utilizó sobre tela y no sobre madera, como los flamencos. Sus graves «Madonnas» y «Piedades» se presentan asomadas a una ventana. Sus figuras transmiten una sensación de melancolía que emociona al espectador, sin olvidar la monumentalidad de las formas y la potencia volumétrica de los cuerpos que heredó de su cuñado Mantegna.

Clasicismo y Manierismo

*E*L PANORAMA POLÍTICO ITALIANO TENDIÓ A SIMPLIFICARSE A PARTIR DEL AÑO 1500. EL NÚMERO DE ESTADOS ITALIANOS QUATTROCENTISTAS SE VIO REDUCIDO, AL ENGLOBARSE BAJO EL DOMINIO DE SUS VECINOS, O POR LA PRESENCIA DE OTROS ESTADOS EXTRANJEROS COMO ESPAÑA Y FRANCIA. ESTO HIZO QUE EL PANORAMA ARTÍSTICO DEL SIGLO XV, FRAGMENTADO POR LOS DIFERENTES MECENAZGOS QUE FOMENTABAN LAS DINASTÍAS FAMILIARES, SE CONCENTRARA Y ALCANZARA UNA PLENITUD EXTRAORDINARIA, UNA VERDADERA EDAD DE ORO.

Ciudades como Padua o Urbino, que brillaron durante el Quattrocento, quedaron oscurecidas. Lo mismo ocurrió en Lombardía donde, a pesar de que el ducado de Milán fuese el pionero en la gestación del Clasicismo a finales del siglo XV, la llegada de los franceses en 1499 puso fin al mecenazgo de los Sforza, y desde 1526 formó parte de los territorios del imperio de Carlos V, al igual que los reinos de Nápoles y Sicilia. La que no renunció a su papel de potencia política fue la república de Venecia. Los duques venecianos mantuvieron su autoridad en el nordeste de Italia y en la costa de Istria y Dalmacia, el Peloponeso y la isla de Creta, aunque perdieron el dominio naval del Mediterráneo frente al imperio otomano y las nuevas rutas mercantiles, que tras el descubrimiento de América y de las Indias quedaron en manos de los españoles y los portugueses. La república de Génova, primero bajo el dominio francés y luego bajo el imperio de los Austrias, desempeñó un importante papel en el panorama político y bancario. Los pequeños estados de Mantua, Ferrara y Módena, situados entre Venecia y Génova, continuaron siendo importantes centros artísticos durante el Cinquecento, destacando la escuela pictórica de Parma.

Aunque Florencia abandonó el papel pionero que disfrutó durante el Quattocento, no dejó de ser un importante centro en la gestación del nuevo lenguaje clasicista y manierista del siglo XVI. Los Médici, desterrados de la ciudad en 1494, recuperaron el poder en el año 1512. Además, dos miembros de la familia ocuparon el solio pontificio: León X y Clemente VII. Desde entonces, y con la anexión de Siena en 1555, Florencia se convirtió en la capital del gran ducado de Toscana, amparada por el imperio carolino y por Francia.

Dama con armiño (1483-1484, Galería Czartoryski, Cracovia, Polonia), de Leonardo da Vinci, uno de los pintores más prolíficos de toda la historia de la pintura.

Virgen del clavel (1478-1480, Alte Pinakothek, Munich), de Leonardo da Vinci, donde se aprecian los claroscuros que potencian los volúmenes de sus obras.

Pero fueron los Estados Pontificios los que dominaron la creación artística a lo largo del siglo XVI. Los papas reclamaron la dirección política de Italia, y unieron su actividad política y militar a una ambición artística que les convirtió en los grandes mecenas del siglo XVI. Desde principios del citado siglo, Julio II y los papas Médici convirtieron Roma, desmantelada tras el pontificado de Avignon, en el gran centro cultural de Europa. Durante las dos primeras décadas del siglo XVI las experiencias quattrocentistas, fundamentalmente florentinas, culminaron en el denominado «Renacimiento Clásico», fenómeno limitado casi exclusivamente a Roma. La Ciudad Eterna reunió a artistas de enorme talento, cuyas obras representan la cima del Clasicismo dentro de todo un proceso vertebrado por un corpus teórico, desde Leonardo hasta Durero. Pero la pretendida validez universal del Renacimiento clásico, desarrollado en sus vertientes teórica y práctica, fue quebrantada por el Manierismo a partir de 1520, año en que muere Rafael.

LOS COLOSOS DEL CLASICISMO

Resueltos los problemas técnicos durante el Quattrocento, la principal preocupación de la pintura italiana del Cinquecento fue el contenido. La gran diferencia entre el primer Renacimiento y el Cinquecento, fue la nueva visión del mundo y del hombre, a la que sin duda contribuyó el descubrimiento de América en 1492. El modelo antropocéntrico del humanismo, que hizo del hombre el centro y medida del universo, se aplicó a la arquitectura y la planificación urbanística. Pero fueron los pintores los encargados de exaltar al Hombre como centro de la nueva estética, utilizando un canon monumental, grandioso y rotundo.

En la definición de esta «maniera grande» participaron artistas de una personalidad genial, que dominaban las tres artes consideradas mayores: la arquitectura, la escultura y la pintura. En la primera década del siglo XVI coincidieron en Florencia Leonardo, Miguel Ángel y Rafael, pero las circunstancias históricas, económicas y políticas propiciaron su marcha a Roma, donde el papa Julio II había conseguido atraer a Bramante para que ampliase el palacio vaticano, y construyese la nueva basílica de San Pedro. Los cuatro grandes colosos consolidaron el lenguaje clasicista y desviaron la capitalidad artística hacia la Ciudad Eterna. Mientras tanto, en Venecia surgía otro Clasicismo que disfrutó de una cronología más dilatada gracias a artistas como Tiziano. Este Clasicismo compartía los mismos ideales pero se consolidó en otro estilo.

LA GESTACIÓN DEL CLASICISMO

Al comenzar el siglo XV la ciudad de Milán gozaba de una cultura artística gótica muy arraigada. Las nuevas formas renacentistas no fueron introducidas hasta que la familia Sforza llegó al poder en 1450, tras derrotar a los Visconti. La nueva corte comenzó inmediatamente a desarrollar un amplio programa cultural que les diera prestigio. Bajo el mecenazgo de Ludovico Sforza, el Moro, Bramante y Leonardo superaron los principios quattrocentistas y convirtieron a Milán en el centro pionero del Clasicismo renacentista.

Formado en el taller florentino de Verrochio, Leonardo (1452-1519) encarna perfectamente el prototipo de artista del Renacimiento, tanto por sus amplios conocimientos, como por su afán de saber qué le llevó a experimentar constantemente. Sus cuadros y dibujos muestran un dominio de las diferentes investigaciones quattrocentistas, y plantean los elementos del lenguaje clásico como parte de una unidad que se convierte en

norma. Además de febril dibujante, fue escritor, siendo el primero que definió teóricamente el Clasicismo renacentista en su *Tratado*.

Leonardo colaboró en la tabla del *Bautismo de Cristo* (1472-1475) de su maestro Andrea Verrochio realizando el ángel rubio de la izquierda y el paisaje. El modelo idealizado del ángel y el paisaje nebuloso contrastan con el duro y seco estilo de Verrochio. En sus primeras obras del periodo florentino (1478-1483), como el retrato de *Ginevra de Benci* (c. 1481) o la *Virgen del clavel*, planteó sus primeros claroscuros que le sirven para redondear los volúmenes. La tranquila expresión de estas obras contrasta con el rostro atormentado del contemparéneo *San Jerónimo* (c. 1482) y las gesticulantes manos y asombradas caras de los personajes de la *Adoración de los Magos*. En esta última obra, que quedó sin terminar por su marcha a Milán, destaca la perspectiva piramidal de la composición y la atmósfera que desdibuja la lejanía. Durante su primera etapa milanesa, Leonardo realizó dos obras capitales en la historia de la pintura, que definieron la formulación del lenguaje clasicista: *La Virgen de las rocas* (1483-1486) y la *Última Cena* (1495-1497). La composición rigurosamente equilibrada, la perspectiva aérea y la idealización de los modelos, se convirtieron en las normas de un lenguaje que contó con una enorme repercusión. En *La Virgen de las rocas* consagra su característico «sfumato» que diluye los contornos hasta

A la izquierda, *San Juan Bautista* (1513-1516, Museo del Louvre, París); a la derecha, *La Virgen de las rocas* (hacia 1506, National Gallery de Londres); los dos son de Leonardo da Vinci.

fundirlos con la atmósfera. Con esta nueva técnica redondea los rostros de la Virgen, del niño Jesús, de San Juan y del bellísimo ángel. Todas las figuras se colocan formando un esquema de triángulo equilátero, con vértice en los lirios de la esquina izquierda, que es atravesado por una línea en zigzag que sigue las direcciones de las manos. Destaca el escorzo magnífico de la mano de la Virgen y la misteriosa luz que se filtra a través de la fascinante gruta del fondo.

Su famosa *Cena* fue concebida para el refectorio del convento dominicano de Santa María de las Gracias, donde se encontraba trabajando Bramante. Su ocurrencia de aplicar temple de huevo sobre el enfoscado, las humedades y las malas restauraciones han deteriorado este mural que supuso el triunfo de la «gran maniera» de las figuras, alineadas en un espacio de rigurosa perspectiva. En los rostros y manos de los monumentales apóstoles, resaltados por la doble iluminación frontal y

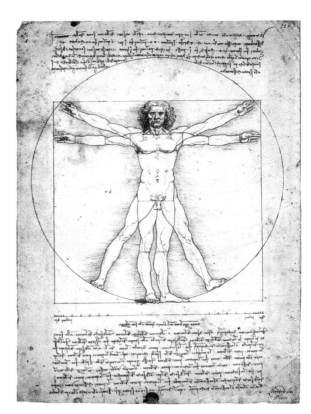

Arriba, *La Gioconda* (1503-1505, Museo del Louvre, París) es probablemente el cuadro más conocido de Leonardo. La innovación que aportó al mundo del arte fue algo tan simple como una sonrisa en el rostro de la dama. Derecha, *Hombre vitruviano* (1492, Accademia, Venecia), de Da Vinci.

de fondo, Leonardo realizó un profundo análisis de los gestos que reaccionan al enterarse de que hay un traidor entre ellos. La misma precisión reflejan los retratos de *El músico* y los tres femeninos: *La dama de la redecilla*, *La dama con armiño* y *La bella Ferronnière* (c. 1490), donde los detallados bustos, enmarcados por el sfumato, destacan sobre los fondos negros.

Cuando Lombardía cayó en manos de los franceses en 1499, Leonardo y Bramante huyeron de Milán. Bramante marchó a Roma y Leonardo regresó a Florencia, no sin antes pasar por Venecia y Mantua. El gobierno republicano de Sorderini, instaurado tras la expulsión de los Medicis en 1494, le encargó el mural de la Batalla de Anghiari, destruido medio siglo más tarde, para el gran salón de la Señoría, haciendo pareja con el de la

Batalla de Cascina encargado a Miguel Ángel. De esta misma época es el retrato femenino más comentado y enigmático de la historia de la pintura: *La Gioconda* (1503-1505). La efigie fue identificada por Vasari como la esposa de Francesco del Giocondo, Monna Lisa, aunque se le han atribuido otros modelos. La dama, en cuyos labios asoma por primera vez una sonrisa, se representa de medio cuerpo con las manos apoyadas sobre el brazo en un sillón, destacando en un primer plano sobre un distante paisaje. El sfumato diluye los colores y logra inundar la escena de una atmósfera húmeda y vaporosa.

Leonardo llegó a Roma en 1514, pero su estancia fue corta. En 1517 marchó a Francia para trabajar al servicio de Francisco I, llevando consigo el retrato de la *Gioconda*, su *Santa Ana* (c. 1508-1510) y su, también magistral, *San Juan Bautista* (1513-1516). Allí murió en 1519, en el castillo de Cloux del valle del Loira, pero no su pintura, que fue difundida por sus discípulos y estuvo presente en la configuración del estilo de los artistas más relevantes de este tiempo.

LA EXPRESIÓN MÁXIMA DEL HUMANISMO

Las obras de construcción de la basílica de San Pedro por Bramante, los frescos de Miguel Ángel en la bóveda de la capilla Sixtina y la decoración de las Estancias Vaticanas por Rafael fueron los tres grandes programas artísticos ideados por el papa Julio II como un instrumento político, que proclamaban el renacer de Roma como centro del universo, tal y como había sido en la Antigüedad.

La obra de Rafael Sanzio (1483-1520) representa la máxima expresión de los ideales del Clasicismo renacentista. Supo combinar en una equilibrada síntesis las tendencias que le rodeaban, y manifestarlas en una pintura llena de encanto y luminosidad que le proporcionó fama universal. Ya en sus primeras obras de Perusa, como *Los desposorios de la Virgen* (1504), demostró que su pintura era superior a la de su maestro Perugino. La tabla de Rafael muestra un gran parecido con *La entrega de las llaves* que Perugino realizó para la capilla Sixtina. Rafael muestra una perspectiva más amplia que presenta una disminución escalonada de las figuras y de las baldosas del suelo, que dirigen la mirada del espectador hasta el monumental templo bramantesco del fondo. La atmósfera luminosa que crea el joven Rafael también le aleja de su maestro.

Cuando llegó a Florencia en 1504, recibió la influencia de otros artistas, sobre todo el claroscuro y esfumato de Leonardo. Los cuatro años que pasó allí supusieron su consagración como retratista. La postura del busto y las manos de la Gioconda aparecen en los retratos de *Angelo Doni*, el de su esposa *Magdalena Strozzi* (1506) y en los de la *Dama del unicornio*, *La donna gravida* y *La muda* (1507). También realizó numerosas versiones de Madonnas y Sagradas Familias que se presentan en composiciones piramidales sobre suaves paisajes. En todas ellas, como la *Virgen del jilguero*, la *Virgen del Prado*, la *Bella jardinera*, la *Madonna Colonna*, *La Sagrada familia del cordero* o la *Sagrada Familia con Santa Isabel y San Juan*, la belleza, serenidad y color esfumado del Clasicismo llegan a una de sus máximas expresiones. En las obras que realizó el año antes de su marcha a Roma, *La Virgen del baldaquino* y el *Descendimiento*, aparecen fórmulas que preludian aspectos que desarrollará en su última etapa romana.

Rafael acudió a la llamada del papa Julio II, gracias a la recomendación de su paisano Bramante, para decorar las estancias del palacio vaticano. El pontífice no quería seguir viviendo en los apartamentos Borgia, decorados por Pinturichio, y decidió habitar en las estancias que se encontraban justo encima. En estas habitaciones ya habían comenzado a trabajar artistas como Sodoma, Peruzzi, Bramantino y Lotto, pero fueron despedidos cuando Rafael se hizo cargo de la decoración en 1508.

Arriba, la *Virgen del jilguero* (1505-1506, Galería de los Uffizi, Florencia), de Rafael. Abajo, *La escuela de Atenas* (1509-1510, Vaticano), pintada por Rafael para representar los conocimientos que aporta la filosofía.

Su primera intervención, que terminó en 1511, fueron los frescos de la llamada «Sala de la Signatura» o del Sello, así llamada por ser el lugar donde se firma-

De Rafael son también estas dos obras: *El triunfo de Galatea* (1511), que decora la Villa Farnesina de Roma, y el retrato triple *El papa León X con los cardenales Julio II y Luis Rossi* (1518-1519, Galería Palatina, Florencia).

ban los decretos de gracia. En ella desarrolló todo un programa iconográfico basado en el tema de los cuatro pilares de la sabiduría. Para ello completó la decoración de la bóveda de crucería con cuatro medallones que encerraban a cuatro mujeres como alegorías de la teología, la filosofía, la justicia y la poesía. A cada saber le correspondía una gran escena parietal en el luneto de abajo. Rafael situó la escena de *El Parnaso* (la poesía) frente a la de *Las Virtudes* (la justicia), y contrapuso el fresco de *La disputa del sacramento* (la teología), también conocido como *El triunfo de la eucaristía*, al de la famosa *La escuela de Atenas* (la filosofía). Por lo que estas obras sólo pueden ser comprendidas en su conjunto.

Al colocar *La escuela de Atenas* frente a *El triunfo de la eucaristía*, Rafael creó un verdadero manifiesto del Clasicismo renacentista, que exaltaba la concordatio humanística entre el saber antiguo y la Verdad cristiana. En *La escuela de Atenas* utiliza un esquema semicircular para organizar las numerosas figuras que cobija la potente arquitectura bramantesca, flanqueada por dos nichos que albergan las estatuas de Apolo y Minerva. El punto de fuga de esta composición, a partir del cual se expande el espacio hacia el espectador, está ocupado por las figuras de los dos grandes filósofos de la Antigüedad: Platón y Aristóteles. Platón, representante del idealismo griego, aparece representado como Leonardo da Vinci llevando *El Timeo* y señalando al cielo; mientras Aristóteles sujeta *La Ética* y señala al suelo como representante de la doctrina griega realista. Entre los numerosos filósofos antiguos se han reconocido algunos como: Zenón, en el extremo izquierdo acompañado de un niño; Epicuro, coronado de laurel mientras lee; Averroes, con turbante; Pitágoras, sentado delante mirando el libro que lee Parménides. Detrás aparece un joven vestido de blanco que se ha identificado con Francesco Maria della Rovere, futuro Sixto IV. El personaje que encabeza este grupo, que aparece escribiendo sobre un cubo a modo de mesa, es Heráclito. Esta última figura que no aparecía en los dibujos preparatorios representa a Miguel Ángel, y fue añadida por Rafael después de que éste hubiera enseñado la primera parte de la bóveda de la Sixtina en 1511. En diagonal a Heráclito está Diógenes, el anciano recostado en el centro de las escaleras. En el extremo derecho aparecen Ptolomeo y Zoroastro sosteniendo en sus manos las esferas del universo terrestre y celeste, respectivamente. Ambos giran su cabeza hacia una figura que nos mira y que se ha identificado con el propio Rafael. Delante de este grupo se encuentra la figura de Euclides, retratado como Bramante, que se agacha para hacer una demostración geométrica con un compás, dejándonos ver en el cuello de su vestimenta la firma de Rafael.

En 1514 comenzó a decorar la vecina «Estancia de Heliodoro», así llamada por representar en ella el episodio del Antiguo Testamento la *Expulsión del templo del sacrílego general*. Rafael interpretó el tema de manera dramática, y para ello introdujo en los laterales nuevos recursos como el gran movimiento y la tensión. En el extremo izquierdo aparece en primer plano el papa Julio II, sentado en una silla que transportan Marcantonio Raimondi, el grabador que divulgó los temas de Rafael por Europa, y su discípulo Giulio Romano. La mirada del pontífice se dirige al punto de fuga, donde aparece el sacerdote Onías rezando ante el altar, bajo una enorme bóveda bramantesca que alude al templo de Jerusalén. En los tres murales restantes se narran *La Misa bolsena*, donde de nuevo aparece el retrato de Julio II acompañado de su corte y de los guardias suizos, *San León deteniendo a Atila a las puertas de Roma* y el magnífico nocturno de la *Liberación de San Pedro*.

La tercera habitación es la llamada «Estancia del Incendio» porque contiene el fresco que narra como el fuego del borgo vaticano, cesó milagrosamente gracias al papa León IV. En la escena Rafael abandona la simétrica y equilibrada composición clasicista, e introduce figuras desnudas de fuertes músculos miguelangelescos y posturas dinámicas que le acercan al Manierismo.

Durante su etapa romana también decoró la villa Farnesina del banquero Agostino Chigi con *El triunfo de la Galatea* (1511) y la logia de *Psique y Cupido* (c. 1517-1518) con desnudos sensuales y bellas alegorías. En cuanto al género retratístico, Rafael consiguió plasmar durante sus años romanos toda una galería de personajes. Entre los masculinos destacan *El cardenal* (1510), los del pontífice *Julio II* (1512) o el de *Baltasar Castiglione* (1514), famoso autor del libro *El Cortesano*. Entre los femeninos es notable el de la panadera que fue su amante y modelo: *La fornaria* (1518-1519). También realizó retratos dobles, como el de sus contertulios *A. Navagero y A. Beazano* (1516), e incluso triples, *El papa León X con los cardenales Julio II y Luis Rossi* (1518-1519). Entre su numerosa serie de Madonnas, como la del pez, la de la silla o la de la rosa, sobresale la espectacular y monumental *Madonna Sixtina* (c. 1514).

La muerte sorprendió a Rafael en 1520, cuando estaba realizando el gran lienzo de la *Transfiguración* que le encargó en 1517 el cardenal Julio de Médici para la catedral de Narbona. El lienzo narra dos episodios milagrosos con diferentes puntos de fuga. Arriba la Transfiguración de Jesús en el monte Tabor, levitando en compañía de Moisés y Elías, ante tres de sus após-

Arriba, otro de los destacados retratos de Rafael fue el del escritor Baltasar Castiglione (1514, Museo del Louvre, París). Abajo, el inmenso lienzo *Transfiguración* (hacia 1517, Vaticano) que mide 405 × 278 cm.

La decoración de la Capilla Sixtina fue iniciada por Miguel Ángel en 1508 por encargo del papa Julio II. Arriba, una vista general. En el centro, *La creación de Adán* antes de la restauración. Y abajo, *La tentación y la expulsión del Paraíso*.

toles postrados. La parte de abajo narra el milagro del niño endemoniado en una escena llena de movimiento gesticulante, donde destaca la postura helicoidal de la madre de espaldas al espectador. La fuerte tensión dramática de esta obra, que presidió los funerales del artista, roza los límites del Clasicismo. Este cuadro hacía pareja con *La resurección de Lázaro* que era pintada al mismo tiempo por Sebastiano del Piombo, asesorado por Miguel Ángel. Así que los contemporáneos lo consideraron como una competición entre los dos grandes colosos.

Miguel Ángel Buonarroti (1475-1564) no se dedicó a la pintura hasta 1503, año en el que comenzó el *Tondo Doni*, también conocido como la *Sagrada Familia de los Uffizi*. La obra fue pintada con ocasión del matrimonio de Agnolo Doni y Magdalena Strozzi, retratados por Rafael pocos años después. El genial pintor, escultor y arquitecto de Caprese, eligió una composición piramidal inscrita en un círculo. Junto al friso de desnudos helénicos del fondo llama la atención, en una obra tan temprana, la torsión a la que se someten los personajes, sobre todo la Virgen en primer plano, anunciando futuros manierismos.

Cuando se encontraba realizando el fresco de la *Batalla de Cascina* en el salón del Gran Consejo del palacio florentino de la Señoría, frente a la *Batalla de*

A la izquierda, *La creación de Adán* después de la restauración. Arriba, detalle de la cara de Dios del mismo fresco.

Anghiari de Leonardo, Miguel Ángel abandonó Florencia y se trasladó a Roma tras recibir la invitación del papa Julio II. El pontífice quiso que Buonarroti levantase su tumba papal bajo la gran cúpula de la nueva basílica de San Pedro ideada por Bramante. Miguel Ángel estaba muy interesado en el proyecto, pero la realización del sepulcro se aplazó y comenzó a decorar, en 1508, la bóveda de la Capilla Sixtina. Este gran techo se alzaba sobre los muros que habían sido decorados por los más prestigiosos pintores del Quattrocento, siguiendo el programa ideado por el papa Sixto IV. Miguel Ángel, que nunca había practicado el buen fresco, se enfrentó a una enorme superficie de más de quinientos metros cuadrados y mostró al público, en mayo de 1512, el magnífico resultado que había logrado en tan sólo cuatro años.

Dividió la bóveda de cañón en nueve tramos mediante la simulación de diez arcos fajones que, a su vez, eran atravesados por dos falsas cornisas, dando como resultado tres registros en cada tramo. En los rectángulos centrales narró nueve episodios del Génesis: desde *La separación de la luz y las tinieblas*, sobre el altar, hasta *La embriaguez de Noé*, a los pies. Entre ambas escenas aparecen: *La creación de los astros y las plantas*, *La separación de las aguas y el firmamento*, *La creación de Adán*, *La creación de Eva*, *La tentación y la expulsión del Paraíso*, *El sacrificio de Noé* y *El diluvio universal*. Miguel Ángel comenzó a pintar las escenas en orden inverso, es decir, por la puerta de entrada. Por eso las escenas de la Creación, realizadas al final, son más claras y muestran un mayor dominio y maestría. Para evitar que estas escenas quedaran como un friso homogéneo, alternó la dimensión de los recuadros. A los lados de las escenas más pequeñas pintó unos tondos flanqueados por los *ignudi*, jóvenes desnudos en complicadas posturas. En los tramos laterales de la bóveda fue intercalando los lunetos, que acogen a los antepasados de Cristo, con las figuras de los profetas y las sibilas. Las figuras de los siete profetas: Jonás, Jeremías, Ezequiel, Joel, Zacarías, Isaías y Daniel, y las cinco sibilas: Pérsica, Eritrea, Délfica, Cumea y Líbica, están realizadas a gran escala, mostrando una gran variedad de posturas, actitudes y movimientos. Las cuatro pechinas relatan historias de la lucha de Israel por su libertad: *La serpiente de bronce* y *El castigo de Amán*, en las esquinas del lado del altar, frente a *David y Goliat* y *Judith y Holofernes*, en las esquinas sobre la puerta de entrada. Este enorme programa iconográfico, ideado por el propio artista y realizado en absoluta soledad, asombró a sus contemporáneos y consagró a Miguél Ángel como uno de los más geniales pintores de la historia.

EL CLASICISMO VENECIANO

A finales del siglo XV, gracias a sus contactos con los países del norte de Europa y a una relación casi exclusiva con los países orientales, Venecia se convirtió en uno de los focos artísticos más importantes del Renacimiento italiano. Mientras Roma aparecía como el gran

La tempestad (hacia 1506, Accademia, Venecia),
de Giorgione, es una de las pocas obras que firmó dicho pintor.

crisol del Clasicismo renacentista, los pintores de la
escuela veneciana habían optado por una pintura de
carácter naturalista, más colorista y sensual.

Giorgio da Castelfranco, conocido como Giorgione, es considerado el fundador de la pintura veneciana moderna. Desarrolló su actividad durante la primera década del siglo XVI, época en la que Tiziano y Sebastiano del Piombo también realizaron sus primeras obras, mientras aún seguían activos los viejos maestros del Quattrocento: Gentile y Giovanni Bellini y Vittore Carpaccio. A pesar de su breve vida (1477-1510), Giorgione inauguró la tradición pictórica veneciana del siglo XVI. Es posible que la relación entre Giorgione y Tiziano fuese intensa dada la enorme similitud estética y espiritual de sus obras. Además, ambos fueron discípulos sucesivos de Giovanni Bellini, y debieron coincidir en el círculo humanista del cardenal Pietro Bembo y los Asolani.

Los especialistas, basándose en la información de Vasari, consideran que sus primeras obras se remontan a 1495, cuando apenas contaba con dieciocho años. Pinturas como *La Sagrada Familia, La adoración de*

los pastores y el *retablo de Castelfranco* (c. 1505), pertenecen a su primera etapa y en ellas es patente la huella de Bellini.

No firmaba sus cuadros, por lo que el debate sobre la autoría de sus obras sigue todavía abierto. *La tempestad* (c. 1508) es una de las pocas obras que podemos atribuir con seguridad a Giorgione. Pero este pequeño lienzo tiene gran importancia, porque marca una ruptura con la tradición veneciana, liberando a la pintura de su subordinación al dibujo y destacando la técnica del óleo. Es la obra más conocida de Giorgione, y la que mejor sintetiza sus cualidades como pintor, además de ser una de las obras más misteriosas de la historia de la pintura. El misterio no nace tanto del asunto, como del aura de irrealidad que rodea a los elementos que lo componen: la mujer desnuda que amamanta con tristeza a un niño, el hombre que la contempla con melancolía, las ruinas que florecen entre la maleza, los árboles que el viento balancea y el rayo que preludia la tormenta como una cicatriz en el horizonte.

Durante siglos se ha intentado identificar el tema, buscando en los episodios más complicados de la mitología pagana grecolatina: el descubrimiento de Paris, hijo del rey de Troya; el nacimiento de Eneas; Júpiter e Ío; el cazador Yasio observando a Ceres amamantar a su hijo Pluto, mientras Júpiter aparece al fondo bajo la forma de un rayo; Adrasto e Hipsipila amamantando a Ofeltes. También se ha identificado con diferentes pasajes de la Biblia y el santoral cristiano: Moisés salvado de las aguas, la huida a Egipto o la expulsión del Paraíso. Otros especialistas opinan que el tema se basa libremente en una obra popular de la literatura contemporánea *Hypnerotomachia Poliphili* de Francesco Colonna. Quizá Giorgione escondió deliberadamente el tema para aumentar el interés en el lienzo por parte de su reducido grupo de admiradores eruditos. La gran novedad de este lienzo reside en que por primera vez en la historia de la pintura, el paisaje deja de ser un elemento ornamental y secundario para ser la esencia del cuadro. La composición se basa en las líneas dinámicas que describe el zigzag del río. En cuanto al tratamiento pictórico, la luz y el color no están separados ni yuxtapuestos, sino perfectamente fundidos. Las sombras son más transparentes y en ellas hay colorido. El aire húmedo de la tempestad desdibuja los contornos de las formas, como el sfumato de Leonardo, que visitó Venecia en el año 1500. Giorgione, sin embargo, se aparta de Leonardo en la potencia expresiva que da la pincelada al servicio de una materia suelta y empastada. La originalidad del tema corre paralela a la innovadora técnica pictórica ya que, según Vasari, Giorgione no utilizaba

dibujos previos considerando que así su trabajo era más genuino.

El mismo misterio encierran sus *Tres filósofos* (c. 1508). Sus últimas obras, *La Venus dormida* o *El concierto campestre* (1510), fueron terminadas por su discípulo Tiziano Vecellio (c. 1490-1576) que llegó a Venecia en los primeros años del siglo XVI. Su aprendizaje, primero con Giovanni Bellini y después con Giorgione, marcó su particular manera de captar la luz y el color, en los cuatro temas que cultivó a lo largo de su prolífica carrera: la pintura alegórica, la pintura cristiana, la mitológica y el retrato.

En sus pinturas alegóricas, como *Amor sagrado amor profano* (1515), mantiene el aire misterioso que poseían la obras de Giorgione. Entre sus pinturas religiosas destacan los dos grandes retablos que realizó para la iglesia de Santa Maria Gloriosa dei Frari: el de la *Asunción* (1516-1518), para el altar mayor, y el de la *Madonna Pesaro* (1519-1522), para la capilla de esta familia. La composición de la *Asunción* se basó en la separación cielo-tierra que había utilizado Rafael en el fresco de *La disputa del Sacramento* y que, además, estaba empleando en ese momento para la *Transfiguración*. La figura de la Virgen destaca como punto de fuga, entre el resplandor de la luz dorada, sobre un pedestal semicircular de nubes poblado de numerosos ángeles. En lo más alto le espera Dios con los brazos abiertos ante el asombro de los apóstoles que admiran la escena entre grandes aspavientos.

A finales de la segunda década del siglo XVI su estilo alcanzó la plenitud. Los lienzos mitológicos que realizó para el gabinete de Alfonso de Este en Ferrara,

Arriba a la izquierda, *La bacanal* (1516-1518, Museo del Prado, Madrid), de Tiziano. De Santa María dei Frari, Venecia, son estas dos obras de Tiziano: arriba a la derecha, *Madonna Pesaro* (1519-1528) y abajo, *Asunción* (1516-1518,), para cuya composición concibió el óleo como la separación cielo-tierra.

Dos ejemplos de los desnudos de Tiziano: arriba, *La Venus de Urbino* (1536, Galería de los Uffizi, Florencia), y abajo, *Venus y Adonis* (1553-1554, Museo del Prado, Madrid).

en 1519, son una buena prueba de ello. En *La ofrenda de los Amores a Venus* una multitud de angelitos juegan en una pradera ante el altar de Afrodita y en *La bacanal*, doncellas, niños y faunos se divierten en una fiesta, mientras la sensual Ariadna duerme desnuda.

El tema del desnudo femenino envuelto en un clima de sensualidad y luminosidad fue muy solicitado por monarcas y mecenas principescos. De ahí sus numerosa versiones de la diosa del Amor: *La Venus de Urbino* (1538), sucesora de la de su maestro Giogione, las diferentes versiones de *Venus y la música*, de *Venus y Adonis* o de *Dánae fecundada por la lluvia de oro*.

Tiziano también fue solicitado por sus dotes como retratista. Sólo retrató a miembros de la élite social e intelectual. El que realizó de *Carlos V con su perro* (1532) se convirtió en un modelo de retrato de corte que presentaba al monarca de pie y de cuerpo entero con un cortinaje al fondo. Años más tarde realizó el enorme retrato de *Carlos V en la batalla de Mülberg* (1548), para conmemorar la victoria del emperador sobre la liga de Smalkalda de los príncipes protestantes. Tiziano presentó al monarca no como a un emperador victorioso, sino como a un hombre pacífico, convirtiéndose en una alegoría de la paz de Carlos V. La novedad reside en la integración del retratado en un acontecimiento, creando una nueva imagen heroica ecuestre que desde entonces será solicitada por todas las monarquías europeas. Retrató también a *Felipe II*, a la emperatriz *Isabel de Portugal*, a *Isabel de Este* y al papa *Paulo III con sus sobrinos*.

Tras conocer en Roma el arte de Miguel Ángel, las torsiones zigzagueantes, los escorzos y agitaciones manieristas aparecieron en sus últimas obras: *La Glo-*

Tiziano es el autor de estos cuadros:
izquierda, *Carlos V en la batalla de Mülberg*
(1548); abajo, *Autorretrato* (hacia 1567) y
Retrato de Felipe II (1551), los tres en el
Museo del Prado, Madrid.

ria (1551-1554), *Santa Margarita* (1565), *Felipe II
ofreciendo al cielo a su hijo Fernando tras la victoria
de Lepanto* (1571-1575) y la inconclusa *Piedad*

Además de las imágenes, Tiziano legó al arte
todo un lenguaje y una técnica pictórica que dotan a su
pintura de gran modernidad. Su técnica le permitió
conseguir lo que deseaba. Sus pinceladas eran aplicadas una a una, sobrepuestas con ligereza y libertad. De
esta manera conseguía representar el color, la luz, el
espacio, el movimiento y la textura de las cosas con
mayor naturalidad, apartándose de la compacta técnica
de siglos anteriores.

En la disputa teórica que duró más de dos
siglos, sobre la superioridad del dibujo o el color,
Tiziano y los venecianos se decantaron por la prima-
cía del color. Los teóricos que defendieron la superioridad del dibujo asentado en Florencia y Roma, con
Miguel Ángel como máximo representante, criticaban
a Tiziano acusándole de que sus obras carecían de
estructura interna porque no sabía dibujar. Pero mientras tanto Tiziano seguía pintando apoyado por numerosos humanistas y teóricos, que auguraban que el
naturalismo y el color acabarían venciendo a la austeridad del dibujo.

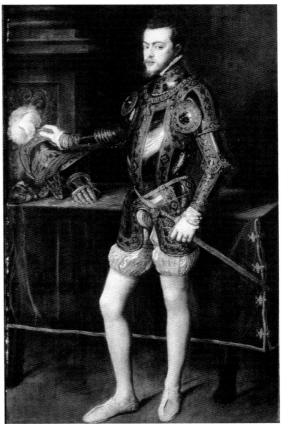

Arriba, *Descendimiento* (hacia 1523-1525), obra que Pontormo realizó para la iglesia de la Santa Felicità, de Florencia, en la que destacan los sinuosos y retorcidos cuerpos. A la derecha, *Descendimiento* (1521, Pinacoteca de Volterra), de Rosso Fiorentino, cuyas figuras adoptan exagerados movimientos.

EL PROTOMANIERISMO FLORENTINO

El Clasicismo y los ideales neoplatónicos habían llegado a su cima, pero esa cumbre tan perfecta no duró mucho tiempo. La disposición helicoidal de las figuras aparecía en las últimas obras de Rafael y estaba ya presente en las primeras pinturas, como el *Tondo Doni*, de Miguel Ángel. La calma y el equilibrio de los esquemas constructivos y visuales comenzó a romperse en busca de la inestabilidad.

La escisión protestante iniciada en 1517 por el agustino Martín Lutero, el Saco de Roma (1527) por las tropas imperiales de Carlos V y la Contrarreforma, sobre todo a partir del Concilio de Trento (1545), fueron acontecimientos esenciales que pusieron en duda la idea humanística de la «concordatio», ligada al Renacimiento clásico y favorecieron la formulación del Manierismo.

Cuando Rafael se instaló en Roma, su lugar en Florencia fue ocupado por su discípulo Andrea del Sarto (1486-1530). Su obra, a pesar de inscribirse dentro del Clasicismo, revelaba ciertos síntomas que pueden considerarse protomanieristas. En el *Asunto místico* (c. 1525) presenta una sagrada conversación entre la Virgen y el Niño con Tobías y un ángel. Mantiene un esquema clásico piramidal cerrado, pero los gestos zigzagueantes y el color tan refinado lo alejan del más puro Clasicismo. Lo mismo ocurre con las formas serpeantes y dinámicas de sus versiones de *El sacrificio de Isaac*

El protomanierismo de Andrea del Sarto se vio estimulado por sus propios alumnos, Jacobo Pontormo y

De la mano de Bronzino salieron estos dos retratos: arriba, *Leonor de Toledo* (hacia 1545, Galería de los Uffizi, Florencia), esposa de Cosme I, y abajo, *Laura Battiferri* (hacia 1555-1560, Palacio Vecchio de Florencia).

de *El nacimiento de la Virgen* y el vigor miguelangelesco y alargamiento de Pontormo en las *Historias de Moisés* para el coro de la catedral de Pisa.

El apasionado Manierismo florentino dio paso, en la segunda mitad del siglo XVI, a una maniera más contenida y distante representada por la pintura de Agnolo di Cosimo (1503- 1570), llamado Bronzino, discípulo de Pontormo. Su pintura es representativa de un estilo más intelectualizado y simbólico, del que la tabla realizada para Cosme I titulada *Venus abrazada por Cupido* (1546), también conocido como *El Descubrimiento de la lujuria,* es su mejor exponente. Bajo el brazo extendido del Tiempo, se amontonan figuras y objetos, en un notable horror vacui, alrededor de los gélidos cuerpos de Venus y Cupido que se abrazan inundando de sensualidad toda la escena. Pero dentro de su trayectoria fue en el campo del retrato donde Bronzino logró mayor prestigio. Como pintor de cámara realizó numerosos retratos de la familia medicea. En retratos como el de la esposa de Cosme I *Leonor de Toledo*, sola o con sus hijos, el de *Guidobaldo de Montefeltro, Bartolomeo Panciatichi,* o el de su esposa *Lucrecia,* la característica principal es la geometrización a la que somete los rostros, lo que les da un aire

Rosso Fiorentino, con los que decoró el claustro de la Annunziata. Jacopo Carrucci (1494-1537), conocido como Pontormo por su lugar de nacimiento, cuestionó los ideales heroicos del Clasicismo y se decantó por un expresionismo de carácter meláncólico fruto de su personalidad atormentada. Entre sus diferentes obras, *Virgen en trono con santos* (1518), *Retrato de Cosme el Viejo* (1518), la *Visitación*; la más emblemática es el *Descendimiento* (1526-1528) para la iglesia de Santa Felicità de Florencia. Pontormo llena completamente la escena de figuras de sinuosos cuerpos, que se alargan y retuercen, mientras una extraña luz baña las vaporosas vestiduras de un colorido irreal. Todo esto unido al dolor patético de los rostros concede al conjunto una cierta teatralidad.

Giovanni Battista di Iacopo (1495-1540), conocido por el color de su pelo como Rosso Fiorentino, fue alumno de Andrea del Sarto, y también utilizó las estampas de Durero para sus cuadros. El Manierismo de sus obras como el *Descendimiento* (1521), *Moisés y las hijas de Jetro* (1523-1527) se caracteriza por los exagerados movimientos de los personajes que inundan el espacio, y por el tratamiento geométrico de las superficies gracias a la aplicación del color en placas.

Completa el trío de los fundadores del Manierismo toscano el sienés Domenico Beccafumi (c. 1486-1551). Sus obras se decantan por una temática religiosa más popular y colorista. Destacan *La bajada al limbo* (c. 1530), las atmósferas vaporosas leonardescas de *Los estigmas de Santa Catalina*, la perspectiva aérea

Arriba, frescos de la Sala de los Gigantes del palacio del Té de Mantua pintados por Giulio Romano hacia 1530. Abajo, retrato pintado por Sebastiano del Piombo de Cristóbal Colón (1519, Museo Metropolitan, Nueva York).

movimiento colosal de Miguel Ángel. Después de la muerte del maestro Giulio Romano (1492-1546), terminó junto a Gianfrancesco Penni la *Transfiguración* y fue elegido por Clemente VII para decorar la cuarta y última «Estancia de Constantino» (1520-1524). Allí realizó la *Batalla del puente Milvio*, que recuerda a la leonardesca batalla de Anghiari, y la *Donación de Constantino*, inspirada en el *Incendio* de su maestro. Poco después fue invitado por el marqués Federico Gonzaga a la corte de Mantua y permaneció allí hasta su muerte, realizando una importante labor como arquitecto y pintor. Decoró las salas del palacio del Té, construido por él mismo. En la Sala de los Gigantes (1532-1534) representó bajo una imaginaria cúpula a los dioses que, desde el Olimpo de la bóveda, observan cómo decenas de corpulentos titanes son víctimas de un terremoto que derrumba las columnas. La decoración de la sala de Psique se tranquiliza ante la influencia de Rafael y de los pintores parmesanos.

La llegada del veneciano Sebastiano del Piombo (c. 1485-1547) a Roma en 1511, aportó un nuevo colorido a la pintura manierista romana. El suave cromatismo veneciano y la monumentalidad de Miguel Ángel fueron las constantes de su obra. Siguió los diseños de Buonarroti y fue asesorado por él en obras como la *Piedad de Viterbo* (c. 1515) o la *Resurección de Lázaro* (1515-1519), que hacía pareja con la *Transfiguración* de Rafael en la catedral de Narbona. La gesticulación y el aumento de altura de sus figuras fue haciéndose cada vez más notable en obras como la *Bajada al limbo*, y sus «Piedades».

LA NUEVA ESCUELA DE PARMA

La aparición de una escuela de pintura en la ciudad de Parma fue debida al señorío que ejerció en ella la familia Este de Mantua. Antonio Allegri (c. 1489-1534), conocido como Correggio, fue el fundador de esta escuela cuya estela atravesará el Clasicismo y el Manierismo llegando hasta el siglo XVII. Fue notable el influjo de la Cámara de los Esposos de Mantegna en la decoración de la cúpula de San Juan Evangelista, en Parma (1520-1530), al romper el espacio arquitectónico y mostrar la figura del Pantocrátor flotando en un espectacular escorzo sobre un fondo dorado; es una mezcla el influjo de Mantegna con el de Leonardo y el

abstracto y frío, que les hace parecer distantes y magestuosos. El aspecto aristocrático y sofisticado se apoya también en la detallada minuciosidad con la que plasma vestidos y joyas.

EL MANIERISMO ROMANO

Los discípulos que colaboraron con Rafael en la decoración de las logias y estancias vaticanas se convirtieron en los creadores del Manierismo romano, que fundía el estilo inquieto del último Rafael con el

Correggio es el autor de estas tres obras: arriba, cúpula
de la catedral de Parma con la visión de San Juan Evangelista
(1520-1524); derecha, *El rapto de Ganímedes* (1531, Museo
Kunsthistorisches, Viena), y abajo, *Noli Me Tangere*
(hacia 1525, Museo del Prado, Madrid).

vigoroso énfasis de Miguel Ángel. La blandura e ingra-
videz fueron los protagonistas de sus Sagradas Con-
versaciones como *Los desposorios de Santa Catalina*
(1526) o de su famoso *Noli me tangere* (1522-1523),
donde la disposición de las figuras muestra la voluntad
de romper con ciertos esquemas rígidos del Clasicismo.
La variedad de curvas confiere a las figuras un ritmo
musical y sensual, que se proyecta en el paisaje del
fondo. La luz da a la carne una luminosidad y sensualidad especial, la misma que tienen los desnudos mitológicos de las cuatro metamorfosis de Júpiter: *Dánae*,
Leda, *Júpiter e Ío* y *Ganímedes*, que encargó Federico
II Gonzaga en 1530 como regalo para Carlos V, aunque
finalmente quedaron en Mantua.

Su discípulo Francesco Mazzola (1503-1540),
apodado Parmigianino, fue el máximo representante del
Manierismo parmesano. Su lenguaje formal se vio enri-
quecido gracias a sus estancias en Roma, Florencia,
Bolonia y Mantua. Su *Autorretrato en espejo convexo*
demuestra su afición a experimentar y su carácter elitis-

ta, de hecho se sabe que fue un gran aficionado a la alquimia. En los primeros frescos realizados para la iglesia de San Juan Evangelista de Parma y la bóveda de la fortaleza de Fontanello, ya se aprecia su tendencia decorativista que determinó el personalísimo estilo de sus admirados cuadros marianos. Entre todos sobresale la conocidísima *Madonna del cuello largo* (c. 1535). En ella los sinuosos contornos son delimitados por líneas precisas y extremadamente refinadas, que alargan caprichosamente las figuras, llegando a la exageración en el cuello de la Virgen y en el cuerpo extremadamente blando del Niño que parece que se va a resbalar. La esbelta columna sin capitel del fondo determina un espacio que resalta la elevación y giro hacia la izquierda del grupo de la Virgen y los jóvenes, permitiendo la inserción de una pequeñísima figura de un profeta semidesnudo.

EL MANIERISMO MADURO DE LOS VENECIANOS

La posible presencia de Tintoretto (1518-1594) en el taller de Tiziano se ha querido ver como una causa de las incursiones manieristas del maestro de Pieve di

Cadore en sus últimas obras. Pero, mientras la pintura de Tiziano gozaba de un gran éxito entre la clientela europea de carácter principesco, la de Tintoretto fue reclamada por los burgueses y las comunidades religiosas y gremiales de la ciudad de Venecia. Salvo una visita que realizó a la ciudad de Mantua, permaneció toda la vida en su Venecia natal. Conoció la pintura manierista del momento, gracias a sus contactos con el artista Pordenone, que a su vez había entrado en contacto con Parmigianino, y por la utilización de grabados. Pronto creó un estilo personal que le hizo convertirse en el pintor manierista más importante de la escuela veneciana. La mayor parte de su pintura fue de contenido religioso. Desde su primera interpretación de *La Última Cena* en 1547, hasta la que realizó el mismo año de su muerte, fue madurando su estilo. Un estilo inconfundible basado en: el alargamiento de las figuras; la utilización de los escorzos, como el de la mesa de *El lavatorio* (1547); los espacios amplios y profundos que consiguió desviando hacia un lado a los personajes en una composición asimétrica, como en los lienzos dedicados a San Marcos para la Escuela Grande (1562); y la iluminación, siempre violenta, que crea efectos de claroscuro en obras como las del conjunto realizado para la Escuela de San Rocco (1581-1587).

Los escenarios urbanos que describieron Gentile Bellini y Carpaccio fueron retomados en la segunda mitad del siglo XVI por el pintor Paolo Caliari (1528-1588), llamado Veronés por su lugar de nacimiento. Se alejó del estilo exaltado de Tintoretto y optó por un arte más equilibrado y clasicista, que coincidía con la arqui-

El máximo representante del Manierismo parmesano fue Francesco Mazzola, apodado Parmigianino, autor de *Madonna del cuello largo* (hacia 1535, Galería de los Uffizi, Florencia).

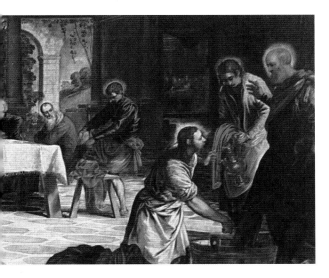

Las bodas de Caná (1563, Museo del Louvre, París), de Veronés, tiene unas dimensiones espectaculares: 669 × 990 cm.

Arriba, *El lavatorio* (1547, Museo del Prado, Madrid), de Tintoretto. Muchas fueron las interpretaciones que hizo Tintoretto de la Última Cena; la que está sobre estas líneas ha sido fechada entre 1592 y 1594 y está en San Giorgio Maggiore de Venecia.

tectura de su amigo y colaborador Andrea Palladio. Al magnificar en sus pinturas a la ciudad de Venecia, ésta le encargó muchos lienzos alegóricos e históricos para decorar el palacio Ducal. Entre sus pinturas religiosas destaca la *Cena en casa de Leví* (1573), considerada por los inquisidores como irreverente, porque las arquitecturas palladianas acogían a numerosos personajes desenfadados y exóticos que sólo se preocupaban por disfrutar los placeres de la vida, alejándose del tema sacro. Lo mismo sucedió en su enorme lienzo de *Las bodas de Caná* (1562-1563). El rico colorido y las grandes figuras también aparecen en sus lienzos de menor escala, como sus versiones de *Moisés salvado de las aguas* (1560-1570). Sitúa el episodio del Antiguo Testamento en un frondoso paisaje donde la hija del faraón aparece lujosamente vestida como una aristócrata veneciana, rodeada por sus sirvientas y dos criados negros, uno de ellos enano, que da un toque exótico a la escena. En sus composiciones sobresale la luz cálida que revela el brillo de las telas, brocados y joyas.

LA EXPANSIÓN DEL RENACIMIENTO EN ESPAÑA

A finales del siglo XV y principios del XVI, las principales monarquías europeas se consolidaron en sus respectivos territorios configurando la Europa Moderna. En España el gusto por lo italiano, que fue asociado a principios del siglo XVI al círculo de la corte y a los sectores humanistas más renovadores, se extendió lentamente a otros ámbitos de la sociedad, a pesar de la resistencia que ofrecían los lenguajes tradicionales que giraban en torno al último gótico y a la tradición constructiva y artesanal hispanomusulmana. La introducción del lenguaje renacentista se hizo posible gracias a la importación de obras italianas, fundamentalmente álbumes de dibujos y monumentos funerarios, que fomentaron la llegada de diversos artistas italianos atraídos por las numerosas construcciones que se llevaban a cabo en la península y el desarrollo de los mercados que se abrieron con América. El viaje de los artistas españoles a Italia también facilitó la llegada de formas y repertorios renacentistas de tradición clásica.

Durante el reinado de Carlos V las novedades se centraron en el campo de la arquitectura civil. La pintura fue asimilando composiciones y modelos renacentistas, pero seguía vigente la tradición hispanoflamenca que se decantaba por lo anecdótico. La influencia de la pintura del norte fue desapareciendo a medida que las élites relacionadas con el humanismo italiano se fueron interesando por el Clasicismo de Rafael y el Manierismo toscano. Fue durante el reinado de su hijo, Felipe II, a partir de la década de los sesenta, cuando se

El príncipe Don Carlos (hacia 1557, Museo del Prado, Madrid), de Sánchez Coello, considerado el mejor retratista de la corte de Felipe II.

detallado estudio que presentan las suntuosas indumentarias y los complementos. El continuador de su estilo fue Juan Pantoja de la Cruz (1553-1608), que en retratos como el de *Felipe II* o el de *Alejandro Farnesio* consiguió una técnica que igualaba en minuciosidad a la de su maestro, pero que resultó más inexpresiva.

Frente a la tendencia clasicista que se extendía desde los programas artísticos de El Escorial, existió una pintura de carácter religioso y devocional que sintonizaba mejor con la piedad popular de aquellos años. En esta corriente emocional se inscribe la pintura de Luis de Morales, y la singular obra del pintor cretense Domenikos Theotokopulos (1541-1614), mundialmente conocido como El Greco.

Cuando El Greco llegó a Toledo en 1576, ya había recorrido todo el territorio de la cristiandad mediterránea a lo largo de un itinerario semejante al que realiza el sol. A su aprendizaje artístico dentro de la tradición bizantina en Candía, capital de la isla de Creta, sumó su experiencia veneciana y romana. Con este bagaje cultural llegó a España, interesado en trabajar para Felipe II. En Toledo recibió sus primeros encargos importantes. En 1577 realizó el retablo mayor para la iglesia del convento de Santo Domingo el Antiguo y *El Expolio* para la sacristía de la catedral de Toledo. El tratamiento del tema de esta última obra no gustó al cabildo y, además de entablarse un largo pleito, no volvió a recibir más encargos de los representantes de la catedral. Un año después fracasó en su intento de formar parte del círculo de pintores del rey Felipe II. Al monarca no le gustó su *Martirio de San Mauricio y la legión Tebana* para El Escorial, lo que determinó su establecimiento definitivo en Toledo, demostrando poco después la extraordinaria calidad de su arte con *El entierro del conde Orgaz* (1586-1588) para la iglesia de Santo Tomé.

produjo la culminación del Clasicismo en España con la construcción del monasterio de San Lorenzo de El Escorial.

Los embajadores españoles de Felipe II, tras fracasar en su intento de que vinieran a España Tiziano y Tintoretto, consiguieron que trabajara en El Escorial el pintor y tratadista Federico Zuccaro. Cuando éste regresó a Italia, el boloñés Pelegrino Tibaldi fue el encargado de continuar el retablo mayor, los frescos del claustro de los Evangelistas y la magnífica bóveda de la biblioteca con alegorías de las Ciencias y las Letras, mientras que las bóvedas de la basílica y el coro fueron decoradas por el genovés Luca Cambiaso. El programa que se llevó a cabo en el Escorial fue el ejemplo del arte de una época que estuvo vinculada a la Contrarreforma y a los intereses de la monarquía.

En España, al igual que en toda Europa, se pusieron de moda los retratos cortesanos. Alonso Sánchez Coello (1531-1588) fue el mejor retratista de la corte de Felipe II. En todos los retratos áulicos: *Isabel Clara Eugenia*, *Carlos de Austria*, *Catalina Micaela de Austria*, los personajes aparecen sobre un fondo oscuro en una actitud majestuosa y distante, que se logra mediante la serenidad y el estatismo de las figuras y el

En el lienzo se diferencian dos zonas. En la inferior aparecen San Esteban y San Agustín llevando el cuerpo del señor de Orgaz, junto a un nutrido friso de caballeros enlutados y representantes de distintas órdenes religiosas. Las miradas de algunos personajes enlazan con la zona superior donde aparece la Gloria, como una explosión de color y movimiento que se abre de forma triangular para acoger el alma del difunto, que transporta un ángel representado en un magnífico escorzo. La definición compacta de volúmenes y la normalidad de proporciones en la zona de abajo contrastan con el tratamiento más estilizado de la Gloria. Esta disminución progresiva de la visión realista de abajo a arriba responde al deseo del artista de diferenciar la materia del espíritu, demostrando que las alargadas deformaciones no eran consecuencia de un defecto óptico.

Esta obra consolidó su éxito en Toledo y desde entonces le llovieron los grandes encargos, como el gran retablo para la iglesia del colegio de los agustinos de doña María de Aragón en Madrid (1600), el retablo para la iglesia del hospital de la Caridad en Illescas (1603) o el gran retablo de la iglesia del hospital Tavera (1608), que quedó sin terminar.

Su original estilo alcanzó la plenitud a partir de los años noventa, como resultado de su personal temperamento artístico y de los planteamientos estéticos de su época. Consideraba la pintura como una ciencia pero que no se basaba en la experiencia, sino en la plasmación de un mundo ideado en la mente del artista, como la creación intelectual que defendían los manieristas. Pero El Greco más que sumarse al Manierismo, lo interpretó. Sus figuras son también alargadas y distorsionadas, pero no buscaban una apariencia refinada sino una desmaterialización del cuerpo para visualizar lo espiritual. A este mismo propósito responde en su pintura la ausencia de perspectiva, las extrañas asociaciones cromáticas y la luz blanca y brillante que emerge de cada figura. Además de realizar grandes conjuntos decorativos, pintó numerosas imágenes de devoción y series de santos. En la última etapa de su vida también realizó la curiosa *Vista de Toledo* (1603-1607) y el magnífico *Laoconte y sus hijos* (1610-1614), donde las deformaciones y actitudes forzadas llegan a su máxima expresión. Sus retratos son excepcionales, aunque no numerosos: *La dama del armiño*, *Cardenal Fernando Niño de Guevara*, inquisidor y arzobispo de Sevilla; *Antonio Covarrubias*, arquitecto y amigo suyo; el escritor *Fray Hortensio Félix Paravicino*; el jurista *Juan de Ceballos* o el famosísimo retrato de *El caballero de la mano en el pecho*. En todos ellos interpreta los rostros con una grave dignidad y gesto contenido.

LA ESCUELA DE FONTAINEBLEAU EN FRANCIA

El interés político de Francia por asentarse en tierras italianas tuvo consecuencias culturales. La cada vez más absoluta monarquía francesa desarrolló programas artísticos contagiando al entorno nobiliario. La intención clasicista, ya patente en los reinados de Carlos VIII y Luis XII, culminó durante el reinado de Francisco I. El hecho más significativo de la valoración del monarca por lo italiano fue la invitación que le hizo a Leonardo da Vinci en 1517.

Francia no contaba con manifestaciones pictóricas importantes hasta que el rey Francisco I

El entierro del conde Orgaz (1586-1588, Iglesia de Santo Tomé, Toledo), de El Greco. Este pintor había recibido muchas influencias de estilos que quedan reflejadas en sus obras.

comenzó los trabajos en el castillo de Fontainebleau en 1528. En torno a la decoración interior del palacio se gestó un movimiento pictórico manierista, denominado «Escuela de Fontainebleau», durante los años cuarenta y cincuenta del siglo XVI, que tuvo como punto de partida las obras realizadas allí por artistas italianos. El pintor Rosso Fiorentino (1494-1540) fue el encargado de dirigir al equipo de fresquistas y estucadores del palacio, y decoró la famosa *Galería de Francisco I* (c. 1533-1540) con frescos de compleja temática mitológica, relacionada con el monarca, enmarcados por desnudos en estuco. Francesco Primaticio (1504-1570) sucedió a Fiorentino como rector del programa decorativo, y contó con un gran colaborador llamado Niccolò dell'Abate (c. 1509-1571). Junto a estos maestros trabajaron otros artistas italianos y franceses. Destaca entre la producción de estos anónimos artistas la conocida *Diana cazadora*, cuyo rostro quizá sea el de Diana de Poitiers. El retrato, también anónimo, de esta amante de Enrique II se convirtió en modelo para toda una serie de retra-

Francisco I (hacia 1530, Museo del Louvre, París), de Jean Clouet.
En todas las cortes europeas el retrato fue una constante
en la vida artística del momento.

tos mitológicos femeninos que muestran a las damas de corte desnudas, de medio cuerpo, en escenas de baño o como las protagonistas de las historias mitológicas. En algunos casos los retratos son dobles, como en el de *Las hermanas duquesa de Villiers y Gabrielle d'Estreés*. Las pinturas de Fontainebleau se caracterizaron por la artificiosidad y un cierto academicismo manierista, pero esta escuela fue un importante foco artístico que dominó el panorama pictórico francés hasta la llegada de los primeros aires caravaggistas.

Aunque durante el reinado de Francisco I el gusto italiano inundó la arquitectura, la escultura y la pintura decorativa, en el género del retrato mantuvo la tradición flamenca. Los retratos de Jean Clouet (c. 1475-1540), *Francisco I* (1525-1530), *Francisco II niño*, *Guillaume Budé*, mantienen características del retrato flamenco aunque incorpora algún ademán italiano. La retratística de su hijo François Clouet (c. 1516-1572), también nombrado pintor de cámara, sigue en la misma línea aunque los trazos son más detallados. También era pintor del rey el flamenco

Corneille de Lyon (c. 1500-1575). Sus retratos de pequeño tamaño, como el del poeta *Clément Marot* y los de algunas damas, recogen la mejor tradición flamenca y la veracidad de los rostros muestra un gran dominio de la técnica.

EL RENACIMIENTO EN LOS PAÍSES BAJOS Y ALEMANIA

La pintura flamenca del siglo XV se prolongó durante el siglo XVI en muchos aspectos. Pero esta importante tradición local comenzó a convivir con los primeros contactos italianos, apoyándose ideológicamente en el erasmismo: un movimiento humanístico nórdico, promovido por Erasmo de Rotterdam, que proponía la renovación de la religión tradicional y cuyo desarrollo ideológico derivó en la Reforma luterana. Ante esta situación, los artistas del siglo XVI respondieron de diferentes maneras.

Joachim Patinir (c. 1480-1524) y su amigo Quentin Metsys (1465-1530) fueron pintores de transición cuyas obras supusieron una alternativa a la tradición local. Patinir optó por una pintura de paisaje, con un punto de vista muy alto para conseguir una gran amplitud. El asunto religioso en pinturas como *El descanso en la huida a Egipto*, *Paisaje con San Jerónimo* o *El paso de la laguna Estigia* (c. 1480) es sólo un pretexto para ofrecer una nueva visión de la naturaleza más concreta. Metsys partía de la tradición realista y detallada pero recogía el pensamiento de Erasmo y lo orientaba hacia lo humano. En obras como *El cambista y su mujer* (1514) muestra escenas interiores de carácter costumbrista anticipándose a la pintura de género del siglo XVII.

Por otro lado, la penetración de los elementos italianizantes se produjo a través de pintores como Mabuse (c. 1472-1536) y Van Orley (1488-1541) que viajaron a Italia. Mabuse destaca por introducir a las figuras mitológicas en arquitecturas clasicistas, como *Neptuno y Anfitrite,* pero tanto las figuras como la arquitectura se alejan de las proporciones clásicas y mantienen una visión flamenca de las cosas. La obra de Van Orley es sobre todo un análisis sobre la tridimensionalidad de la pintura, centrándose en la disposición de las figuras dentro de un espacio arquitectónico clasicista: *El banquete de los hijos de Job*.

Todas estas propuestas fueron eclipsadas por la alternativa naturalista de Pieter Brueghel el Viejo (1525-1569). Su pintura fue como una crónica de la época que le tocó vivir. Su obra fue el resultado de un

proceso intelectual que, basándose en las ideas del humanismo nórdico, consiguió integrar a la perfección al hombre en la naturaleza. El novedoso planteamiento de su producción residía en mostrar escenas populares: *El combate del carnaval y la cuaresma*, *Danza de aldeanos*, *Boda de campesinos*; mitológicas como *Caída de Ícaro* y religiosas como *La torre de Babel*, y *La matanza de los inocentes*, donde lo grotesco se convierte en el elemento clave. Sus obras se convirtieron en una sátira plástica que enlazaba con la obra de El Bosco.

El retrato flamenco alcanzó una de sus cimas con Antonio Moro (1519-1576). Combinó la veracidad de tradición flamenca con gestos tizianescos y una novedosa captación de la personalidad del retratado, creando una tipología que gozó de tremendo éxito entre la burguesía flamenca y las cortes de Portugal, España e Inglaterra, destacando el *Retrato de Maria Tudor*.

Fue precisamente en Inglaterra, donde el alemán Hans Holbein el Joven (1497-1543) desarrolló su carrera como retratista. Partiendo de los esquemas clasicistas, como los presentes en el retrato del humanista *Thomas Moro*, sus retratos se fueron contagiando de elementos manieristas. Los personajes se fueron mostrando cada vez más distantes, representados con absoluto frontalismo sobre un fondo neutro: *Retrato de Enrique VIII* (1536), *Jane Seymour*, *Ana de Clèves* (c. 1540). Cuando introduce a los representados en un

El paisajista Joachim Patinir ha sido considerado como un pintor de transición: arriba, *El paso de la laguna Estigia* y abajo, *Paisaje con San Jerónimo*, los dos en el Museo del Prado, Madrid.

espacio tridimensional, como en su conocidísimo *Retrato de los embajadores* (1533), la propia perspectiva es cuestionada por la inserción de una calavera deformada en el primer plano que, además, confiere un valor simbólico de «vanitas» a todos los objetos que aparecen representados entre los dos personajes. El retrato se convertía así en una reflexión sobre la vida y la muerte.

La pintura alemana del siglo XVI giraba en torno a la Reforma luterana y a los encargos de la corte imperial católica de Maximiliano I de Austria.

La obra de Alberto Durero (1471-1528) se situó en medio de ambos ejes, aportando un lenguaje plástico plenamente renacentista que superó la arraigada tradición gótica. Durero practicó la pintura y el grabado, dándoles la misma categoría artística. Además, su producción se desarrolló a medida que lo hacían sus reflexiones teóricas, recogidas en diferentes tratados que eran ilustrados con sus grabados. Teoría y práctica alcanzaron siempre un perfecto equilibrio. Las tablas de *Adán y Eva* (1507) son un magnífico ejemplo de cómo plasmó pictóricamente los estudios sobre la belleza, la armonía y las proporciones matemáticas que llevó a cabo en su *Tratado de las proporciones del cuerpo humano*.

Otras obras como *La Virgen del rosario* (1506), *La Virgen de la pera* (1512) o *La Adoración de la Santísima Trinidad* (1511) son todo un manifiesto del Renacimiento clásico donde la perspectiva, la proporción y la simetría se combinan rigurosamente hasta alcanzar una idealizada escena clásica. Una de sus últimas obras de carácter religioso, *Los cuatro apóstoles* (1526), sólo se explica dentro del ambiente de la Reforma luterana, en la que Durero mantuvo una postura moderada próxima a la de Erasmo de Rotterdam. Cada uno de los apóstoles representa uno de los temperamentos del hombre,

Obras de Alberto Durero: arriba a la izquierda, las tablas de Adán y Eva (1507, Museo del Prado, Madrid); y sobre estas líneas, *Autorretrato* (1498, Museo del Prado, Madrid).

reivindicando la validez del mensaje evangélico, tal y como defendía su admirado Erasmo, en contra de los radicalismos de algunos reformistas que habían llegado a negar la palabra de Dios.

La religión se convirtió en el siglo XVI en un problema no sólo eclesiástico, sino también cultural. Los artistas respondieron con alternativas a menudo divergentes, como en el caso de Mathias Grünewald (1474-1828). En su obra más importante, el *Retablo de Isenheim* (1512-1515), retomó conscientemente el lenguaje gótico para acentuar el patetismo de la escena. Sus deformaciones se alejaron de todo idealismo clasicista como reflejo del ambiente reformista en el que se movía el propio autor. En cambio, la obra de Albrecht Aldorfer (1480-1538), *Descanso en la huida a Egipto* (1510), *San Jorge y el dragón* (1510-1520) y *La batalla de Alejandro* (c. 1528), opta por composiciones donde la naturaleza en movimiento se convierte en la protagonista del cuadro. La nueva visión de la naturaleza tiene un sentido panteísta en relación con

El retablo del altar de Isenheim (1512-1515, Museo Unterlinden, Colmar), la obra más importante del pintor alemán Mathias Grünewald.

determinadas corrientes filosóficas y científicas del momento.

La idea del cristianismo imperial desaparece en Alemania al morir el emperador Maximiliano. Los príncipes alemanes apoyaron la Reforma luterana, para reafirmar sus intereses independentistas frente al dominio de Carlos V. En relación con los círculos luteranos de Wittenberg y Viena se situó la obra de Lucas Cranach el Viejo (1472-1553). Sus extrañas figuras se alejaban del ideal clásico romano y crearon una personal iconografía antiidealista en la que destacaron las representaciones de *Judith*, como heroína que sustituía a la Virgen, y de *Paris* y *Venus*, como temas mitológicos, en escenas que renunciaban al paisaje y la perspectiva.

Judith con la cabeza de Holofermes (1530, Museo Metropolitan, Nueva York), de Lucas Cranach el Viejo.

El esplendor del Barroco

EL TÉRMINO «BARROCO» DERIVA DE «BARRUECO», PERLA IRREGULAR. DURANTE MUCHO TIEMPO SE LE DIO UN SENTIDO DESPECTIVO, HASTA QUE EN 1888 SE PUBLICÓ LA OBRA «RENACIMIENTO Y BARROCO», DE WÖLFFLIN, Y COMENZÓ SU VALORACIÓN POSITIVA. EL JOVEN HISTORIADOR Y ENSAYISTA SUIZO DEFINIÓ EL BARROCO COMO UN ESTILO DIFERENCIADO Y EN CLARA OPOSICIÓN RESPECTO AL RENACIMIENTO. OTROS, COMO HENRI FOCILLON, INFLUENCIADO POR LAS CORRIENTES EVOLUCIONISTAS DE HEGEL, LO DEFINIÓ COMO LA TERCERA FASE DE TODO ESTILO (PRECLÁSICO, CLÁSICO Y BARROCO), Y LO APLICÓ A TODOS LOS ESTILOS PRECEDENTES. PARA EUGENIO D'ORS, EL BARROCO ERA UNA FORMA DE ESPÍRITU QUE SURGÍA PERIÓDICAMENTE EN DIFERENTES ÉPOCAS, COMO UNA CONSTANTE HISTÓRICA, ENCONTRANDO VEINTIDÓS MOMENTOS EN LA HISTORIA DEL ARTE SUSCEPTIBLES DE SER CLASIFICADOS COMO BARROCOS.

Actualmente se considera al Barroco como un estilo brillante, que a lo largo del siglo XVII y la primera mitad del XVIII concretó su propio lenguaje, ofreciendo diversas soluciones estéticas y formales, como fruto de la sociedad y el espíritu de su tiempo. No es ni contrario ni derivado del Renacimiento; las formas eran las mismas pero cambia su composición.

A finales del siglo XVI el arte Manierista fue superado por el Clasicismo académico de los Carracci y el tenebrismo naturalista de Caravaggio. Durante el siglo XVII los diversos países recibieron el nuevo estilo y lo adaptaron a sus respectivas situaciones nacionales. Las diversas tipologías artísticas circularon por toda Europa a través de una vía triple: los viajes a Italia de artistas procedentes de diferentes países, los artistas italianos que viajaron por todo el continente y la enorme influencia de la exportación de obras y el tráfico de estampas.

Los focos artísticos barrocos contaron con diferentes patronazgos. En Italia fueron los papas, desde Roma, los que patrocinaron un arte exuberante y teatral, que obedecía al deseo de evidenciar el triunfo de la Iglesia una vez superados los rigores de la Contrarreforma, y que se convirtió en el punto de partida para el resto de Italia, Europa, América e, incluso, Extremo Oriente. El arte barroco era lo que necesitaba una Iglesia deseosa de mantener su protagonismo, y lo que precisaba un pue-

Velázquez logró con *Las Meninas* (1656, Museo del Prado, Madrid) una de las obras maestras de la pintura mundial gracias a los efectos atmosféricos del cuadro.

blo cuyas condiciones de vida eran cada vez más difíciles. La realeza española de los últimos Austrias fue otro cliente insaciable, que utilizó la protección de las artes como medio para prestigiar su política y ocultar su hundimiento. El rey Felipe IV se distinguió más por su mecenazgo artístico que por su inclinación a la política. En Francia el arte fue utilizado por los soberanos absolutistas para exaltar al Estado. Pero el arte de Luis XIV se apartó de la exuberancia italiana y optó por el arte racionalista y codificado que nació en las Academias. En Inglaterra, Flandes, Portugal y las comunidades hispanas y portuguesas de ultramar, el arte fue también objeto de protección oficial. En cambio, en Holanda, separada de España desde 1600, la clientela estuvo formada por la rica burguesía protestante que propició la aparición de una pintura de uso privado.

Los artistas continuaron siendo considerados como artesanos porque eran los encargados de transmitir los mensajes ideados por el comitente. Los programas artísticos: reales, como la decoración del Salón de reinos del palacio del Buen Retiro de Madrid; conventuales, como el que llevó a cabo Zurbarán en el convento de Guadalupe; u hospitalarios, como el del hospital de la Caridad de Sevilla, son claros ejemplos de cómo era la mente del que ideaba el proyecto y los artistas estaban sometidos a la dictadura de las ideas que estos querían transmitir. Pero durante el Barroco los artistas continuaron luchando por mejorar su condi-

La inspiración del poeta (hacia 1630, Museo del Louvre, París), de Poussin, forma parte de la reivindicación de los pintores de que la pintura tiene la misma categoría que la poesía.

ción social y económica. Los tratados reivindicaban el carácter liberal de los artistas. El caso de Velázquez, que consiguió ser nombrado Caballero de la Orden de Santiago al final de su vida, fue excepcional. Los pintores continuaron defendiendo el lema: «ut pictura poesis», que afirmaba que la pintura tenía la misma categoría que la poesía. En la obra de Poussin *La inspiración del poeta* (c. 1630-1633) aparece Apolo como dios de la poesía, acompañado por la musa de la misma Polimnia, dando indicaciones a un poeta cuya cabeza es coronada por una corona de laurel. Poussin quiere dignificar a su amigo y poeta Marino porque éste había defendido la nobleza de la pintura.

Durante el Barroco, la arquitectura, la escultura y la pintura se unieron estrechamente para crear la obra de arte total. La pintura y escultura se integraron en la arquitectura, abandonando su carácter decorativo y concibiéndose como elementos de la representación que se llevaba a cabo dentro del gran teatro arquitectónico.

El arte barroco en general, y la pintura en particular, se puede definir como una manifestación del poder establecido: el de los grandes monarcas, el de la rica burguesía protestante y el de la Iglesia triunfante. Las diferentes tendencias pictóricas respondían al deseo de glorificación o afirmación de cada uno de estos protectores. El Naturalismo sirvió a la Iglesia como instrumento de la Contrarreforma, el Clasicismo a los intelectuales, el Realismo a la burguesía y el Barroco a la Iglesia triunfante y a los monarcas absolutos.

EL NATURALISMO TENEBRISTA

El Barroco fue una revolución cultural en nombre de la ideología católica. La Iglesia romana fue la que determinó el nacimiento de este nuevo arte. En el acta de la sesión XXV del Concilio de Trento, la Iglesia expresaba su deseo de que las pinturas sacras fueran claras, sencillas y comprensibles, para que instruyesen a los fieles. Además, las interpretaciones debían ser realistas para que incitaran al pueblo a adorar y a amar a Dios, estimulando la piedad. La pintura naturalista, seductora y didáctica, utilizaba el lenguaje deseado por la Iglesia para transmitir su lenguaje doctrinal.

Caravaggio (1571-1610) fue el padre del Naturalismo. Sus obras revolucionaron el panorama pictórico italiano en las postrimerías el siglo XVI. Su pintura exaltaba lo individual y se aproximaba a lo cotidiano mostrando el camino de la salvación. El Naturalismo fue la corriente artística que tomó como modelo la realidad palpable, para aplicarla a temas históricos o reli-

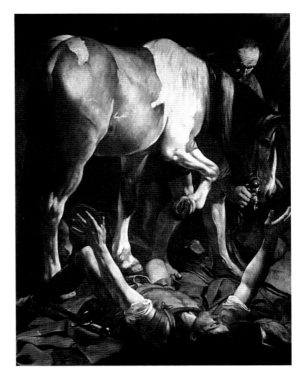

giosos. Caravaggio sustituyó los idealizados protagonistas manieristas por personajes vulgares, lo que a veces produjo el descontento del comitente. En el gran lienzo de *La muerte de la Virgen* (1605-06) que realizó para la iglesia de Santa Maria della Scala, en el Trastévere romano, la leyenda cuenta que tomó como modelo para la Virgen a una prostituta ahogada en el Tíber. La obra fue rechazada por los carmelitas descalzos, porque la Virgen era retratada como una cualquiera, con el vientre hinchado y las piernas descubiertas, de una manera poco decorosa.

La gran aportación de Caravaggio a la pintura fue el magistral uso que hizo del claroscuro. En sus primeras obras pintó figuras luminosas sobre fondos claros. A esta etapa pertenecen sus lienzos de *Baco, El muchacho del cesto de frutas, El tocador de laúd, la Magdalena, Los tramposos, El reposo de la Sagrada Familia, El sacrificio de Isaac* y *San Juan Bautista*. El tenebrismo naturalista, que ya asomaba en las dos últimas obras, adquirió su plena configuración en *San Mateo y el ángel* y la *Vocación* y el *Martirio de San Mateo*, pintadas para la capilla Contarelli de la iglesia romana de San Luis de los Franceses (1599-1602), y en la *Crucifixión de San Pedro* y la *Conversión de San Pablo*, realizados para la capilla Cerasi de la iglesia de Santa Maria del Popolo (1600-1601). Fue entonces cuando la luz se convirtió en la verdadera protagonista de sus cuadros, modelando las figuras y creando el espacio. Las escenas eran iluminadas por un único foco de luz exterior que, desde arriba, resaltaba la expresión de las manos y rostros de los personajes determinando las situaciones. Pero la luz también intervenía simbólicamente, ya que el fuerte contraste entre luces y som-

De Caravaggio son estas tres obras. A la izquierda, *Baco* (1598, Galería de los Uffizi, Florencia). Y procedentes de la iglesia Santa María del Popolo de Roma son las otras dos obras: arriba, *Conversión de San Pablo* y abajo, *Crucifixión de San Pedro*.

bras conseguía exaltar el dramatismo de las escenas, creando un gran efecto espiritual que conmovía al espectador. Caravaggio partía de la realidad, pero sus escenas eran llevadas a un plano poético que las alejaba de un vulgar realismo.

Sus posteriores obras romanas, como *El Santo Entierro*, *La Virgen de los peregrinos*, *La Virgen de Loreto*, *La Virgen de la serpiente*, *La virgen de los palafreneros*, *La muerte de la Virgen*; y sus últimas obras realizadas en Nápoles: *Siete obras de misericordia*, *David con la cabeza de Goliat*; Malta: *La degollación del Bautista* y Sicilia; supusieron la consagración del tenebrismo. Caravaggio acentuó el luminismo relampagueante en unas composiciones cada vez más grandiosas, situadas en espacios más vacíos y desolados.

La influencia de Caravaggio fue más de concepto que de forma. Los caravaggistas copiaron la realidad y no a Caravaggio. Y como la realidad era diversa, los resultados también lo fueron. Caravaggio dejó en Nápoles una sólida escuela cuyo maestro más insigne fue el español Ribera (1591-1652). Tras su primer aprendizaje en Játiva, se trasladó a Italia y antes de instalarse en Nápoles estuvo en Roma, donde le sorprendió la obra de Caravaggio; en Bolonia, donde conoció el clasicismo de los Carracci, y en Parma donde admiró la pintura de Correggio. Instalado en Nápoles se reencontró con la pintura de Caravaggio y de él tomó el naturalismo tenebrista, pero no como una meta, sino como un punto de partida para recorrer un camino personal, combinando el conocimiento de otros maestros italianos y su propio temperamento artístico. Su estilo combinó el tenebrismo con el interés por la realidad,

Entierro de Cristo (hacia 1602-1604, Pinacoteca Vaticana, Roma), de Caravaggio, considerado el padre del Naturalismo.

interpretada con serena dignidad, haciendo prevalecer la nobleza de la condición humana de los modelos. Pero los fuertes contrastes que se observan en su monumental *Calvario* (1626), para el virrey duque de Osuna; en los martirios de santos, como *San Andrés* (1628); en sus filósofos antiguos, como *Demócrito* (1630) y *Esopo* y sus personajes mitológicos, *Sileno borracho* (1626); fueron desapareciendo por la influencia del clasicismo de Domenichino y Lanfranco. *La Inmaculada* del conde de Moterrey representó esta inflexión en su carrera. En sus obras posteriores, *La bendición de Isaac* (1637), *El sueño de Jacob* (1639), *El martirio de San Felipe* (1639) y *El patizambo* (1642); su paleta se fue enriqueciendo y los fondos aclarando. En Nápoles creó una gran escuela y alcanzó la fama, contando con clientes tan importantes como los virreyes españoles y las principales instituciones religiosas. Sus pinturas llegaron a España ejerciendo una gran influencia en Zurbarán, Alonso Cano y Murillo.

En España la influencia de Caravaggio vino a acentuar la tendencia prototenebrosa que ya se dejó sentir en la obra escurialense de Navarrete y Carvajal. Cuando llegaron las creaciones italianas, a principios del XVII, sus cualidades ya aparecían en la pintura española, pero el caravaggismo las consolidó y enriqueció. A esta primera generación de artistas reunidos en torno al Naturalismo tenebrista pertenecen Bartolomé y Vicente Carducho, Eugenio Cajés, Bartolomé González, Juan Bautista Maino y Juan van der Hamen, en Madrid; y Luis Tristán, Pedro Orrente y el bodegonista Sánchez Cotán, como integrantes del núcleo toledano.

El Naturalismo y Tenebrismo de la obra de Zurbarán (1598-1664) no poseyeron ninguna connotación trágica, siendo más bien los medios que le sirvieron para acentuar el volumen puro y el dibujo preciso, que daba a las formas un aspecto geometrizante. Su estilo realista y simple fue un exponente de la sencillez y el carácter fervoroso de la vida monástica, relacionada con los ideales de la Contrarreforma. Las series monacales fueron su especialidad: los episodios de *San Pedro Nolasco*, para el convento sevillano de la Merced; los cuadros para el colegio franciscano de *San Buenaventura*, con episodios de la vida del santo (1629); y las dos grandes series para la cartuja de Jerez de la Frontera y la sacristía del monasterio de Guadalupe (1639). Trabajó para una clientela conservadora, que le llevó al éxito pero que condicionó su pintura, ciñéndola a la corrección religiosa, la ortodoxia de los temas y el decoro. No fue hábil ni imaginativo en sus composiciones, por lo que prefirió realizar escenas con pocas figuras donde no existían las referencias espaciales ni los efectos de profundidad. Sus mejores logros

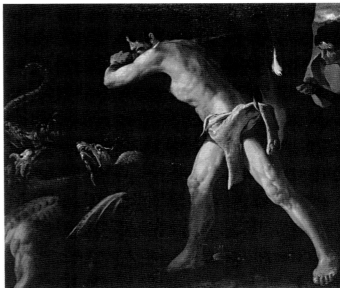

Cuadros de Zurbarán conservados en el Museo del Prado de Madrid: arriba a la izquierda, *Inmaculada Concepción* (hacia 1630); arriba a la derecha, *La aparición del apóstol San Pedro a San Pedro Nolasco* (1629); centro, *Hércules lucha contra la hidra de Jerma* (1634), y abajo, *La defensa de Cádiz* (1634).

los alcanzó en sus visiones místicas, con expresiones llenas de espiritualidad y dulzura. También realizó cuadros independientes como sus *Inmaculadas*, sus versiones de la *Virgen niña* y sus retratos a lo divino de las damas sevillanas: *Santa Casilda*, *Santa Margarita* (c. 1640). Cultivó el bodegón con la misma sobriedad y serenidad que sus santos, alcanzando tan magníficas calidades que han sido calificados como «místicos», porque cada objeto recortado en soledad es como un homenaje a la Virgen. El pintor de frailes se apartó de su habitual temática cuando fue llamado a la corte para participar en la decoración del Salón de Reinos. Allí realizó diez lienzos con *Los trabajos de Hércules* y dos victorias militares, conservándose sólo *La defensa de Cádiz*. En estos lienzos demostró su poca capacidad para el desnudo, y el escaso dominio de la perspectiva y las composiciones complicadas.

En Francia el pintor tenebrista más estimado fue Georges La Tour (1593-1652). Tras una etapa denominada «diurna», envolvió a sus cuadros en una gran oscuridad que era bruscamente cortada por una candela, que iluminaba fuertemente la zona próxima a ella y bañaba la escena de un tono rojizo. En algunas obras la llama se ve plenamente, como en *Job y su mujer* y *Mujer espulgándose*. En otras aparece algún elemento tapando el foco de luz, como ocurre en *El ángel apareciéndose a San José*, *La adoración de los pastores* y *San José carpintero*. En un tercer grupo la vela aparece reflejada en un espejo, como sucede en la *Magdalena Wrihgtsman*. En todas estas obras La Tour mezclaba elementos naturalistas con otros más esquemáticos que anticipaban lo que serían sus últimas obras, lejos del realismo de Caravaggio. En *El arrepentimiento de San Pedro*, *El recién nacido* o *San Sebastián asistido por Santa Irene* (c. 1650), sus figuras se alejan de los personajes reales que utilizaba Caravaggio y son figuraciones formales, como reflexiones plásticas, ejemplo de cómo supedita el tema al tratamiento geométrico de la composición. Utilizaba la luz para modelar los elementos y situarlos en el espacio. Es característico en sus obras el tratamiento cerrado de los volúmenes, la falta de ornamentación y el carácter totémico de las figuras.

EL CLASICISMO

A finales del siglo XVI, Aníbal Carracci (1560-1609) definió el lenguaje del Clasicismo como una corriente contraria a los excesos del Manierismo. Sus pinturas, al igual que las de su contemporáneo Caravaggio, respondían al lenguaje deseado por la Iglesia de la Contrarreforma para atraer al fiel hacia la auténtica fe. Pero, frente al Naturalismo individual y concreto, Carracci optó por las actitudes grandilocuentes, en las que el ideal se unía a la naturaleza para lograr el acercamiento al creyente tras la meditación. Entre sus pinturas, como *El llanto de las tres Marías*, la *Huida a Egipto* (c. 1604) o la *Asunción de la Virgen* (1590), sobresale la decoración del techo del Salón Grande del palacio Farnesio de Roma (1597-1599), con diferentes historias que narran los amores de los dioses. La obra tiene un gran sentido alegórico, aludiendo al poder omnipotente del amor, basándose en las metamorfosis de Ovidio y en pasajes de Teócrito. Su composición retoma la ordenación que utilizó Miguel Ángel en la capilla Sixtina, concibiendo el conjunto como una gran Cuadratura en la que colocó los «*quadri riportati*», como si fueran cuadros de caballete enmarcados en una pintura de arquitectura ilusionista. Además se dieron cita elementos diversos de la pintura italiana del siglo XVI: las anatomías hercúleas de Miguel Ángel, los escorzos en redondo de Rafael y los desnudos femeninos tizianescos. Este eclecticismo, o academicismo clasicista, fue modelo para la pintura decorativa del Barro-

Carracci narró los amoríos de los dioses en el techo del palacio Farnesio de Roma: izquierda, vista general; y derecha, *El cíclope Polifemo lanza una roca a Acis*.

co, hasta que Cortona y Giordano impusieron el barroquismo de figuras movidas.

Sus seguidores definieron el arte oficial de la primera mitad del siglo XVII. Il Domenichino (1581-1641) realizó obras para decorar diferentes iglesias romanas, como *Las historias de Santa Cecilia* para la iglesia de San Luis de los Franceses, o el fresco del *Martirio de San Andrés* para San Gregorio in Celio. Todas ellas están elaboradas con una gran claridad compositiva y rigor en el dibujo. La perfección formal del fresco *La Aurora* (1612-1614) de Guido Reni (1575-1642) proviene de Rafael. Reni expresó su ideal de perfección y belleza del cuerpo humano en sus versiones de *Hipomenes y Atalanta* (c. 1615-1625), donde aparece una poética más lírica que la de otros clasicistas. Su actitud experimental le llevó a alcanzar nuevas exaltaciones poéticas y propuestas compositivas en obras como *San Jerónimo y el ángel* o *Muchacha con Aurora* (1635). Il Guercino (1591-1666) perteneció a una generación posterior y tuvo una formación más heterodoxa. Combinó las formas clásicas del siglo XVI con el claroscuro tenebrista, dando como resultado un color oscuro, terroso con luz de incendio. Realizó los frescos de la Villa Ludovisi en Roma (1621) y su cuadro más caravaggesco fue el de *Los funerales de Santa Petronila* (1622). Francesco Albani (1578-1660) realizó una pintura mitológica-alegórica de plácido clasicismo académico, como *Danza de amorcillos* (c. 1635), que se caracteriza por su pequeño formato, fruto de la industrialización a la que sometió su producción.

Fue la pintura de Aníbal Carracci la que alimentó a toda la pintura clasicista francesa del siglo XVII, con Nicolas Poussin y Claudio de Lorena como mejores representantes. A pesar de permanecer toda su vida en Italia y no sufrir el contagio de la obra de Caravaggio, no tuvieron ningún tipo de contacto. Nicolás Poussin (1594-1665) fue el representante del intelectualismo francés que combinó un clasicismo cultural ideológico y formal. Poussin se introdujo en el círculo intelectual de Cassiano del Pozzo, secretario del cardenal Barberini, y sus pinturas se inspiraron en la literatura y la fábula clásica: *El imperio de Flora*, *El triunfo de Flora* (1627-1628), *El Parnaso* (1630), *Los pastores de la Arcadia* (1638-1639). En esta última, muestra a unos pastores hallando una tumba, cuya inscripción revela que el muerto también había habitado en ese paraíso de la Arcadia. Aunque el hallazgo entristece a los pastores, su estado de ánimo no se altera demasiado porque en su clasicismo resurge la conducta de los griegos ante la muerte. Su colorido suave y frío, con una blanca luminosidad que anuncia la luz del Rococó, su estructura compositiva equilibrada y las estáticas formas, delimitadas por el dibujo, hacen que

Paisaje con Apolo y Mercurio (1645, Galería Doria-Pamphilj, Roma), de Claudio de Lorena.

su pintura se distancie del espectador. Las mismas características se aprecian en sus temas religiosos, *Moisés salvado de las aguas* (1638), *Rebeca junto al pozo* (c. 1648). Otras veces, como en *Paisaje con Orfeo y Eurídice* (1649-1651) o en el *Paisaje con Polifemo* (1649), las figuras, que cuentan historias antiguas, son empequeñecidas ante el paisaje de composición racionalista. Los escenarios de evocadoras ruinas se convierten en paisajes para meditar, consagrando a Poussin como el fundador del paisaje histórico.

El contenido mitológico fue en la pintura de Claudio de Lorena (1600-1682) un mero pretexto para acercarse a la naturaleza. En sus obras reina la luz como el resplandor dorado, cegador, del amanecer y las puestas de sol. Su mayor éxito fueron los temas de marinas, sus escenas de costa y de puertos: *Embarque en Ostia de Santa Paula Romana* (1639), *Puerto* (1639), *El desembarco de Cleopatra en Tarso* (1643) y *Ulises devolviendo Criseida a Crises* (1644), donde consigue asombrosos contraluces que hacen centellear las olas del mar. Pone el acento en el horizonte con una perspectiva canalizada por avenidas de pintorescas arquitecturas. También fue el pintor de la campiña romana, *Fiesta campesina* (1639), *Paisaje con Apolo y Mercurio* (1645) y *Paisaje con templo de Delfos*

La Real Academia de Pintura y Escultura francesa estuvo bajo la dirección de Charles Le Brun, autor, entre otras muchas obras, de *El canciller Séguier a caballo* (1661, Museo del Louvre, París).

El óleo *La condesita de Blois haciendo pompas de jabón* (1674, Versalles), de Pierre Mignard.

El espíritu racionalista de la Francia de Luis XIV tuvo su máximo exponente en la Real Academia de Pintura y Escultura, creada en 1648 y consolidada bajo la dirección de Le Brun (1619-1690). El rey encontró en el arte de Le Brun la expresión artística de su reinado, por eso no es extraño que este arte sea llamado «Estilo Luis XIV». El academicismo fue una tendencia monótona porque defendía un arte dominado por la razón y las reglas universales. La enseñanza de la Academia estaba totalmente codificada y se basaba en una jerarquización de composiciones y coloridos. Le Brun trabajó en Versalles dirigiendo la decoración de la galería de los Espejos, de los salones de la Paz y la Guerra y de la escalera de los Embajadores, englobando las artes en un todo unitario. En medio de esta ferviente actividad decorativa, Le Brun realizó importantes composiciones como *El canciller Séguier a caballo* (1661). En este retrato destaca la captación de los rasgos psíquicos de su protector y una meditada composición de aparato, con el protagonista en el eje de la escena, flanqueado por dos grupos de tres pajes a cada lado.

El ideal académico de las últimas décadas del siglo XVII lo encarnó la obra de Pierre Mignard (1612-1695). Tras su estancia de veintidós años en la Ciudad Eterna, donde asimiló el arte de Poussin, Carracci y el Domenichino, demostró en París una gran habilidad como retratista. Inmortalizó a los más destacados miembros de la corte de Luis XIV, sobresaliendo los retratos femeninos: *Madame de Grignan*, *Madame de Sévigne* y *La condesita de Blois haciendo pompas de jabón*; y los retratos de tipo alegórico con posturas y composiciones muy amaneradas: *La marquesa de Seignelay retratada como Tetis y dos de sus hijos* (1691).

EL REALISMO HOLANDÉS

El Realismo fue la tendencia que tomaba como modelo la realidad palpable y la trasladaba al lienzo de la manera más fiel posible. Esta realidad se convirtió en el tema de la pintura en Holanda, como una autoafirmación social de la burguesía comerciante. La Holanda del siglo XVII era un país rico, donde la democracia y la descentralización gubernativa favorecieron la popularidad de la pintura y la variedad de escuelas. Como consecuencia de la iconoclastia protestante, la pintura fue fundamentalmente civil. El realismo holandés tuvo en sus temas festivos, sus escenas domésticas, sus bodegones y sus paisajes, el fiel reflejo de una sociedad cuyos valores no eran Dios o el Honor, sino el triunfo social a través del trabajo y el dinero. Las composicio-

(1650). Frente al modelado rígido de Poussin utiliza un dibujo ligero y sutil. Fue el máximo representante del paisaje ideal clasicista que buscaba la captación de la atmósfera en el momento más romántico del día.

nes realistas no fueron concebidas como un todo unitario, ya que la ideología individualista prefirió potenciar las partes por separado.

Obras de Franz Hals: arriba, *Los regentes del asilo de ancianos* (1664, Museo Franz Hals, Haarlem); abajo a la izquierda, *La gitana* (hacia 1630, Museo del Louvre, París), y abajo a la derecha, *El alegre bebedor* (1628, Rijksmuseum, Amsterdam).

El retrato reflejó perfectamente la autoafirmación del individuo o del grupo social representado. En Holanda se cultivaron los retratos privados y los de las corporaciones cívicas que se colocaban en los salones

de las reuniones. El retrato individual tuvo en el mundo burgués un sentido de autocomplacencia. Los persona-

jes no quisieron ser mitificados como héroes, sino representados como hombres orgullosos de su condición social, adquirida con el esfuerzo personal. Franz Hals (c. 1582-1666) se convirtió en uno de los mejores retratistas de la sociedad de la ciudad de Haarlem. Entre sus retratos corporativos destacan el de los *Arcabuceros de San Jorge* (1616) y el de los *Oficiales y suboficiales de la compañía de San Adrián* (1627), donde los personajes aparecen mostrando sus armas y banderas en un espectacular efecto cromático de pincelada deshecha. En el retrato de los *Regentes del hospicio de Santa Isabel* (1641) el vitalismo anterior dio paso a un intimismo que utiliza una gama de colores más fría y unas expresiones cada vez más graves que culminan en el de *Los regentes del asilo de ancianos* (1664), donde lleva a cabo un estudio individualizado de la psicología de cada personaje. Esta búsqueda de lo individual culmina en los retratos de *La gitana* (1628-1630), *La bruja de Harlem* (1633-1635) o *El alegre bebedor* (1628-1630), cuya pincelada es casi impresionista. Todos sus personajes muestran el fino humor y las buenas maneras de los holandeses mediante una plástica jovial.

La pintura de género holandesa estuvo destinada a enriquecer las casas de los burgueses, y podía encontrarse bajo diferentes aspectos. El bodegón fue el género por excelencia cultivado por los llamados maestros menores, como Heem, Pieter Claesz y Willem Heda. Frente a la composición unitaria y la abundancia de manjares que caracterizan a los bodegones flamencos, los holandeses se mostraron más realistas y austeros. En ellos se analizaban individualmente los frutos y el brillo de cada pieza de cristalería y cada objeto de metal.

Otra de las formulaciones del cuadro de género fueron las llamadas «bambochadas», cuyo nombre proviene del pintor Pieter van Laer, llamado Il Bamboccio. Estos cuadros, que tienen como antecedentes los de El Bosco y Brueghel, presentan escenas grotescas de la vida popular y campesina, donde se ridiculiza a los personajes. Entre los numerosos artistas que cultivaron este género sobresalen las narraciones sarcásticas de Van Ostade, *Descanso en la alquería*, y de Jan Steen, *Jugadores de bolos junto a una posada* y *La fiesta de San Nicolás*.

El género doméstico supuso la verdadera autoafirmación de la sociedad burguesa. Los lienzos aumen-

Vermeer dominaba los cuadros tanto de interior como los paisajes: arriba, *Mujer pesando perlas* (1662, National Gallery, Washington); centro, *Calle de Delft* (1657, Rijksmuseum, Amsterdam); abajo, *Vista de Delft* (1661, Mauritshuis, La Haya).

taron su tamaño, mientras reducían el número de personajes, y lo cotidiano se convirtió en el tema del cuadro. Frente al bullicio del pueblo llano, en las escenas de Ter Borch, Pieter Hooch y Vermeer, se respiraba una atmósfera llena de intimidad y tranquilidad. La pintura de género alcanzó su cima más alta con Vermeer de Delft (1632-1675). La luz fue el gran aliado de unos cuadros que emocionaban por su serena cotidianidad. Obras como *La cocinera* (c. 1658) o *La encajera* (c. 1665-1668) consiguen llenar de encanto poético el trabajo cotidiano. La misma disposición compositiva aparece en *Muchacha con una jarra de agua*, *Mujer pesando perlas* y *Mujer leyendo una carta*. Las figuras aparecen en un interior que se dispone en anchura, con el fondo cerrado, y la luz entra por una ventana lateral situada a la izquierda. Esta estructura se complica en sus últimas obras, como *Alegoría del arte de la pintura*. Aunque sus interiores parecen instantáneas, cada detalle está sutilmente pensado y cargado de simbolismo.

Para los holandeses el paisaje era todo lo exterior. Holanda fue la creadora del paisaje urbano, del marítimo y el de los cielos encapotados. Vermeer fue también el autor de las mejores vistas urbanas: *Calle de Delft* y *Vista de Delft* (1661). En ambos cuadros la ciu-

Obras de Rembrandt: *Autorretrato* (1669, National Gallery, Londres); *Lección de anatomía del profesor Tulp* (1631, Mauritshuis, La Haya); *Ronda de noche* (1642, Rijkmuseum, Amsterdam).

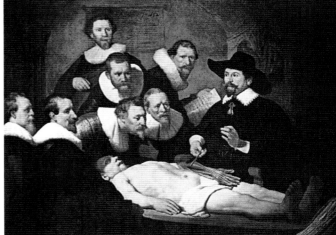

incomprensión de sus compatriotas porque tenía una gran confianza en su arte, sin importarle la evolución del gusto. Su pintura fue una crítica amarga contra una sociedad contraria a su manera de entender el arte. La grandeza de Rembrandt respondía al delicado idealismo que supo dar al poderoso realismo holandés. Fue un auténtico genio de la pintura que practicó todos los géneros y uno de los mejores grabadores de la historia. El estilo lineal y claroscurista, que dominó sus primeras pinturas de Leyle, cambió cuando se instaló en Amsterdam. La luz fue diluyendo los contornos y destacando misteriosas claridades en las minuciosas figuras. La Biblia le ofreció abundantes temas para sus pinturas y grabados. De sus obras, como el *Descendimiento* (c. 1634), emana un sentimiento de fraternidad humana y las vestimentas orientales de sus personajes contribuyen a crear una atmósfera de fantasía.

Rembrandt fue además un magnífico retratista. A lo largo de toda su carrera realizó numerosos retratos individuales, siendo especialmente interesantes sus autorretratos. Cada uno presenta una expresión diferente y se convierte en un ensayo que intenta resolver los problemas de la luz. En cuanto a los retratos colectivos, realizó magníficos cuadros de corporaciones, como la *Lección de anatomía del profesor Tulp* (1631), donde el cadáver llena de luz el centro del lienzo; la *Lección de anatomía del doctor Deyman* (1656), cuyo cadáver está inspirado en el Cristo muerto de Mantegna o su célebre *Ronda de noche* (1642) para los arcabuceros de Amsterdam. En esta última obra, en vez de buscar el gusto de sus clientes y realizar un retrato de grupo, Rembrandt

A la izquierda dos de las primeras obras de Velázquez: arriba, *El aguador de Sevilla* (hacia 1620, Museo Wellington, Londres), y abajo, *Vieja friendo huevos* (1618, National Gallery, Edimburgo). A la derecha, *Inocencio X* (1650, Galería Doria, Roma).

dad es la verdadera protagonista, los volúmenes están perfectamente ordenados y la técnica crea unas calidades materiales admirables. Los cielos dramáticos son los protagonistas de los cuadros de Jan van Goyen y Jacob Ruysdael.

El pintor que más profundizó en la pintura holandesa fue Rembrandt (1606-1669). Sufrió la

Velázquez es autor de estas obras: arriba a la izquierda, *La fragua de Vulcano* (1630, Museo del Prado, Madrid); arriba a la derecha, *La rendición de Breda* (1635, Museo del Prado), y abajo, *Felipe IV con armadura* (1625, Museo del Prado).

se satisfizo a sí mismo y compuso un cuadro de historia contemporánea, donde reina la vorágine espacial, compositiva y lumínica. Sorprende que la acción, desarrollada en pleno día, se vea envuelta en una atmósfera de tinieblas con una deslumbrante y cegadora luz. El espacio aparece saturado de figuras que muestran un repertorio de gestos y se disponen como un complejo enjambre de diagonales compositivas.

En los dos cuadros de *Bueyes desollados* (1655) llevó a cabo un estudio descarnado de la realidad. En ellos el realismo se hace dramático y son un buen ejemplo de la evolución técnica que sufrió su pintura. Los cuerpos de los animales muertos destacan sobre la oscura atmósfera, como si fueran relieves pictóricos, gracias a la fuerte iluminación y a la gruesa pincelada que acumula el pigmento sobre la superficie.

VELÁZQUEZ

Lejos de Holanda el pintor que mejor representó la libertad de la pintura fue el sevillano Diego Rodríguez de Silva y Velázquez (1599-1660). Su obra, ejemplo de continua superación, no se puede englobar en una sola tendencia, porque fue capaz de superar la línea que separa la pintura, en tanto que es instrumento para representar el mundo, de la que es un universo en sí misma. Excepcional fue su formación, su personalidad, su actitud ante la creación pictórica y las propias condiciones de su existencia. Asimismo, magnífica resultó también su producción desde el punto de vista temático y técnico. Su formación cultural fue amplia gracias a su aprendizaje con Pacheco, hombre culto y decisivo que le transmitió sus inquietudes intelectuales y que le

introdujo en la corte. Antes de ir a Madrid realizó en Sevilla una serie de cuadros de género popular, como la *Vieja friendo huevos* (1618) o *El aguador de Sevilla* (c. 1620), que se basan en un estudio del natural con un estilo tenebrista de raíz caravaggesca, utilizando un dibujo preciso y un modelado compacto. En algunas ocasiones las escenas están a medio camino entre lo popular y lo religioso: *Cristo en casa de Marta y María*, *La mulata* o la *Cena de Emaús*.

Su lenguaje cambió nada más llegar a Madrid en 1623. Su privilegiada situación en la corte favoreció su conocimiento de las colecciones reales, sus contactos con Rubens y sus viajes a Italia. El tenebrismo desapareció y dio paso a una concepción pictórica más lumi-

A la izquierda, *Juicio de Paris* (1600, National Gallery, Londres); a la derecha, *Las tres Gracias* (hacia 1630, Museo del Prado, Madrid), de Rubens.

nosa, en la que el color fue adquiriendo cada vez más protagonismo, pero no abandonó el realismo. Velázquez mantuvo a lo largo de su carrera una actitud realista que humanizaba y desmitificaba a los *Borrachos*; a los filósofos *Esopo* y *Menipo*; a los bufones y enanos de la corte: *El niño de Vallecas*, *El primo*, *Pablo de Valladolid*, *Francisco Lezcano*; al papa *Inocencio X*; a los dioses de *La fragua de Vulcano* y *Las hilanderas*; a los personajes bíblicos de *La túnica de José* y al héroe vencedor de la batalla en *La rendición de Breda*. Este último cuadro, más conocido como *Las lanzas*, formaba parte del programa iconográfico y simbólico, ideado por el Conde Duque de Olivares, para decorar el Salón de Reinos del palacio del Buen Retiro, que ensalzaba los triunfos y la gloria de Felipe IV. Velázquez realizó para el mismo salón los retratos ecuestres de *Felipe III*, *Felipe IV* y sus respectivas mujeres *Margarita de Austria* e *Isabel de Borbón*, así como el del príncipe heredero Baltasar Carlos. Todos ellos rompían con el distante y rígido formulismo de la retratística cortesana anterior.

En *Las Meninas* (1656) la perspectiva aérea alcanzó su máxima expresión, haciendo de esta pintura una de las obras maestras del arte mundial. Nadie como él supo captar los efectos atmosféricos entre los cuerpos, la irradiación de la luz y la vibración visual de los colores, utilizando una técnica fluida y sintética, que apunta las formas más que definirlas, proporcionándoles una apariencia de verdad inmediata y realidad desmaterializada. Pero además esta obra posee una grandeza especial por el carácter enigmático de su contenido. La escena se sitúa en un aposento del Alcázar de Madrid, donde Velázquez tenía su taller. Al fondo, una puerta entreabierta, en la que destaca la silueta de un hombre vestido de negro, al lado un espejo que refleja las efigies de la reina Mariana y del rey Felipe IV. En primer término a la izquierda, está el

dorso del lienzo ante cuyo anverso se sitúa Velázquez de pie, tal vez mirando a los reyes, con el pincel en su mano derecha y la paleta en la izquierda. En el centro, la infanta Margarita de cinco años, rodeada de sus doncellas de honor, llamadas meninas: María Agustina Sarmiento a su izquierda, Isabel de Velasco a su derecha y más a la derecha la enana Maribárbola acompañada del enano Nicolás de Portosanto, que posa su pie izquierdo sobre un perro. Detrás, en segundo término, aparece un hombre vestido de negro apenas abocetado, hacia quien se dirige, hablando, una mujer identificada como Marcela de Ulloa.

LA CORRIENTE BARROCA

Rubens fue el pintor barroco por excelencia. El nuevo concepto de lo pictórico, basado en la conquista del color, la luz y el movimiento, tuvo en la figura de Pedro Pablo Rubens (1577-1640) a su máximo representante. Su pintura reunía las cinco características que, según Wölfflin, definían la estética barroca: la forma abierta, que rompía con la fuerza centrípeda y el contorsionismo de las figuras renacentistas, fusionándolas con el ambiente; la composición profunda, que tenía en la perspectiva aérea su máxima expresión; la composición abierta, que hacía que todos los elementos parecieran impulsados por una fuerza interna hacia el exterior del cuadro; la composición unitaria, que se oponía a la yuxtaposición de los elementos y, por último, la composición oscura, que creaba el difuminado de las formas por la interacción de las mismas.

Para llegar a configurar este nuevo lenguaje sensorial, Rubens ensayó diferentes técnicas pictóricas, que combinaban su admiración por los artistas de la centuria anterior y sus propias necesidades expresivas, mientras completaba su formación cultural y científica. Su personal fórmula plasmada en el *Tríptico del descendimiento* (1612), para la catedral de Amberes, le proporcionó popularidad y reconocimiento. La escena presenta un movimiento contenido gracias a la simbiosis de la fuerte diagonal del cuerpo de Cristo y la sinuosidad del resto de los personajes. A partir de entonces le llovieron los encargos y realizó numerosos cuadros de asuntos devotos, como *La erección de la Cruz* (1610), *El Juicio Final* (1615), *La caída de los condenados al infierno* (1620), *Cristo entre los dos ladrones* (1620) o el *Tríptico de San Ildefonso* (1630). Su espíritu profano le hizo moverse a sus anchas en los lienzos de tema mitológico: *Sileno borracho* (1616-1618), *El rapto de las hijas de Leucipo* (1616-1618), *El combate de las amazonas* (1619), *Las tres gracias* (1630) y *El juicio de Paris* (1638-1639). Sus retratos revelaban sólo la apariencia y lo físico. También cultivó el paisaje, convirtiendo a sus *Jardines del amor* en el germen de las fiestas galantes de Watteau.

La pintura de Rubens era un magnífico instrumento para la propaganda del poder político, porque el esplendor de su pintura respondía a la imagen que querían proyectar sus clientes. Este aspecto unido a sus misiones diplomáticas en España, Francia e Inglaterra, le llevaron a realizar importantes encargos, como el ciclo para la galería de María de Médicis en el palacio parisino de Luxemburgo, o la serie de pinturas que le encargó Felipe IV para la Torre de la Parada, aunque en este vasto programa participaron muchos ayudantes, entre los que se encontraba Jordaens.

Al frente de los discípulos de Rubens se sitúa Antonio van Dyck (1599-1641), el pintor que retrató a la aristocracia. Si la pintura de su maestro resaltaba el aspecto biológico del hombre, Van Dyck valoraba al individuo socialmente. Para ello retrataba a sus modelos con una pose especial, llena de gracia y delicadeza, resaltando las vestimentas. Sus inconfundibles manos, delgadas y puntiagudas, caían sin fuerza afeminando las figuras. Los grises fueron utilizados por él frecuentemente, lo que hizo que sus colores perdieran luminosidad. Los últimos años de su vida los pasó en Inglaterra como pintor de cámara de Carlos I. Realizó un retrato del monarca a caballo, donde el rey aparece como un emperador romano atravesando un arco de triunfo. Pero el más famoso es el que presenta al rey de

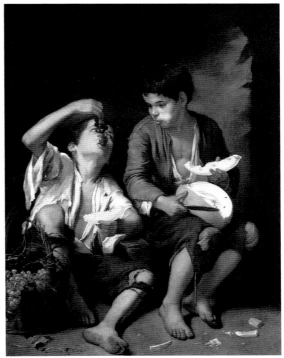

San Juan Bautista niño (hacia 1670, Museo del Prado, Madrid) y *Dos niños comiendo melón y uvas* (hacia 1645, Alte Pinakothek, Munich), de Murillo.

cuerpo entero y al cuarto delantero del caballo, mostrando al monarca más como un hombre que como un dominador del mundo (1635). Sus numerosos discípulos prolongaron su característico estilo.

Hacia 1630, la Iglesia espiritual de la Contrarreforma dio paso a la Iglesia triunfante que, consolidada políticamente, se había convertido en la capital supraterritorial del cristianismo católico. Esta Iglesia del poder dejará de ser solo didáctica e intentará autoafirmarse a través de las formas plásticas. Las obras de

In ictu oculi (1672, Hospital de la Caridad, Sevilla), de Juan de Valdés Leal.

arte comenzaron a buscar una estética festiva, rebosante de vitalidad, acorde con sus deseos de glorificación y solemnidad. Esa sed de triunfo hizo que los techos de los edificios se llenaran de frescos que formaban composiciones unitarias, dominadas por un sentimiento plenamente barroco. Giovanni Lanfranco (1581-1647) inició este tipo de pinturas en San Andrea della Valle y en la catedral de Nápoles. En Roma Pietro da Cortona (1596-1669) inauguró una escuela de decoradores que utilizaban una estética plenamente barroca. Decoró los techos del palacio Barberini, del palacio Pitti y la iglesia de Santa Maria in Valicella. Su estilo fue continuado por el napolitano Luca Giordano (1632-1705) que pintaba a gran velocidad con una técnica ligera. Sus frescos más importantes los realizó para la escalera y la iglesia de El Escorial y el Casón del Buen Retiro en Madrid. La pintura ilusionista consiguió expresar el sueño barroco de dominar el espacio infinito, gracias a las impresionantes decoraciones del jesuita Andrea del Pozzo (1642-1709) en la iglesia de San Ignacio, y Baciccia (1639-1709) en las bóvedas de la iglesia del Gesù. En todos estos frescos se combinaban conceptos alegóricos mitológicos y emblemáticos, propios de la cultura simbólica del siglo XVII, que plasmaban el triunfo de la religión católica.

En España la corriente barroca tiene en Sevilla y Madrid a sus máximos representantes. Bartolomé Esteban de Murillo (1617-1682) fue uno de los mejores

Doña Mariana de Austria (1669, Museo del Prado, Madrid), de Juan Carreño de Miranda.

intérpretes del sentir católico de su tiempo. Si en el periodo anterior se había optado por la heroización de los santos y la retórica exaltada, Murillo aproximó la religión al pueblo realizando una pintura sentimentalista que humanizaba lo divino. En sus obras de juventud, como *La sagrada familia del pajarito* (c. 1650), las escenas se caracterizan por su monumentalidad formal, los detalles realistas y la cálida iluminación tenebrista. Pero tras su paso por la corte en 1658, su pintura fue cambiando a medida que lo hacía su propia sensibilidad. Hacia 1660 sus lienzos comenzaron a mostrar una mayor riqueza cromática y lumínica, una pincelada suelta y vaporosa, una admirable capacidad compositiva y un tratamiento idealizado de los modelos. Su *San Francisco y el crucificado* (c. 1668) materializa la idea abstracta del amor divino o la unión mística con Jesucristo, que desclava uno de sus brazos para abrazar al santo por haber renunciado a las cosas terrenales. El mismo misticismo aparece en *San Antonio contemplando al Niño*, para la catedral de Sevilla. Los temas que más contribuyeron a su fama fueron las representaciones de la *Virgen con el Niño* y sus *Inmaculadas* de aniñados rostros. Su aportación temática más original fueron las escenas infantiles, probablemente derivadas de la pintura nórdica. Se distinguen los niños sacros, rebosantes de ternura, como en *El divino pastor* (1655-1660), *San Juan Bautista niño* (1660-1670) o *Los niños de la concha*, y los que aparecen en escenas costumbristas alegres y desenfadados, *Dos niños comiendo melón y uvas* y *Niños jugando a los dados* (c. 1670).

La plenitud del Barroco cubrió el reinado de Carlos II. Las formas triunfales se pusieron al servicio de una situación política abocada al fracaso, con una monarquía que se tambaleaba. El pintor más exaltadamente barroco fue el sevillano Valdés Leal (1622-1690). Su temperamento violento le llevó a realizar una pintura que encumbraba lo desagradable y lo macabro, tal como demuestra en las *Postrimerías* para la iglesia del hospital de la Caridad de Sevilla (1672). Estos dos lienzos se inspiraron directamente en la obra *El discurso de la verdad*, escrita por el comitente del programa de la iglesia, don Miguel de Mañara, y representaban la idea del fin miserable de la vida humana. En uno de los lienzos aparece la muerte, como un esqueleto, apagando la vida, representada como una vela. En el otro, la vanidad de la vida se materializa en la carne corrompida y comida por los gusanos, que representan a todos los poderes del mundo. Su estilo es dinámico y colorista, al igual que en otros cuadros como la *Flagelación* o las *Tentaciones* para el monasterio sevillano de San Jerónimo. Como bodegonista realizó vanitas soberbias, además de practicar el grabado y el aguafuerte.

La teatralidad de Rubens y del Barroco italiano se dejaron sentir también en el foco madrileño durante la segunda mitad del siglo XVII. Juan Carreño de

Miranda y Claudio Coello fueron los pintores de cámara de Carlos II. La técnica deshecha asoma en los retratos que Carreño de Miranda (1614-1685) realizó del rey *Carlos II* cuando era un niño, de la regente *Doña Mariana de Austria*, de la *Marquesa de Santa Cruz* o del *Duque de Pastrana*. Todos ellos demuestran que Carreño fue el mejor imitador del estilo de Van Dyck en España. La figura cumbre de este periodo fue Claudio Coello (1642-1693). Entre sus conjuntos decorativos destacan los frescos de la iglesia de San Roque de Zaragoza y entre sus lienzos de altar el de la *Adoración de la Sagrada Forma,* para el monasterio de El Escorial (c. 1685-1688), por su riqueza cromática, la soltura técnica y el interés por los efectos escenográficos. Con un sentido plenamente teatral dispuso una galería de retratos en un espacio surgido de la ilusión óptica que parece prolongar la arquitectura real de la sacristía. La obra refleja la intensa religiosidad que se vivía en la España del siglo XVII.

EL ARTE DE LOS SENTIDOS

La pintura del siglo XVIII fue la que mejor representó la dispersión del Barroco y el inicio del arte de la Ilustración. Fue una época contradictoria, que se caracterizó

Abajo, *Embarque para la isla de Citera* (1717, Staatliche Museen, Berlín), y la derecha, *Pierrot* (1717-1719, Museo del Louvre, París), de Jean-Antoine Watteau.

François Boucher firmó estos cuadros: arriba, *Desnudo en reposo* (1752, Alte Pinakothek, Munich); en el centro, *Rinaldo y Armida* (1734, Museo del Louvre, París); abajo, *Retrato de Madame de Pompadour* (1756, Alte Pinakothek).

por la libertad y la originalidad. El Rococó fue el arte de la aristocracia y de la alta burguesía, en un momento en que lo civil primaba sobre lo religioso. Fue entonces cuando el comercio de las obras de arte sustituyó a la pintura por encargo real. El artista se independizó del rey, pero la antigua relación de mecenazgo que mantenían fue sustituida por la que desde entonces mantuvo con el vendedor o marchante. El artista se sintió libre e hizo realidad plástica lo imposible, transformando la razón en ilusión y lo material en etéreo. Aunque no todos los artistas del siglo XVIII optaron por esta estética rococó, eligiendo en ocasiones otras formulaciones más realistas.

La pintura rococó se inició en Francia con Antoine Watteau (1684-1721). Los dos primeros tercios del siglo XVIII supusieron para la pintura francesa una época gloriosa, y Watteau fue su más genuino pintor. Su pintura ilustró el ambiente que se vivía en la corte y las altas clases sociales del Siglo de las Luces, como si fuera un cronista. Tras la apariencia fría y sensual de sus cuadros hay una captación de la realidad. Una realidad que parte de la pintura de género holandesa, pero que sustituye el intimismo burgués por una sociedad elitista, feliz y despreocupada, que se divierte en parques y teatros. Watteau creó el género de las fiestas galantes donde las escenas de baile y seducción se desarrollaban en un paisaje. El famoso *Embarque para la isla de Citera* (1717), obra emblemática del rococó francés, *Gilles* o *La comedia italiana*, representaban escenas de ambiente teatral. En sus pinturas utilizó una técnica basada en rápidas pinceladas multicolores, que conseguían una pintura refinada y de buen gusto que huía del efectismo barroco. La ruptura con la tradición barroca y clasicista, en los temas y la técnica, fue una demostración del compromiso que adquiría con la sociedad de su tiempo.

Esta búsqueda de lo íntimo y delicado hizo que la mujer se convirtiera en la protagonista de las escenas. *La tienda* (1772), de Luis Paret y Alcázar (1746-1794), es un buen ejemplo de cómo la mujer se convirtió en el centro de atención. Este pequeño cuadro se ha comparado muchas veces con *La tienda de Gersaint* (1720), de Watteau, y en ambas escenas se percibe una atmósfera de exquisita intimidad resuelta con una técnica preciosista rococó, que refleja el gusto cortesano de la época.

Bodegón del besugo (1772, Museo del Prado, Madrid), de Luis Meléndez, conocido por pintar bodegones.

Retrato de Luis XIV (1702, Museo del Prado, Madrid), de Rigaud.

En *Embarque para Citera* la mujer se representa como una esposa ideal, complaciente con los deseos de su esposo. Pero este papel se transformará en la pintura de Boucher y Fragonard. François Boucher (1703-1770) se inspiró en la pintura de Correggio para pintar a bellas mujeres desnudas envueltas en telas sedosas, como por ejemplo su *Desnudo en reposo* (1752), *Rinaldo y Armida* (1734) y *Diana en el baño* (1742). La mujer se convirtió en un objeto erótico, pero sus atrevimientos llevaban siempre un toque de distinción. Utilizó una tonalidad lechosa con suaves toques rosados. Entre sus retratos destaca el de su gran clienta *Madame de Pompadour*. La obra de su discípulo Jean Honoré Fragonard (1732-1803) prolongó el espíritu rococó durante la segunda mitad del siglo XVIII, reflejando a la sociedad frívola y decadente que favoreció el estallido de la Revolución francesa. No le interesaban los detalles sino captar el ambiente de un instante fugaz. El juego amoroso se convirtió en su tema favorito. *El columpio, El amante coronado* o *El beso robado* son ejemplos del erotismo velado que se esconde bajo el juego.

El juego infantil estuvo representado por una tendencia pictórica más realista y cotidiana, encarnada por Chardin (1699-1779) en obras como *El niño de la perinola* (c. 1741) o *Joven dibujante* (1737). Fue el máximo representante del género intimista, que representó el mundo burgués con una atmósfera y unas calidades tan extraordinarias que le acercan a Vermeer. También realizó escenas domésticas, como *La madre laboriosa*, y magníficos bodegones donde los valores morales y pictóricos quedaban plasmados sin tener que recurrir a la religión o a la mitología.

Paseo matinal (1785, National Gallery, Londres), de Thomas Gainsborough.

Arriba a la izquierda, *Autorretrato* (1745, Tate Gallery, Londres), arriba a la derecha, *Los criados del pintor* (1750, Tate Gallery, Londres) y abajo, *La vendedora de camarones* (1745, National Gallery, Londres), de William Hogarth.

La tradición del bodegón realista tuvo también en el español Luis Egido Meléndez (1716-1780) un gran representante. Sus sobrias naturalezas muertas, como *Bodegón con salmón* (1772), son un reflejo de lo cotidiano. En ellas cada objeto está perfectamente individualizado, y se convierte en protagonista gracias a un sólido dibujo que logra plasmar las diferentes texturas y los más mínimos detalles.

La plasmación de la cotidianeidad de la época se reflejó también en el género del retrato. A medida que avanzaba el siglo se abandonó el retrato aúlico aparatoso y ampuloso, como el de *Luis XIV* (1701) de Hyacintre Rigaud, y los pintores se decantaron por una representación más natural de los modelos. Louis-Michel Van Loo retrató a *La familia de Felipe V* (1743) valorando a cada individuo con sus propios rasgos. Los reyes, Felipe V e Isabel de Farnesio, están acompañados por sus hijos, los futuros Fernando VI y Carlos II, y sus esposas. Todos ellos aparecen escuchando un concierto y no posando. Los retratos de Largillière (1656-1746) *Retrato de Voltaire, Isabel de Beauharnais, La bella de Estrasburgo* (Madame de Grignan) (c. 1730) se encuentran más próximos a la estética dieciochesca, convirtiéndose en el retratista de la burguesía parisina. Maurice Quentin de La Tour (1704-1788) utilizó el pastel para realizar sus retratos. Esta técnica le sirvió para plasmar la psicología de los personajes en retratos llenos de frescura que captaban el instante fugaz, como el que muestra a *Madame de Pompadour* sentada ante una mesa, sosteniendo unas partituras, girando la cabeza hacia el otro lado, como si algo solicitara su atención.

En Inglaterra la estela dejada por Van Dyck derivó en un retrato elegante, familiar y amante de la belleza. Joshua Reynolds (1723- 1792) retrató a la alta sociedad inglesa, *Comodoro August Keppel* (1752), *Nelly O'Bryan* (1760-1762), con una técnica que se apropió de lo que más le gustaba de las escuelas europeas. Sus retratos supieron captar las más variadas personalidades, desde la idealización o el carácter heroico de *Lord Hethfield*, hasta el intimismo de sus retratos infantiles, como el de la pequeña *Miss Jane Bowles* o *Master Hare* (1788). Fue posiblemente el pintor y teórico más importante del siglo XVIII en Inglaterra, que se

atuvo a las doctrinas clásicas sobre la imitación de la naturaleza como objeto de arte.

Los retratos de su contemporáneo Thomas Gainsborough (1727-1788) muestran a los personajes de forma sensible, bella y natural, en contacto con la naturaleza. Su interpretación suelta del color y sus abocetados paisajes de fondo, le convirtieron en un prece-

Canaletto pintó estos dos cuadros: a la derecha, *El Gran Canal cerca de Santa María de la Caridad* (1726, colección privada), y abajo, *Plaza de San Marcos* (1735-1740, National Gallery, Washington).

Concierto de mujeres (1782, Alte Pinakothek, Munich),
de Francesco Guardi.

dente del Romanticismo e Impresionismo, tal y como demuestran *Lady Howe* (1764), *Paseo matinal* (1785) y *El muchacho de azul* (1770).

Los retratos más personales y originales fueron los de William Hogarth (1697- 1764). Sus personajes, como *La vendedora de camarones* (1745) o *Los criados del pintor* (1750), se muestran orgullosos de su condición social, y completamente ajenos a la idea de posteridad que implica el retrato. Hogarth fue uno de los pintores ingleses más polémicos de los años centrales del siglo XVIII. Junto a sus interesantes retratos, inauguró en su país la pintura en serie, en la que cada cuadro era como un capítulo de un libro. En cada uno de ellos se acercaba a la vida cotidiana a través de la pintura de género. Estas pinturas críticas, irónicas y moralistas fueron como una crónica de las costumbres de su época. Las historias se desarrollaban como si fuesen comedias, en una especie de escenario con personajes estereotipados, que encarnaban tipos de la época. *La carrera de una prostituta* (1731) narra las aventuras de una ingenua muchacha que llega a Londres; *La carrera del libertino* (1733) cuenta cómo el joven Tom Rakewell malgasta una herencia en todo tipo de vicios; *El matrimonio a la moda* narra la trágica historia de dos cónyuges que se casan obedeciendo una decisión familiar. La técnica de todos sus cuadros recoge sobre todo la influencia del Rococó francés, aunque el espíritu de Hogarth es ya el propio de la Ilustración.

El siglo XVIII descubrió la poética del paisaje, tanto del exterior como del urbano. Gainsborough fue el mejor representante del paisaje como género indivi-

dualizado, que continuaba con la tradición iniciada en Holanda. Obras tan conmovedoras como *El carro del mercado* (1785) o *Caballos de tiro bebiendo en el arroyo* establecen las bases del paisaje romántico de Constable.

El género del paisaje urbano de la veduta fue la gran novedad del siglo XVIII. La ciudad de Venecia se convirtió en la protagonista de estos cuadros. Sus antecedentes se remontan a la obra de Gentille Bellini y Carpaccio, pero estos lienzos se vieron obligados a reducir su tamaño ante la gran demanda, ya que eran comprados por los turistas, sobre todo ingleses, para llevárselos como recuerdo. Los viajeros querían una imagen lo más fiel posible de lo que habían visto, lo que hizo que los artistas optaran por unas vistas lo más detalladas posibles con perspectivas mucho más profundas. Sus escenas combinaban la realidad con la teatralidad, como si fueran un capricho, porque los edificios representados no eran un fiel retrato de Venecia. Eran pinturas creíbles pero no reales. Los vedutistas oscilaron entre el verismo y racionalismo de Canaletto y los recuerdos melancólicos de Guardi. Canaletto (1697-1768) utilizó una técnica precisa y detallada, junto a un rico colorido y una purísima luz, en obras como *Santa Maria della Salute* (1725), *La plaza de San Marcos* (1744), *El embarcadero de San Marcos* (1735) o *Vista del Gran Canal* (1735). Al compararlas con las vedutas de Guardi (c.1755-1765), muchas de ellas homónimas, como la

Vista del Gran Canal, Santa Maria della Salute o *Vista del Gran Canal entre Santa Lucía y el Carmen Descalzo, San Giorgio Maggiore*, se aprecia en este otro gran vedutista, una pincelada más nerviosa y expresiva, heredera del Rococó. Esta técnica abocetada, que otorga ligereza y livianidad se observa también en sus cuadros de costumbres, como *Concierto de gala en el casino dei Filarmonici* (1782), que narran la vida superficial de la refinada sociedad que sólo buscaba divertirse huyendo de los problemas reales.

El arte religioso perdió su carácter propagandístico y adquirió también un aire hedonista. Los grandes artistas, salvo Tiépolo, no cultivaron este género. El artista veneciano (1696-1770), considerado como un maestro del Rococó italiano, fue el colorista por excelencia, alternando los temas paganos con los religiosos. El estudio de Veronés le permitió crear un estilo propio a base de transparentes relaciones entre el color y la luz, y una gran destreza para diseñar el espacio y la perspectiva. Esto le consagró como uno de los mejores fresquistas de la historia, aunque también realizó algunos cuadros de caballete, como *La Inmaculada* para la iglesia de San Pascual de Aranjuez. Sus frescos están repletos de imponentes arquitecturas, que se proyectan hacia los cielos inmensos e intensamente azules. Tiépolo decoró diferentes edificios de Milán y Venecia con relatos, como las *Historias de Zenobia*, en el palacio Zenobio de Venecia (c. 1717); la *Apoteosis de Esci-*

Arriba, *Inmaculada Concepción* (hacia 1769, Museo del Prado, Madrid), de Tiépolo. A la izquierda, *Río dei Mendicanti* (sin fecha, Accademia Carrara, Bérgamo), de Francesco Guardi.

pión, en el techo del salón del palacio Casati (1730); las *Historias de Antonio y Cleopatra*, para el palacio Labia de Venecia (1747-1750) o la decoración de la villa Valmarana de Vicenza (1757). Pero, además, fue solicitado por las cortes europeas, trabajando en el palacio real de Wüzburg (1752) y en el palacio real de Madrid (1762). En este último realizó la *Apoteosis de Eneas* en la sala de Guardias y la *Gloria de la monarquía española* en la sala del Trono, donde representa alegóricamente las conquistas de ultramar en una gran composición propagandística.

La época de las revoluciones

L A PINTURA DEL SIGLO XIX FUE EL RESULTADO DE UNA
NUEVA MANERA DE PENSAR QUE HUNDÍA SUS RAÍCES EN
LA CENTURIA ANTERIOR, Y CUYO SISTEMA DE VALORES ORIGINÓ
EL NACIMIENTO DEL HOMBRE MODERNO. LA DOCTRINA ILUSTRA-
DA DEL SIGLO XVIII GENERÓ IMPORTANTES CAMBIOS SOCIALES,
POLÍTICOS Y ECONÓMICOS, QUE MODIFICARON NOTABLEMENTE EL
PANORAMA DE EUROPA Y DEL NUEVO MUNDO. LA CAÍDA DEL
ANTIGUO RÉGIMEN, LA REVOLUCIÓN FRANCESA Y LA REVOLU-
CIÓN INDUSTRIAL PROVOCARON UNA GRAN INQUIETUD EN LA
SOCIEDAD, Y ESTO AFECTÓ AL MUNDO DEL ARTE. LA INSEGURI-
DAD DE LA ÉPOCA HIZO QUE LOS ARTISTAS BUSCARAN CONSTAN-
TEMENTE NUEVAS FORMAS ARTÍSTICAS, CONVIRTIENDO AL SIGLO
XIX EN UN PERIODO ARTÍSTICAMENTE ECLÉCTICO QUE ARRANCA,
SIMBÓLICAMENTE, CON EL ESTALLIDO DE LA REVOLUCIÓN FRAN-
CESA EN 1789 Y TERMINA CON LAS PRIMERAS PINTURAS DE
CÉZANNE EN 1880.

El estudio de las numerosas corrientes artísticas de este periodo comienza con el Neoclasicismo y
el Romanticismo, movimientos que parecen contrarios. Si, por un lado, el Neoclasicismo supuso la búsqueda de la belleza, de la perfección formal, a partir de
la vuelta a las raíces clásicas; por el otro, el Romanticismo se centraba en la investigación de las experiencias estéticas a las que no podía aplicarse el concepto
clásico de belleza. El arte neoclásico, identificado con
la razón de los ilustrados, intentaba manifestar los
valores eternos y universales, mientras que el arte
romántico, determinado por la pasión y los sentimientos, defendió como norma la propia sensibilidad del
artista. Sin embargo, las dos tendencias aparecieron
muchas veces entrelazadas y a medida que avanzaba el
siglo XIX, el Neoclasicismo se iba haciendo más sentimental y el límite que las separaba se fue haciendo
cada vez más borroso.

A mediados del siglo XVIII, vieron la luz dos
libros, cuyas ideas ejercieron una enorme influencia
dentro del panorama artístico hasta mediados del
siglo siguiente. Se trataba de la obra de Johann Joachim Winckelmann *Reflexiones sobre la imitación
del arte griego en la pintura y la escultura* (1755) y
de *Indagación filosófica sobre el origen de nuestras
ideas acerca de lo bello y lo sublime*, de Edmund
Burke (1757).

Los fusilamientos del 3 de mayo de 1808 en Madrid
(1814, Museo del Prado, Madrid), de Francisco de Goya.

LA SENCILLEZ Y SERENA GRANDEZA DEL NEOCLASICISMO

El nacimiento de la pintura neoclásica se gestó en dos centros principales: París y Roma. La *Enciclopedia* francesa de Diderot fue el corpus teórico de la Ilustración, que orientó el arte en sentido racional, rechazando la superficialidad del Rococó y el efecto ilusionista del Barroco. Además asignó a la pintura un valor didáctico y moralizante y consideraba imprescindible el conocimiento científico de las fuentes clásicas. Tanto los temas como los motivos clásicos habían sido utilizados en el arte desde el Renacimiento, pero los ilustrados deseaban resucitar los modelos de la Antigüedad, porque pensaban que estos encarnaban las nobles virtudes y con ellos se podía perfeccionar el mundo. Por eso el nuevo estilo fue llamado en su época el «verdadero estilo». El término «neoclásico», utilizado actualmente, no fue empleado hasta más tarde, con cierto sentido despreciativo, porque se le consideraba una corriente carente de originalidad.

El cosmopolitismo y el espíritu enciclopédico se extendieron rápidamente por Inglaterra, Alemania,

El rapto de Psique (1808, Museo del Louvre, París), de Prud'hon.

Italia y, más tarde, por España; pero el primer arte antibarroco se desarrolló en Roma. A mediados del siglo XVIII se reunieron en la cuna del Clasicismo coleccionistas, intelectuales y teóricos para revisar los valores antiguos, no sólo en sus aspectos formales sino en los morales. La Ciudad Eterna también fue un centro de atracción para un grupo de pintores integrado por el bohemio alemán Antonio Rafael Mengs, la suiza Angelica Kauffmann, el italiano Pompeo Batoni, el francés Joseph Marie Vien, el escocés Gavin Hamilton y el americano Benjamin West. Todos ellos fueron los encargados de asentar las bases del nuevo estilo y de difundirlo por Europa.

El principal teórico del nuevo Clasicismo fue Winckelmann, un esteta alemán que estaba instalado en Roma. Sus *Reflexiones sobre la imitación del arte griego* proponían una vuelta a la Antigüedad, basándose en la asociación entre los juicios estéticos y los morales y políticos. Reivindicó la superioridad del arte griego por considerarlo el único que había conseguido el equilibrio entre el naturalismo y el idealismo, dando como resultado un arte de «una noble sencillez y una serena grandeza».

La pintura de Antonio Rafael Mengs fue la expresión plástica de las teorías de Winckelmann. Su fresco del *Parnaso*, realizado en 1760 para la villa romana del cardenal Albani, que eligió a Winckelmann como bibliotecario, se ha considerado el paradigma del primer neoclasicismo, ajeno a cualquier dramatismo o tensión. Mengs situó a las figuras en paralelo al plano pictórico, como si fueran un relieve escultórico, suprimiendo cualquier referencia espacial. De hecho el Apolo que preside y ordena la escena, se inspira directamente en el Apolo del Belvedere, considerado por Winckelmann como el ideal de belleza griega. Para realizar esta escena, Mengs se inspiró en los dibujos que se habían llevado a cabo en las excavaciones de Herculano, ciudad que al igual que su vecina Pompeya había quedado sepultada por el Vesubio en el año 79 a. C. En el año 1738 comenzaron las excavaciones arqueológicas en Herculano bajo las órdenes de Carlos VII de Nápoles, el futuro Carlos III de España, con el fin de ampliar su colección particular de obras de arte. Diez años más tarde continuaron las excavaciones en la ciudad de Pompeya.

Las obras de Batoni, *Apolo y las musas*; Vien, *La vendedora de amores* y Kauffmann, *Cleopatra en la tumba de Marco Antonio*, son totalmente neoclásicas en cuanto a la elección de los temas, pero ofrecen una imagen fría e intelectualizada, sin el vigor del Neoclasicismo maduro. Las de Hamilton y West se mostraban, en cambio, como un preámbulo del nuevo estilo que encumbraría el gran pintor francés Jacques-Louis David.

Las obras de la época romana de Gavin Hamilton, que había sido retratista en Inglaterra, hacían hincapié en el rigor arqueológico, inspirándose en los relieves clásicos y en la pintura de Poussin. Sus pinturas de los años sesenta ejercieron una enorme influencia por toda Europa a través de los grabados que realizó Domenico Cunego de ellas, como el *Dolor de Andrómaca*, *Bruto jurando vengar la muerte de Lucrecia* o *El rapto de Helena*.

El americano Benjamin West llegó a Roma en 1760. Allí permaneció tres años antes de instalarse en Londres, donde fue uno de los miembros fundadores de la Royal Academy en 1768. Sir Joshua Reynolds, fundador y primer director de la Academia, recomendaba a los artistas que aprendieran las reglas del arte antiguo, porque eran las únicas eternas y trascendentales. Este nuevo estilo era el que expresaban las obras de West, como *Agripina desembarcando en Brindisi con las cenizas de Germánico* (1767). Al igual que en el *Parnaso* de Mengs, las figuras están dispuestas en un plano paralelo al pictórico y aparecen modeladas como un relieve antiguo. De hecho, los personajes del grupo central están directamente basados en los dibujos del Ara Pacis, que había realizado durante su estancia romana. El fondo arquitectónico de la escena reduce la sensación de profundidad, adelantándose a los espacios davidianos.

La nueva estética definida en Roma fue tomada por la burguesía francesa como un arma de combate contra la aristocracia rococó, que gozaba de amplios privilegios y riquezas frente a los demás estamentos, y el artífice que mejor definió esta nueva tendencia pictórica fue Jacques-Louis David (1748-1825). Tras unos comienzos rococós, ganó el Prix de Roma y permaneció en aquella ciudad desde 1775 hasta 1781 en contacto con la escultura antigua, el arte renacentista y las teorías de Winckelmann y Mengs. Desde entonces su trayectoria se convirtió en un testimonio de los agitados episodios históricos que vivió Francia. Sus obras realizadas en la década de los ochenta: *Belisario pidiendo limosna* (1781), *Andrómaca llorando la muerte de Héctor* (1783), *El juramento de los Horacios* (1784), *La muerte de Sócrates* (1787) y *Los lictores trayendo a Bruto los cuerpos de sus hijos* (1789); demostraron su gran habilidad para convertir los temas históricos antiguos en ejemplos moralizantes, que transmitiesen la idea de que las virtudes de la Antigüedad era válidas y debían ser imitadas por sus coetáne-

Morfeo e Iris (1811, Museo Hermitage, San Petersburgo), de Guerin.

os. Todas estas imágenes llevaban a la cima la expresión del Neoclasicismo estoico, austero y contenido, especialmente las tres últimas, donde el estoicismo se mezcla con el espíritu de sacrificio. En *La muerte de Sócrates*, David recoge el momento en que el filósofo griego elige morir, bebiendo un vaso de cicuta, antes que renegar de sus ideas. En *Los lictores trayendo a Bruto los cuerpos de sus hijos*, la figura del primer cónsul romano de la República aguanta contenidamente el drama personal en el momento en que recibe los cuerpos sin vida de sus hijos, condenados a muerte por él mismo, por haber conspirado contra la República.

La obra que le llevó a la fama fue *El juramento de los Horacios*, considerada como el manifiesto indiscutible del Neoclasicismo. Aunque ha sido identificada con los objetivos revolucionarios de la burguesía francesa, no está clara la intencionalidad del propio David. El deseo de los ilustrados de educar al pueblo coincidió en un momento histórico con los intereses de la corona, que intentaba fomentar el respeto de los súbditos hacia el Estado. Por eso esta obra, posteriormente considerada como revolucionaria, fue encargada por la casa real.

De Louis Girodet de Roussy-Trioson son estos tres cuadros: arriba a la izquierda, *La apoteosis de los héroes franceses muertos acogidos por Fingal* (hacia 1801, Museo Nacional de Rueil); arriba a la derecha, *Los funerales de Atala* (1808, Museo del Louvre, París), y sobre estas líneas, *El sueño de Endimión* (1791, Museo Metropolitan, Nueva York).

La principal aportación de David fue la síntesis equilibrada que logró entre la forma y la expresión. Los intelectuales de París y Roma quedaron asombrados y encantados ante esta obra, expuesta en el Salón de 1785, porque respondía a sus expectativas, presentando el modelo de «*exemplum virtutis*» pero libre de toda retórica. El tema, tomado del *Horacio* de Corneille y de las *Décadas* de Tito Livio, representa el conflicto entre el deber y el sentimiento, y supone el sacrificio de los intereses individuales frente a los ideales de justicia y

libertad. La escena narra el momento en que los tres hermanos horacios juran ante su padre luchar contra los tres hermanos curacios, para defender la ciudad de Roma. Este grupo heroico representa la fuerza masculina y contrasta con las sentimentales y relajadas figuras femeninas que aparecen durmiendo a la derecha. La composición está perfectamente equilibrada. Las figuras de gran tamaño aparecen dispuestas como un friso en bajorrelieve, y los grupos están claramente separados e insertados en un espacio arquitectónico, de tal manera que a cada grupo le corresponde una arcada al fondo. Destaca el dibujo de trazo firme, que delimita fuertemente los contornos de las formas, y la luz caravaggesca que crea el volumen y hace que los personajes parezcan esculturas antiguas. David sustituye las curvas y volutas por líneas rectas, las superficies de sensuales texturas por esculturales formas lisas y los colores pasteles por intensos colores de reducida, pero cálida gama.

Las pinturas históricas de David de los años ochenta fueron imitadas en las décadas siguientes por sus discípulos y colaboradores, entre los que destacaron los españoles Juan Antonio Ribera, *Cincinato abandonando el arado para dar leyes a Roma* (1806), y José Madrazo, *La muerte de Viriato*, *La muerte de Lucrecia* (1808). Ambos fueron discípulos de David en París y triunfaron en Roma antes de regresar a España, tras la invasión napoleónica e introducir el estilo neoclásico en el foco madrileño.

Todas estas obras continuaban otorgando un mensaje moral a los temas antiguos. Sin embargo, la pintura de historia, considerada entonces como el género más noble, comenzó a sufrir algunos cambios, cuando algunos pintores trasladaron los «*exemplum virtutis*» a historias que habían ocurrido pocos años atrás. Obras como *La muerte del general Wolfe* (1770), de Benjamin West, y *La muerte del mayor Peirson* (1782-1784), de Copley, fueron pioneras en plasmar episodios de la historia contemporánea. La pintura de West recogía una historia ocurrida once años antes, cuando el general James Wolfe moría en los llanos de Abraham, tras haber derrotado a los franceses y conquistado Nueva Francia para Inglaterra. El hecho de que narrara un episodio de la historia reciente y los personajes fueran vestidos de manera contemporánea, escandalizó al presidente de la Royal Academy, Sir Joshua Reynolds. Pero la escena de West no perdió la nobleza ni la dignidad, que se exigía a las pinturas de historia, al utilizar la iconografía cristiana del Descendimiento o de la Piedad en el grupo de figuras centrales. De esta manera establecía un paralelismo entre el héroe muerto por la patria y el sacrificio de Cristo.

Este mismo procedimiento fue utilizado años más tarde por David, tras el compromiso que adquirió con el proceso revolucionario a partir de los acontecimientos del verano de 1789. Su *Marat muerto* (1793) ha sido calificado como una «Piedad laica». Es como un icono revolucionario donde la figura de Cristo ha sido sustituida por el mártir contemporáneo. Su figura destaca sobre el fondo sombrío gracias al uso del claroscuro caravaggesco, que dota a la escena de un intenso dramatismo. Marat aparece muerto, en la bañera, sosteniendo la carta que permitió a Charlotte Corday introducirse en su habitación y asesinarle. David introdujo pequeños detalles que le sirvieron para mostrar las grandes virtudes que poseía este radical jacobino, la pobreza y la caridad. La pobreza a través del zurcido de la sábana o el sencillo cajón de madera, que aparece junto a la bañera. La caridad gracias al billete que se encuentra sobre esta humilde mesa, junto a una nota que explica que el dinero iba destinado a la viuda de un héroe muerto por defender la revolución.

EL CAMBIO DE SIGLO

El Neoclasicismo davidiano fue abandonado por algunos discípulos del maestro y otros artistas neoclásicos como Prud'hon. La severidad de las líneas rectas y puras a la griega fueron contagiándose de elementos manieristas y barrocos, que acabaron con la austeridad y la sencillez iconográfica neoclasicista. Una vez llegó al poder la burguesía revolucionaria, ésta se olvidó de sus principios y comenzó a demandar un arte más recargado y suntuoso que recuperaba las anteriormente criticadas curvas del siglo XVIII. Los temas preferidos por la burguesía decimonónica fueron muy diversos. Desde las escenas mitológicas cargadas de erotismo a la manera de Correggio: *El rapto de Psique*, de Prud'hon; *Cupido y Psique* (1798), de Gérard; *El sueño de Endimión* (1791), de Girodet; *Fedra e Hipílito* (1802) o

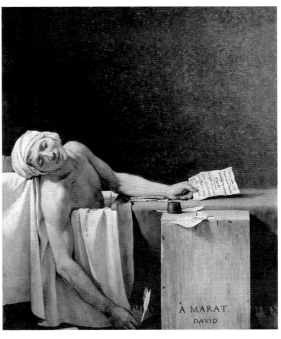

Jacques-Louis David pintó: arriba, *La muerte de Sócrates* (1787, Museo Metropolitan, Nueva York); en el centro, *La intervención de las Sabinas* (1799, Museo del Louvre, París) y *La muerte de Marat* (1793, Museo de Bellas Artes, Bruselas).

Napoleón en la batalla de Eyla (1807, Museo del Louvre, París), de Antoine-Jean Gros.

Morfeo e Iris, de Guerin; hasta las escenas fantasmales con figuras extrañas: *La apoteósis de los héroes franceses muertos acogidos por Fingal* (1801), dedicada a Napoleón por Girodet; pasando por las alegorías: *La justicia y la venganza persiguiendo al crimen* (1808), de Prud'hon; las escenas llenas de sentimientos melancólicos o patéticos: *Safo en Leucadia* (1801), de Gros y las historias católicas influidas por Chateaubriand: *Los funerales de Atala* (1808), de Girodet.

Ni siquiera el mismo David fue fiel a su estilo. Los quince meses que pasó en la cárcel, en el año 1795, tras la caída de Robespierre, le hicieron cambiar su posición política y nada más salir comenzó a realizar *La intervención de las sabinas* (1799). En esta monumental pintura narraba un episodio de la historia romana, retomando el sentido de su pintura de historia de la década de los ochenta, pero abandonaba el verismo y la austeridad iconográfica que caracterizaban su estilo. La sabina Hersila aparece en el centro de la composición separando al romano Rómulo y al sabino Tatio. Los contemporáneos de David interpretaron este gesto de paz como una llamada a la reconciliación de los franceses después de los numerosos crímenes revolucionarios.

La admiración que sentía David por los héroes de la Antigüedad fue sustituida por la figura de Napoleón, personaje por el que se sintió fascinado y al que le unió una gran amistad. El primer Cónsul fue retratado por David en *Napoleón cruzando los Alpes* (1801) como un héroe moderno de rostro tranquilo, bellamente idealizado, sobre un exaltado caballo, cuyo ímpetu

ordena la composición en una diagonal ascendente. Hombre y animal representan la fuerza y la inteligencia formando un todo. David se fue olvidando de las antiguas estructuras simétricas a base de verticales y horizontales y su estilo se fue haciendo más teatral y romántico, aunque sin abandonar la linealidad que caracterizaba a las obras neoclásicas. Poco después realizó la enorme *Coronación de Napoleón y Josefina* (1850-1807) recordando el solemne acto que había tenido lugar en el interior de la catedral de Notre Dame ante la presencia del papa Pío VII. David recoge el momento en que Napoleón después de autocoronarse, excluyendo al papa, se dispone a coronar a su mujer, que aparece idealizadamente rejuvenecida. La ceremonia es observada por los altos dignatarios, que se encuentran detalladamente individualizados bajo el enorme candelabro, y por la rica aristocracia, ricamente ataviada con brocados y joyas.

Pero el que fue, sin duda, el mejor pintor de hazañas napoleónicas fue Gros. Este discípulo de David acompañó a los ejércitos franceses, convirtiéndose en un verdadero cronista de las empresas llevadas a cabo por Napoleón. En *La batalla de Nazareth* (1801), *Napoleón visitando a los apestados de Jaffa* (1804) o *Napoleón en la batalla de Eylan* (1807), representa al emperador como un héroe moderno, enlazando ideológicamente con el Neoclasicismo estoico del primer David; pero formalmente, sin embargo, el

severo Neoclasicismo fue sustituido por el dinamismo y la expresividad teatral barroca.

Fueron las pinturas que realizó Francisco de Goya y Lucientes (1746-1828) sobre la Guerra de la Independencia las que supusieron un mayor cambio en la pintura de historia a principios del siglo XIX. En *La carga de los mamelucos en la Puerta de Sol el 2 de mayo de1808* y *Los fusilamientos del 3 de mayo de 1808*, realizadas en 1814, dos años después de que regresara Fernando VII, Goya también se convierte en un cronista de la guerra, pero rompe con la triunfante visión cortesana que adoptaban los artistas anteriores y no celebra el acontecimiento bélico. Narra los episodios desde otro punto de vista, porque él mismo se convierte en un testigo comprometido que denuncia la barbarie. La guerra deja de ser el espacio donde se consagraban las historias de héroes virtuosos y pasaba a ser un escenario lleno de violencia e irracionalidad, donde el pueblo llano se convertía en el protagonista. El mismo sentido se encuentra en su serie de grabados titulados *Los horrores de la guerra*, realizados entre 1810 y 1820, pero publicados mucho más tarde, con el nombre de *Los desastres de la guerra*, por la dura crítica que efectuaba de la Iglesia y el poder absoluto del rey Fernando VII.

El lienzo de *Los fusilamientos del 3 de mayo* se ha convertido en un manifiesto por la libertad en contra de la opresión. Los soldados no muestran sus rostros, y los vencidos aparecen en diferentes actitudes, bien muertos en el suelo, bien esperando a la ejecución o bien en el instante en que van a morir. El contraste entre luces y sombras confiere un aire lúgubre a la

Arriba a la izquierda, *El coloso* (1808-1812); arriba a la derecha, *La maja desnuda* (1797-1800), y abajo, *La condesa de Chinchón* (1800), de Francisco de Goya, todos en el Museo del Prado, Madrid.

escena, pero la víctima vestida de claro destaca, atrayendo la mirada, gracias al fuerte impacto de luz que recibe del farol. Su firme postura con los brazos exten-

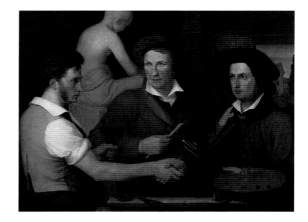

Autorretrato con su hermano Rudolf y con el escultor Thorvaldsen (1815-1816, colección privada), de Whilhelm Schadow.

intentaba imponerse desde las academias defendiendo exhaustivos programas didácticos, surgió una fuerza paralela que huía de la norma y la razón. Los acontecimientos sucedidos en Francia a finales del siglo XVIII demostraron a los europeos que el mito de la felicidad que predicaban los ilustrados era un embuste. Ante este panorama en Inglaterra y Alemania las creaciones literarias y artísticas buscaron otras fuentes de inspiración y sustituyeron la Antigüedad clásica por la Edad Media.

El pasado medieval, anteriormente considerado oscuro y bárbaro, fue redescubierto gracias al nacimiento de la sensibilidad romántica que valoraba las ruinas góticas. Inglaterra fue el país donde empezó el renacer medieval y durante la segunda mitad del siglo XVIII, los jardines pintorescos de moda contaban con la decoración de ruinas góticas y se construyeron casas de campo siguiendo esta misma estética.

El medievalismo se convirtió a finales del siglo XVIII en un medio que reivindicaba diferentes intereses religiosos y patrióticos. En 1802 Chateaubriand publicó su obra *El genio del cristianismo*, donde el gótico se convertía en un símbolo de la renovación religiosa tan necesaria en la Francia de esos momentos. Pero fue en Alemania donde surgió primero esa unión entre lo gótico, lo nacional y lo religioso. Desde que Goethe quedara fascinado en 1773 ante la catedral de Estrasburgo, los poetas alemanes como Novalis, Herder, Tieck y los hermanos Schlegel comenzaron a divulgar la idea de que la verdadera alma germánica era la que se había manifestado durante la Edad Media.

Esta idea fue retomada por un grupo de pintores alemanes que abandonaron la Academia de Viena y

Arriba, *El triunfo de la religión sobre las artes* (1829-1840, Museo Hermitage, San Petersburgo) y abajo, *Germania e Italia* (1811-1828, Neue Pinakothek, Munich), de Johann F. Overbeck.

didos, que quizá tenga una connotación religiosa, contrasta con la de los compañeros que tratan de esconderse ante su inminente muerte.

MEDIEVALISMO Y RELIGIÓN

En la segunda mitad del siglo XVIII Europa no miraba sólo hacia la Antigüedad y, mientras el Clasicismo

Retrato de Clara Bianca von Quandt (1820, National Galerie, Berlín), de Julius Schnorr von Carolsfeld.

Fresco de *El Juicio Final* (1836-1839, Ludwigskirche, Munich), de Peter von Cornelius.

fundaron en 1809 la hermandad de San Lucas, en un intento por volver a los antiguos gremios. En 1810 se instalaron en el convento de San Isidoro de Roma y comenzaron a ser conocidos con el nombre de «nazarenos», por la estética y el régimen de vida que llevaban. Frente a la Europa laica y revolucionaria, los nazarenos vivían y trabajaban en comunidad, como los primeros cristianos, practicando una estética homogénea que era compartida por todos los del grupo. Sus cuadros religiosos y alegóricos retomaron el estilo de Durero, Rafael y los pintores del Quattrocento italiano.

Los fundadores de esta hermandad fueron Johann Friedrich Overbeck (1789-1869) con *Retrato de Franz Pforr* (1810), *El triunfo de la religión sobre las artes* (1831) y Franz Pforr (1788-1812) con *La entrada de Rodolfo de Habsburgo en Basilea* (1808). Pforr murió dos años después de llegar a Roma, pero Overbeck se convirtió en una especie de patriarca para los jóvenes artistas centroeuropeos que se adhirieron, como: Peter Cornelius, que fue llamado «el mejor de los pintores cristianos» por obras como *El Juicio Final* o la decoración de la gliptoteca de Munich; Whilhelm Schadow: *Autorretrato con su hermano Rudolf y con el escultor Thordvaldsen* (1815); Philipp Veit, que decoró junto a Schadow la casa Bartholdi, con frescos que

La entrada de Rodolfo de Habsburgo en Basilea (1809-1810), Stadlesches Kunstinstitut, Frankfurt), de Franz Pforr.

Primer ensayo de Tiziano (1856-1857, Aberdeen Art Gallery),
de William Dyce.

los pintores nazarenos catalanes, como Claudio Lorenzale o Espalter. Fue en Inglaterra donde los ecos nazarenos tuvieron más repercusión. El escocés William Dyce (1806-1864) contactó con ellos en Roma y su estilo fue evolucionando hasta aproximarse al ideario de los prerrafaelitas con obras como *Paolo y Francesca* (1837), *Getsemaní* o *Primer ensayo de Tiziano*.

El deseo de espiritualidad y la concepción del arte como una experiencia religiosa fueron las bases sobre las que descansó la obra del británico William Blake (1757-1827) y la del alemán Philipp Otto Runge (1777-1810), aunque formalmente sean muy distintas. Blake afirmaba que Dios se le aparecía desde que era un niño y que sus representaciones se apoyaban en este poder visionario. Dentro de su trayectoria como pintor, destacan las ilustraciones que realizó de la Biblia y *La divina comedia* de Dante, así como de otras obras de Shakespeare y Milton. Su estilo se encuentra a medio camino entre el Neoclasicismo y el Romanticismo, y sus obras son difíciles de entender porque contienen interpretaciones personales y simbólicas del universo, las leyes que lo rigen y el lugar que ocupa el hombre en la Creación. La obra de Philipp Otto Runge, máximo representante del Romanticismo alemán junto a Friedrich, responde a la búsqueda de la plasmación de lo invisible, y para ello también utilizó un lenguaje personal místico-simbólico, como muestra en el lienzo *La mañana* (1808) o *Cristo sobre el lago de Tiberiades* (1806), convirtiéndose en precursor de los prerrafaelitas y el Simbolismo.

EL DESPERTAR DE LA PASIÓN Y LA SENSIBILIDAD ROMÁNTICA

No existió una filosofía propiamente romántica, pero las bases de su estilo nacieron de una nueva concepción del hombre y de la naturaleza que tuvieron su origen en los filósofos alemanes del siglo XVIII: Kant, Fitche Schelling y Novalis, y en los escritores ingleses. Immanuel Kant afirmaba en *la Crítica del juicio* (1790) que era imposible establecer una idea de belleza universal, ya que el juicio estético era subjetivo y cada uno tenía su propio ideal de belleza. Fitche consideraba que «todo es yo», por lo cual la naturaleza carecía de vida y cobraba sentido al ser animada por el hombre. Schelling, en cambio, admitía la existencia de un mundo exterior, objetivo, que se expresaba como el opuesto al mundo interior, subjetivo. Consideraba que el primero era el que debía estudiar la ciencia, mientras que el segundo era el mundo de los sentimientos y de la imaginación que debía ser estudiado y expresado por las artes. Novalis planteaba la contemplación y la utiliza-

narraban la vida de José y Julius Schnorr von Carolsfeld: *Retrato de Clara Bianca von Quand* y *Las bodas de Caná*. La imagen nazarena más representativa fue el lienzo realizado por Overbeck titulado *Germania e Italia* (1811-1828), en la que aparecen dos figuras femeninas, una rubia y otra morena, encarnando a las dos naciones que, además, se proyectan en los paisajes que se divisan detrás de ambas. Su actitud cariñosa alude a una idílica unión entre las culturas alemana e italiana, como la que existía antes de que irrumpiera en Europa la Reforma luterana.

Mientras Overbeck permanecía en Roma, los nazarenos llevaron por toda Europa el nuevo estilo durante los años treinta, cosechando grandes éxitos. En Italia su impronta se dejó sentir en el grupo de los Puristas encabezado por Tommaso Minardi (1781-1861). En España Pablo Milà i Fontanals fue discípulo de Overbeck y Minardi en Roma. Se convirtió en el ideólogo de

ción de la naturaleza porque el yo y el mundo eran como dos mitades inseparables.

Mientras Winckelmann proponía el retorno a la Antigüedad como fuente de belleza, el escritor inglés Edmund Burke publicó en 1757 un libro titulado *Indagación filosófica sobre el origen de nuestras ideas acerca de lo sublime y lo bello*, que frente a la belleza como fuente de placer, contraponía la sublimidad como una nueva categoría estética. Su obra concretaba el significado del término «sublime» que durante la primera mitad del siglo XVIII había ido adquiriendo diferentes significados. Burke consideraba que las ideas de dolor eran mucho más potentes que las que procedían del placer y, por eso, todo lo relacionado con lo terrible, que sobrecogía al hombre, era una fuente de lo sublime. De esta manera, Burke establecía las bases de un arte que se basaba más en el poder asociativo de las imágenes, que en sus cualidades formales.

La obra de Burke proporcionaba numerosos ejemplos de sublimidad derivados de los accidentes geográficos y de la literatura. Pero durante la segunda mitad del siglo XVIII el deseo de representar lo sublime, aquello capaz de despertar el terror y el sentimiento de elevación espiritual, fue uno de los objetivos de la pintura que se oponía a la belleza y tranquilidad neoclásica. La noción de Burke sobre lo sublime, abría las puertas a un arte de naturaleza anticlásica que exploraba diferentes caminos pictóricos. Entre todos ellos destacó el camino escogido por Goya y Füssli, que optaba por indagar en el interior del hombre buscando su lado irracional.

En un siglo que estaba regido por la razón, la original obra del suizo Füssli (1741-1825) se caracterizó por un tratamiento formal que se separaba del clasicismo imperante, debido a la gran influencia miguelangelesca, de posturas manieristas, y a una temática que reflejaba un mundo de pasiones, fantasías y sueños que liberaban el lado oscuro e irracional de la mente humana. Por eso, tanto sus cuadros que narran leyendas mitológicas escandinavas y griegas, como las ilustraciones de textos de Milton, Shakespeare, Dante u Homero, ejemplos de literatura sublime según Burke, se llenaron de seres fantásticos y amenazadores. Su obra más conocida fue *La pesadilla*. Realizó cuatro versiones, la primera en 1781, y presenta a una mujer tendida sobre un lecho en una postura de clara recepción sexual con un extraño ser sentado sobre su vientre. De la oscuridad que rodea la escena emerge un caballo, símbolo sexual masculino, cuyos ojos en órbita delatan su estado de excitación. La imagen funde el mundo fantástico, erótico, onírico y terrorífico.

La pesadilla (1782, Goethes Elternhaus, Frankfurt), de Johann Heinrich Füssli.

Un tema muy parecido fue plasmado por el español Francisco de Goya en un dibujo titulado *El caballo raptor*, incluido en la serie de los *Disparates*. Tras sufrir una larga enfermedad en 1792, Goya comenzó a interesarse por el lado irracional del ser humano. En los dibujos que integran Los *Caprichos* (1799), como el famoso e inquietante *El sueño de la razón produce monstruos*, desfilan diferentes seres horrorosos, que todavía no son amenazadores sino más bien irónicos. Estas estampas le servían para realizar una crítica de la sociedad de su tiempo. A medida que su salud y la situación política empeoraban, el lado oscuro se fue apoderando de sus pinturas, como *El coloso* (1809-1810), y sus dibujos, la serie de estampas conocidas como los *Disparates* (1816), hasta crear las perturbadoras *Pinturas negras* que decoraban su propia casa cerca del Manzanares, llamada la «Quinta del sordo» (1820-1822). Estas pinturas murales presentaban un mundo cerrado a cualquier esperanza, con temas llenos de una ironía agresiva. Las realizó para sí mismo trabajando con absoluta libertad, lo que le permitió dar rienda suelta a su tormentosa fantasía, exteriorizando un mundo caótico. Una de las más famosas y espeluznantes es la imagen de *Saturno devorando a sus hijos*, como alegoría del poder que traiciona sus propios principios. Así era como se sentía Goya, desengañado ante el fracaso de los ideales ilustrados del «siglo de las luces».

El libro de Burke también inspiró a un tipo de pintura que se basaba en el terror que transmitía la lucha entre el hombre y los animales, la lucha por la supervivencia frente a la naturaleza hostil, tal y como demuestran las versiones que realizó Benjamin West

de *La muerte sobre el caballo blanco* (desde 1783 hasta 1817). En una época en que triunfaba el Neoclasicismo davidiano, West retomaba las composiciones barrocas y se anticipaba en varios años a las pinturas de Géricault y Delacroix.

LOS ROMÁNTICOS FRANCESES

Los acontecimientos políticos acaecidos en Francia entre la caída de Napoleón y la Revolución de 1848, introdujeron en los artistas franceses una nueva forma de sentir, que les empujó a descubrir el reino de la subjetividad y la imaginación huyendo de la realidad. El periodo de la Restauración, iniciado en 1814 con Luis XVIII, fue una época llena de problemas que terminó con la Revolución de julio de 1830, año en que Delacroix realizó *La libertad guiando al pueblo*. El descontento popular continuó durante la dinastía de los Orleans, iniciada con Luis Felipe. En 1848 el rey fue destronado, se instauró la II República en Francia y se publicó el Manifiesto comunista de Marx y Engels.

Las agitaciones políticas se trasladaron al terreno artístico, con el enfrentamiento entre dos concepciones estéticas: la pintura lineal y equilibrada de

Delacroix es el autor de estos dos cuadros: a la izquierda, *La recaudación de impuestos en Arabia* (1863, National Gallery, Washington); a la derecha, *Mujer con loro* (1827, Museo Bellas Artes, Lyon).

Ingres, que defendía el dibujo académico, frente a la de Delacroix y sus seguidores, que buscaban la expresividad y el movimiento basándose en el ritmo del color. Pero aunque en la pintura romántica se manifiesten características contrarias a la pintura neoclásica, no se la debe considerar como una oposición al clasicismo, sino como el producto de la evolución de todos los deseos y sentimientos subjetivos, que habían permanecido olvidados por la razón.

La pintura romántica francesa arrancó con la *Balsa de la Medusa,* de Théodore Géricault (1791-1824). Esta obra, realizada y presentada en el Salón de 1819, ampliaba los límites de la pintura de historia narrando un acontecimiento contemporáneo que, además, recogía el momento en que el hombre intentaba sobrevivir enfrentándose a la naturaleza. *La Medusa* fue un barco francés que se hundió frente a las costas de Senegal por la incompetencia del capitán. Había pocos botes salvavidas y murió toda la tripulación, excepto quince supervivientes que fueron rescatados doce días después por otro navío. Esta tragedia originó un escándalo político y la opinión pública acusó al gobierno de los Borbones de no preocuparse por el bienestar de sus súbditos. Géricault se unió a la causa, y realizó esta monumental obra que recogía el instante en que los quince supervivientes piden ayuda a un barco que pasa sin verlos. Para ejecutar la obra, Gériault llevó a cabo toda una investigación previa, interrogando a los supervivientes, estudiando cadáveres, visitando el manicomio para plasmar el tormento físico y psicológico e, incluso, llegó a construir un

modelo de balsa en su estudio. La composición piramidal de la escena culmina en la figura del negro, que
agita frenéticamente un pañuelo pidiendo ayuda mientras una luz caravaggesca ilumina a los supervivientes
apelmazados sobre la balsa, mostrando un dramático
mosaico de actitudes y cuerpos que reflejan la influencia de Miguel Ángel.

Después de dedicarse a pintar carreras de caballos durante su estancia en Inglaterra, la gran capacidad
de Géricault para plasmar las diferentes psicologías
humanas quedó patente de nuevo en una serie de retratos de enfermos mentales. Estas imágenes intentaban
demostrar la relación entre la mente del individuo y sus
rasgos faciales, siguiendo las investigaciones del psiquiatra Étienne Georget. Retratos como el de *La loca*,
El loco, *El cleptómano* o *El envidioso*, encarnan diferentes pasiones que dominan al hombre y que son capa-
ces de originar un estado demencial.

Pero el pintor romántico por excelencia, el que
mejor supo plasmar las pasiones humanas, fue Eugène
Delacroix (1799-1863). El espíritu romántico se percibe ya en la primera obra que expuso en el Salón de
1822, *Dante y Virgilio en los infiernos* (1822). La fuerza expresiva con la que se aferran a la barca los condenados recuerda a la de los supervivientes de *La balsa
de la Medusa*, de su condiscípulo Géricault. Cultivó la
temática literaria pero sin olvidarse de los acontecimientos contemporáneos. La guerra de la independencia griega inspiró a Delacroix la creación de *La matanza de Quíos* (1824). El lienzo condenaba la masacre
llevada a cabo por los turcos, contra un pueblo que
defendía su libertad. Esta obra fue expuesta en el Salón
de 1824 junto a *El carro del Heno* del inglés Constable.
Al contemplarla, Delacroix decidió modificar el fondo
de su pintura y se marchó a Londres.

El descubrimiento de la pintura inglesa provocó
un cambio en su estilo que se manifestó en *La muerte
de Sardanápalo* (1828), inspirada en los versos de Lord
Byron. El ímpetu romántico estalla en esta dinámica
escena llena de violencia y sexo. Delacroix organiza la
imagen alrededor de una diagonal que comienza en la
impasible figura del emperador asirio, arriba a la
izquierda, y que termina con el musculoso esclavo
dando muerte a una de las voluptuosas mujeres del
monarca, que contempla impasible la fatal orgía de
amor y muerte.

Pero no sólo cultivó la temática literaria y exótica. El levantamiento del pueblo francés contra la
monarquía borbónica el 27 de julio de 1830, en el que
participó el propio artista, fue plasmado en su famoso

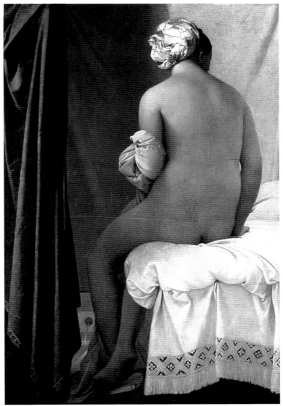

De la paleta de Ingres nacieron estos cuadros: arriba, *Antiocos y
Estratonice* (1840, Museo Condé, Chantilly), y abajo, *La bañista de
Valpinçon* (1808, Museo del Louvre, París).

lienzo titulado *La libertad guiando al pueblo* (1830).
La mujer que lleva la bandera francesa, en el vértice de
la pirámide compositiva, es una alegoría de la República. Las tres figuras que la acompañan representan las
diversas edades del hombre, y las diferentes clases
sociales a las que pertenecen. La escena se corresponde con el relato del escritor Alejandro Dumas: «El campesino, el artista y el golfillo iban juntos a combatir
como si se conociesen hace veinte años». Dos años

También del prolífico Ingres son: arriba a la izquierda, *Madame Moitessier* (1856, National Gallery, Londres); arriba a la derecha, *Paolo y Francesca* (1846, Barber Institute, Birminghan), y abajo, Retrato de *Madamoiselle Rivière* (1806, Museo del Louvre, París).

después, su viaje por España y el norte de África le llevó a introducir la temática oriental en la pintura romántica: *Las mujeres de Argel, La recaudación de impuestos en Arabia, Mujer con loro*, con una paleta más luminosa de colores rojizos. La mayor aportación de Delacroix a la pintura fue su utilización del color y la pasión expresiva. Aplicó a sus lienzos un cromatismo puro de tonalidades fuertes que se alejaba de la naturaleza, y se anticipaba a los impresionistas en el empleo de colores complementarios. Su sentido del color era una muestra del nacimiento de la libertad del artista que, desde entonces, dio rienda suelta a su imaginación huyendo de los corsés academicistas.

En la otra cara de la moneda se encontraba el mejor discípulo de David, Jean-Auguste-Dominique Ingres (1780-1867). Su obra le convirtió en el gran defensor de la tradición clásica de la Academia. Su enfrentamiento fue más allá de la rivalidad personal, ya que ambos eran exponentes de la eterna disputa teórica sobre la superioridad del dibujo o el color, protagonizada en el siglo XVI por Tiziano y Miguel Ángel y en el siglo XVII por Rubens y Poussin. Delacroix encarnaba el Romanticismo rebelde y colorista frente al Clasicismo académico y lineal de Ingres. Ambas tendencias quedaron visiblemente reflejadas en las obras que presentaron en el Salón de 1824. Mientras Delacroix exponía *La matanza de Quíos*, Ingres exhibía *El voto de Luis XIII*. En la elogiada obra de Ingres aparecía Luis XIII poniendo a Francia bajo la protección de la Virgen de la Asunción, tras vencer al duque de Sajonia en 1636. Pero el Clasicismo de Ingres no era el de su maestro David sino el de Rafael, cuya obra conoció durante su larga estancia en Italia, y para la realización de esta obra se inspiró en su *Madona del Foligno* (1512).

El éxito de su pintura le convirtió en el retratista preferido por la alta sociedad: *Monsieur Rivière*, *Mademoiselle Rivière*, *Madame Moitessier*, *Madame de Senones*, *Condesa d'Haussonville*. En todos ellos Ingres combina elementos de representación y de abstracción, consiguiendo una original unión entre lo real y lo ideal, la preocupación que dominará todo el arte del siglo XX. Ingres se centra en la representación de las formas y las texturas de todos los elementos eliminando el rastro de la pincelada. Las mismas características se aprecian en sus cuadros históricos y alegóricos, pero en estos casos el Clasicismo formal va acompañado de una temática romántica: *El sueño de Ossián* (1813-1835) basado en el legendario guerrero y poeta gaélico del siglo III; *Júpiter y Tetis* (1811), inspirado en la *Ilíada* de Homero; *Ruggiero y Angelica* (1819), que representa un fragmento del poema caballeresco de Ariosto *Orlando furioso*; *Paolo y Francesca* (1819), donde plasma un episodio del Infierno de *La divina comedia* de Dante. Los temas de la historia romana han sido sustituidos por otros ligados a la fantasía y las leyendas históricas.

Sus imágenes más conocidas son sus escenas de baño y de harén, donde demuestra su gran dominio del desnudo femenino. Creó un repertorio de elegantes y sensuales figuras femeninas de pieles marmóreas, como *La bañista de Bayona* (1807), *La bañista de Valpinçon* (1808), *La gran odalisca* (1814), *Interior de un harén con odalisca, tañedora y guardián* (1839) o *El baño turco* (1848-1864). El tema de todas estas pinturas manifestaba la inclinación romántica hacia lo oriental, que puso de moda el exotismo de los cuerpos desnudos femeninos. Todas ellas expresan a la perfección la preocupación estilística de Ingres por la línea perfecta antes que el espacio o el color.

UNA MIRADA NUEVA SOBRE EL PAISAJE

La existencia de un paisaje neoclásico fue un hecho extraordinario, ya que el antropocentrismo clasicista admitía la representación del paisaje únicamente como escenario de la acción humana. El mismo Winckelmann afirmó que la pintura de paisaje era un fenómeno de poco interés. Así pues el paisaje neoclásico fue concebido como una especie de mosaico, en el que las diferentes partes se iban disponiendo según un modelo ideal de carácter heroico, que era concebido siguiendo los esquemas de Claudio de Lorena y Nicolás Poussin.

Turner empleó técnicas innovadoras, como en este *Lluvia, vapor y velocidad* (1844, National Gallery, Londres).

En 1794 el reverendo William Gilpin, Richard Payne Knight y Uvedale Price publicaron tres escritos sobre la categoría estética de lo pintoresco. El término «belleza pintoresca», utilizado por Gilpin, describía las cualidades pictóricas del jardín paisajista inglés. Un jardín que utilizaba la rudeza para conseguir la sencillez y la espontánea variedad, frente a los geométricos y ordenados jardines de Versalles. El auge del pintoresquismo estuvo unido al descubrimiento del placer estético que producía la irregularidad y la sorpresa y, sobre todo, por la nueva relación que establecía entre el hombre y la naturaleza. Los artistas que se dedicaron a la pintura de paisaje recogieron la integración del hombre en la naturaleza, y la interrelación de la naturaleza con los estados anímicos del hombre y su sentido estético.

Los dos grandes paisajistas románticos ingleses fueron Turner y Constable. El magistral uso de la luz que consiguió plasmar Turner en sus obras hizo que la naturaleza se volviese destructiva. El romanticismo de Constable es, sin embargo, más interiorizado y sereno. En Alemania Friedrich fue el representante del paisaje trascendental y en Francia el naturalismo de la escuela de Barbizon y Corot preparó el camino a los paisajes impresionistas.

La obra de Joseph Mallord William Turner (1775-1851) a lo largo de seis décadas fue el resultado de sus constantes innovaciones técnicas. Desde sus primeros paisajes idealizados, concebidos a la manera de Lorena y Poussin, hasta sus célebres composiciones en

Lzquierda, *La bahía de Ewymonth* (1816, Victoria and Albert Museum, Londres) y derecha, *El carro de heno* (1821, National Gallery, Londres) de John Constable.

torbellino, casi incomprensibles, fue recorriendo un largo camino en el que iba cobrando cada vez más importancia el rítmico sentido global de la obra, a medida que iban desapareciendo las formas concretas. Con su primera obra maestra, titulada *Aníbal y su ejército cruzando los Alpes* (1812), inauguró una serie de paisajes heroicos, donde las condiciones atmosféricas se convertían en el verdadero tema, mientras que las figuras se reducían o, incluso, desaparecían: *Negreros lanzando por la borda a los esclavos muertos y moribundos* (1839) y *Tempestad en la nieve* (1842). Todos estos cuadros representan espectáculos sublimes en los que la humanidad, aterrorizada, lucha contra las fuerzas desatadas de la naturaleza. Los viajes a Italia de este pintor de la estética de lo sublime, desde 1819, aclararon su paleta y aumentaron su interés por representar las atmósferas: *El Gran Canal de Venecia* (1834) y *El «Temerario» conducido a su último fondeo* (1839). Gracias a su magistral utilización de la luz y el color, estas atmósferas se fueron haciendo cada vez más abstractas y aéreas.

Un magnífico ejemplo de su característica pintura casi evanescente fue su obra titulada *Lluvia, vapor y velocidad* (1844). En esta imagen culmina el protagonismo del espacio, la luz y la atmósfera. Los colores y contornos quedan muy matizados al combinar los efectos atmosféricos de la máquina y de la lluvia. Era la primera vez que se representaba un tren como elemento principal de una composición pictórica. La locomotora, que aparece cruzando el Támesis sobre el viaducto de Maidenhead, era el fruto de la revolución industrial que había comenzado en Inglaterra durante la segunda mitad del siglo XVIII. Esta imagen de la

modernidad contrasta con el lirismo de la diminuta barca de pescadores que se divisa sobre río.

John Constable (1776-1837) realizó paisajes completamente diferentes a los de Turner. Sus imágenes se detenían en el placer de las cosas sencillas e inmediatas. Sólo le interesaba retratar su tierra natal llena de encanto, de vivencias y sentimientos. Pero él deseaba que sus cuadros invitaran a mirar más allá, a buscar un significado más profundo que revelase la presencia divina en el mundo. De ahí la importancia de sus cielos. Constable pensaba que el cielo era la clave del paisajismo por ser la fuente de luz que gobernaba la naturaleza. Tomaba apuntes del natural y luego estos bocetos le servían como material para sus pinturas. El resultado era novedoso ya que Constable utilizaba una técnica basada en pequeñas pinceladas y trazos superpuestos que daban a sus cuadros un aspecto inacabado, tal y como se aprecia en *El carro del heno* (1821), *La catedral de Salisbury desde los jardines del palacio arzobispal* (1828), *El valle de Dedham* (1828), *La bahía de Weymonth*, *La casa del almirante en Hampstead* (1820) y *Estudio de mar y cielo* (1822).

La casita de campo de Willy Lott fue la que inspiró su cuadro más conocido, *El carro del heno* (1821), con el que ganó la medalla de oro en el Salón de París en 1824. Este cuadro produjo un fuerte impacto entre los románticos franceses, especialmente Géricault y Delacroix, por la vivacidad y la frescura que conseguía mediante la utilización de ricas texturas y una amplia gama de colores. Poco después sus pinturas influyeron poderosamente en un grupo de paisajistas franceses conocidos como la Escuela de Barbizon.

El pintor alemán Caspar David Friedrich fue el encargado de convertir a la pintura de paisaje en transmisora de valores tracendentales. Friedrich y Philipp Otto Runge compartían la idea de que Dios se manifestaba en todas partes, y que el arte era la expresión de los sentimientos e, incluso, un instrumento de oración. Por eso el artista, además de representar lo que veía, debía plasmar lo que sentía por dentro, identificándose con la naturaleza. Ambos artistas desarrollaron en sus obras el ideario del movimiento romántico que contribuyó al nacionalismo del pueblo alemán, concibiendo la nación como una comunidad animada por un empuje espiritual, en la que se insertaban los individuos.

En los paisajes de Friedrich el hombre se identifica con la naturaleza. A menudo aparecen figuras de espaldas en un primer plano, que introducen al espectador en el espacio pictórico. En los sucesivos planos, dispuestos paralelamente a la superficie pictórica, aparecen diferentes elementos simbólicos de connotaciones religiosas, como grandes cruces: *La cruz de la montaña* (1807), *Amanecer en las montañas de los Gigantes* (1810); la inmensidad del mar: *El monje junto al mar* (1808-1810), *Rocas calcáreas en Rügen* (1818), *Viajero junto a un mar de niebla* (1818) *Salida de la luna frente al mar* (1822); construcciones góticas abandonadas: *La abadía en el robledal* (1809), *La tumba de Hutten* (1823); los barcos: *Barcas en el puerto al atardecer* (1828), *Mujer junto al mar* (1818); verdes abetos: *El coracero en el bosque* (1813). La gran aportación de Friedrich fue el descubrimiento del espacio ilimitado, que era a la vez físico y trascendental, en el que se respira una atmósfera silenciosa que parece detener el tiempo. Sus paisajes parecen convertirse en una metáfora de la espiritualidad del sentimiento romántico alemán, y el artista, a través de una utilización extremadamente sutil de la luz, proyecta sus emociones más profundas en la naturaleza.

El sentimiento romántico de la naturaleza fue preparando el camino para el tratamiento cada vez más naturalista de ésta, que acabaría derivando en un método basado en el respeto y la fidelidad. En este sentido la obra de Constable ejerció una gran influencia en una escuela paisajista conocida como Escuela de Barbizon. Se trataba de un grupo de pintores que abandonaron París a finales de los años treinta y se instalaron en Barbizon, junto al bosque de Fontainebleau. Este grupo supuso el comienzo del paisaje natural en Francia y, si por un lado sus novedades técnicas fueron menos atrevidas que las de su admirado Constable, por otro lado, fueron ellos los que abordaron la realización de los paisajes al aire libre, sentando las bases para la pintura impresionista. Esta escuela ponía en práctica la idea de Jean Jacques Rousseau de que el hombre debía volver a la naturaleza. Allí los pintores llevaban una vida de campesinos, viviendo en humildes chozas y sufriendo las inclemencias del tiempo. Su contacto tan directo con la naturaleza y la percepción de sus cambios, les llevó a comprender la gran importancia que tenían la luz y la atmósfera en el color de los objetos. Para Théodore Rousseau (1812-1867), el miembro más destacado del grupo, el bosque de Fontainebleau era como la Arcadia y en sus lienzos: *Vacas en el pastizal*, *Encinas*,

También de Turner son: arriba, *El Gran Canal de Venecia* (1837, Galería Henri E. Huntington), y abajo, *El «Temerario» conducido a su último fondeo* (1838-1839, National Gallery, Londres).

Paisaje con labrador; los árboles adquieren una personalidad casi humana. Las obras de Charles Daubigny (1817-1878) *La esclusa* (1859) y *Atardecer en el Oise* (1860) se aproximan a los ríos para estudiar los reflejos del sol y las sombras de los árboles en la superficie. Los paisajes de Dupré se caracterizan por una atmósfera dorada, como en *El camino delante del albergue* y los de Narciso Díaz de la Peña por su estilo abocetado.

Pero el paisaje fue también cultivado fuera de Barbizon. Camille Corot (1796-1875) creó un nuevo tipo de paisaje que armonizaba el sentimiento romántico y el objetivismo. Pertenecía a una generación anterior a la de los paisajistas de Barbizon y aunque insistía, al igual que estos, en plasmar fielmente las sensaciones que recibía de la naturaleza, se alejaba de ellos en su afán por poetizar la luz y el color. Sus cuadros poseían un fondo lírico, acentuado por la presencia de una luz clara que desmaterializaba los objetos. El conocimiento empírico de la luz fue el elemento esencial de su obra, al igual que lo sería en los impresionistas. Sus escenas desprenden un aire de tranquilidad y sencillez gracias a la utilización de una armonía de grises, que se convierten en el armazón de la obra sobre el que descansan los sutiles colores. Desde 1850 sus paisajes se volvieron más vaporosos y teñidos de una luz plateada que aumentaba el lirismo de los espacios, en los que aparecían pequeñas figuras humanas, como *La danza de las ninfas* (1850-1851) y *La ráfaga de viento* (1865). Cuando el clima no le permitía estar al aire libre realizaba retratos como el de *Mujer con perlas*, también conocida como *Agostina* (1850), donde aparece una campesina italiana cuya solidez recuerda a las figuras de Piero della Francesca.

LA PINTURA JAPONESA DEL PERIODO EDO

En 1615 la capital de Japón se traslada a Edo, actual Tokio, y comienza el periodo Edo, último escalón de una etapa feudal que comenzó en el siglo XIII, y que terminó en 1868 con la occidentalización de esta cultura milenaria. Para poder ejercer una dictadura absoluta, la nueva dinastía de shogunes, los Tokugawa, cerraron los puertos japoneses ante la posible llegada de ideas revolucionarias. Cualquier aspiración política o aristocrática les estaba prohibida a los ricos burgueses comerciantes (los ronin). Ante esta situación los mecenas burgueses de Edo comenzaron a patrocinar un género popular, frente a la elitista pintura aristocrática, llamado «ukiyo-e hanga», o la xilografía (hanga) de la pintura (e) del mundo (yo) flotante (uki). Esta pintura popular reivindicaba una nueva temática basada en los temas que a ellos les interesaban, mezclando los géneros kabuki (teatro callejero) y yujo (prostitutas), a los que más tarde se unió el género paisajista. Esta nueva modalidad artística se enfrentaba a la estricta moral de los shogunes.

En la realización de las xilografías trabajaban en equipo el pintor, el grabador, el impresor y finalmente el editor que divulgaba la obra. La técnica se fue depurando desde las primeras bicromías rojas y negras hasta alcanzar una amplísima gama tonal.

Fueron muchos los artistas que se dedicaron a esta pintura de vena popular. Haronobu (1725-1770) fue el fundador de esta escuela. Destacan sus retratos de mujeres tanto en momentos de esplendor como en sus apartamentos privados. Son mujeres frágiles y sensibles que se sienten como enjauladas en sus aposentos. En el género de las mujeres (bijin-ga) destacan también las xilografías de Kiyonaga (1752-1815) y Utamaro (1753-1806). Kiyonaga practicaba todos los géneros, pero desde 1775 se dedicó exclusivamente al tema de las mujeres. Sus personajes femeninos abandonan los paramentos de bambú y las esteras viéndose liberados en un nuevo espacio, casi vacío, donde aparecen en un primer plano y en una actitud más intelectual. Se muestran con todo su esplendor llevando fantásticos kimonos con anchos cinturones. Puso de moda el contraste del color verde con el rosa, y sus mujeres alcanzaron tal grado de exquisitez que las facciones de sus rostros fueron desapareciendo. Las figuras de Utamaro, el más

Arriba, *Salida de la luna sobre el mar* (1822, Staatliche Museen, Berlín) y *Rocas calcáreas en Rügen* (1818, Sammlung Reinhart), de Gaspar David Friedrich.

Mitate no Kinko (1765), de Suzuki Harunobu, pintor conocido por sus retratos.

Cien vistas famosas de Edo (1857), obra realizada por el pintor japonés Utagawa Hiroshiga.

famoso pintor de mujeres, están cargadas de simbolismo. Sus imágenes se aproximan tanto al personaje, que logra el retrato psicológico. Sus mujeres del barrio de Yoshiwara eran tan hermosas que se convirtieron en el modelo de belleza femenina de la época. Su técnica fue innovadora utilizando polvos de metal, dorados y plateados, en los soportes y los brocados de las telas. Los títulos de sus numerosas obras son muy evocadores: *La coqueta*, *El secreto*, *Sorpresa ante la noticia recibida en la carta*, *Mirándose al espejo*, *Las cortesanas* o *Los amantes*.

Sharaku (1770-1825) y Shunsho (1726-1792) fueron los mejores representantes de las estampas de actores de kabuki (yukusha-e). Shunsho representó a los actores con gestos dramáticos en los momentos más extremos, llegando casi a la caricatura. Mientras, Sharaku se muestra mucho más contenido dando más dignidad al actor. Retrata sobre todo a los actores que se visten de mujer (onagata).

En el siglo XIX el género del paisaje, considerado un género mayor, también se incorporó al ukiyo-e

hanga. Hokusai (1760-1849) fue el primer artífice de estos paisajes polícromos y realizó una abundantísima obra de más de treinta mil estampas e ilustraciones para más de quinientos libros. Su obra más famosa son las *Treinta y seis vistas del Fugi*, la montaña principal de Japón, y *La gran ola frente a Kanawaza* . Los paisajes de Hiroshige (1797-1858) son más líricos y en muchas ocasiones muestran escenas de la vida cotidiana mediante pequeñas figuras realizando las labores diarias. Su estilo se caracteriza por un dibujo preciso y la aplicación de la perspectiva occidental. Realiza las *Cincuenta y tres estaciones del camino de Tokaido* (1833), carretera que unía Kyoto con Edo, bajo una gran variedad de tonalidades según las diferentes condiciones climáticas. Sus paisajes también recrearon otras panorámicas en series como: *Vistas de la capital oriental* (1831), *Vistas famosas de Edo* (1831) y *Vistas de Kioto* (1834).

En 1868 la armada estadounidense acabó con los shogunes y terminó el periodo feudal Edo. Los puertos de Japón se abrieron y Europa comenzó a entusiasmarse por la calidad y la estética del arte japonés.

El nacimiento de la pintura moderna

*E*L PANORAMA ARTÍSTICO DE LA SEGUNDA MITAD DEL SIGLO XIX FUE EL FRUTO DE LOS NUEVOS VALORES FORMALES Y LAS NUEVAS ACTITUDES IDEOLÓGICAS QUE DERIVARON DE LA RUPTURA QUE SE PRODUJO A MEDIADOS DEL SIGLO XVIII. LAS NUEVAS TENDENCIAS ARTÍSTICAS, POR LO TANTO, SE INCLUYERON EN UNA DOBLE TRAYECTORIA: UNA, RACIONALISTA Y POSITIVISTA QUE COMBINABA LA OBSERVACIÓN DE LA REALIDAD EXTERIOR CON LOS ADELANTOS CIENTÍFICOS, DEFINIDA POR LA PINTURA REALISTA Y LA IMPRESIONISTA HASTA LLEGAR A LA PINTURA DE CÉZANNE; OTRA, ANTIMATERIALISTA Y ANTIRRACIONALISTA, QUE SE INCLINABA HACIA LO SUBJETIVO, REPRESENTADA POR EL SIMBOLISMO EN SUS DIFERENTES VERTIENTES.

LA PINTURA DE LO CONCRETO

El Realismo fue un movimiento artístico y literario cuya intención principal fue la representación objetiva de la realidad, centrándose en la observación de la vida cotidiana. Esta nueva corriente estética fue el resultado de los acontecimientos que se vivieron en Francia tras la derrota de la monarquía burguesa de Luis Felipe de Orleans y la proclamación de la II República en 1848. La Revolución de 1848 no sólo marcó el final de un régimen, sino el de una manera de ser. Este estallido revolucionario fue imitado por Italia, Alemania y Austria, pero el Realismo no fue simultáneo en toda Europa, ni se manifestó con la misma intensidad. Tras la breve II República (1848-1851), Luis Napoléon restableció el Imperio, adoptando el nombre de Napoléon III, y su reinado acabó tras la llegada al poder de la Comuna y la proclamación de la III República en 1871. A lo largo de todos estos años el desarrollo industrial cambió profundamente las condiciones de la vida económica y social.

El Realismo comenzó siendo un movimiento del proletariado artístico. La plasmación objetiva del pueblo llano fue duramente criticada, e interpretada como un ataque a la sociedad por parte de los trabajadores vulgares; como si los protagonistas de los lienzos y los relatos literarios encerrasen un mensaje sociopolítico de protesta. La exigencia de contemporaneidad, ajena a cualquier fantasía romántica, proporcionó a los artistas realistas un amplio repertorio temático, que

Claude Monet pintando a su esposa en un estudio flotante (1874, Neue Pinkothek, Munich), de Édouard Manet.

Gustave Courbet pintó estos tres cuadros: arriba la izquierda, *Muchachas a orillas del Sena* (1856, Museo Petit Palais, París); sobre estas líneas, *El taller del pintor* (1854, Museo de Orsay, París), y a la derecha, *Los picapedreros* (1849, Gamäldegalerie, Dresde).

hasta entonces había permanecido olvidado. Los mineros, picapedreros, campesinos o lavanderas, que poblaban las historias realistas, eran los representantes de una nueva clase social, el proletariado, fruto de la Revolución industrial.

Paralelamente a estas circunstancias sociales, se produjo un enorme progreso en el campo de la ciencia y la técnica. Durante esta época se ampliaron las redes ferroviarias y las líneas trasatlánticas; aparecieron el teléfono, el telégrafo, el sello de correos, el periodismo ilustrado y se popularizó la fotografía. Mientras, en el área del pensamiento, la filosofía positivista de August Compte exaltaba el valor de la ciencia como el único instrumento capaz de asegurar el progreso humano y se enfrentaba directamente a la realidad, sometiéndola a las leyes de la razón.

El Realismo fue un arte de su tiempo, que abandonaba el culto a los dioses y los poderosos en favor de los trabajadores. Los pintores eligieron diversos aspectos de la vida cotidiana y ofrecieron una imagen positiva y, hasta cierto punto, heroica de sus protagonistas.

En 1848 la trayectoria artística de Gustav Courbet (1819-1877), Honoré Daumier (1808-1897) y Jean François Millet (1814-1875) se transformó, y los tres se convirtieron en los representantes de la pintura realista francesa, aunque cada uno aportó un matiz diferente a este nuevo estilo.

Courbet es considerado el padre del Realismo, tanto por su producción pictórica como por su aporta-

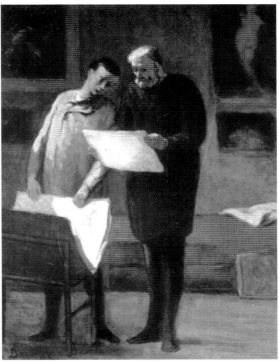

ción teórica. En el Salón de 1850 presentó dos obras realizadas el año anterior, *Los picapedreros* y *El entierro de Ornans*, donde quedaba definido su programa realista, sorprendiendo tanto por el tema como por la técnica empleada. La imagen de *Los picapedreros* presenta a gran escala el duro trabajo que llevan a cabo dos hombres. La pintura alienta un sentimiento de protesta por esta situación, que abarca toda una vida, desde la adolescencia, representada en el joven que levanta un cesto lleno de piedras, hasta la ancianidad, que encarna el hombre que golpea la roca con la maza. Pero esa protesta no necesita de grandes expresiones y pasiones, le basta con la presencia física de estos dos peones anónimos, que ni siquiera muestran sus rostros. En *El entierro de Ornans* (1850) el tema de la muerte abandona el antiguo dramatismo, y se presenta como una escena cotidiana en la que aparece toda la comunidad pueblerina alrededor de una fosa excavada en la tierra. Por una carta que el autor escribió a Champfleury, sabemos que en su afán por representar la realidad, Courbet pidió a sus propios paisanos que posaran como modelos. Los personajes se agrupan estáticamente sin guardar ninguna jerarquía, mientras una luz crepuscular ilumina los desolados acantilados de su tierra natal. Si en *El entierro del conde de Orgaz*, de El Greco, el espíritu se elevaba, las gentes secas y adustas de Ornans entristecen porque no esperan ya nada.

Arriba, *La lavandera* (hacia 1860, Museo de Orsay, París), y abajo, *Consejo del artista* (1860, National Gallery, Washington), de Honoré Daumier.

Arriba, *Las espigadoras* (1857, Museo de Orsay, París), y abajo,
El Ángelus (1859-1860, Museo de Orsay, París), de Millet.

Posteriores cuadros de Courbet, como *Las señoritas del pueblo*, *La hilandera dormida*, *Las bañistas*, *Las muchachas a orillas del Sena*, siguieron escandalizando y suscitando críticas y comentarios por sus maneras antiacadémicas. Otro gran lienzo, rechazado para la Exposición Universal de 1855, fue su obra maestra *El taller*. Este enorme lienzo, titulado originalmente *Alegoría real que determina una fase de siete años de mi vida artística y moral*, fue su obra

más ambiciosa y ambigua. Courbet aparece autorretratado en su estudio pintando un paisaje, bajo la atenta mirada de un niño, símbolo de la inocencia, y una mujer desnuda, como símbolo de la verdad. A la derecha se agrupan sus protectores y amigos, entre los que se encuentran Beaudelaire, leyendo un libro en la esquina, Champfleury y Bruyas, al que ya había retratado en *El encuentro* (1854). A la izquierda aparecen los humildes y desheredados, entre los que se encuentra una mujer irlandesa, sentada junto al lienzo que pinta Courbet, simbolizando la gran pobreza que sufrió Irlanda a mediados de siglo. Su principal fuente de inspiración fueron los maestros españoles del Barroco. El maniquí desnudo que aparece detrás del paisaje de Courbet recuerda a los mártires de Ribera, y la mujer con mantón de la derecha proviene de la escuela sevillana.

A pesar de no aportar novedosos elementos plásticos, la pintura de Courbet ejerció una gran influencia entre los pintores del último cuarto del siglo XIX y preparó el camino de la pintura moderna.

Daumier fue el primer artista que utilizó un medio de comunicación de masas, para ofrecer una interpretación moralista de la vida cotidiana de la ciudad de París. Tras dedicarse a la caricatura política y de costumbres en la revista *Caricature* y el periódico *Le Charivari*, este autodidacta se animó a coger los pince-

La rendición de Bailén (1863, Museo del Prado, Madrid),
de José Casado del Alisal.

Habitación con balcón (1845, National Galerie, Berlín), de Adolf
von Menzel.

les. Sus obras presentaban una temática muy variada, relacionada con los sucesos revolucionarios: *Los emigrantes*, *El levantamiento*; la dureza de la vida de las clases sociales más bajas de la ciudad: *La lavandera*, *El baño de las niñas*, *El vagón de tercera clase*; las representaciones teatrales románticas: *El melodrama* y el mundo del arte: *El coleccionista de estampas*, *Consejo del artista*. Su formación de dibujante hizo que su estilo se caracterizara por mostrar figuras inacabadas de perfiles sinuosos, realizadas con una enorme libertad y gran dinamismo.

Desde 1849 Millet permanecía en contacto con la Escuela de Barbizon, pero, mientras estos estaban volcados en el estudio del paisaje, Millet recuperó la figura del hombre y logró reconciliarlo con la naturaleza. El tema de sus pinturas estuvo basado exclusivamente en el trabajo campesino, en la dureza y la sencillez de la vida en el campo en sus diferentes aspectos: *El aventador* (1848), *Los gavilladores* (1850), *La hilandera* (1868-1869), *La aguadora* (1856-1862), *Las espigadoras* (1857). En algunas ocasiones los personajes interrumpen sus tareas y alzan la vista para descansar, como en *El hombre de la azada* (1850), o para recogerse devotamente en sus creencias, *El Ángelus* (1857-1859). En todas sus imágenes, las figuras son robustas y aparecen en solitario o en grupos, pero sin comunicarse. Las gruesas pinceladas definen los volúmenes y sus perfiles se recortan sobre amplios horizontes. Sus escenas están bañadas por una atmósfera terrosa que contribuye a expresar la pesadez del trabajo. En sus obras no había alegatos políticos, aunque su significado es ambiguo, ya que no le interesó el campesinado como clase social, sino como verdad simbólica.

El fusilamiento de Torrijos (1860, Museo del Prado, Madrid),
Antonio Gisbert Pérez.

Los pintores realistas renovaron los modos de visión y sentaron los dos principios básicos de los que surgió el Impresionismo en la década de los sesenta: el

La vicaría (1870, Museo de Arte de Cataluña, Barcelona), de Mariano Fortuny.

amor por el entorno natural que les rodeaba y la búsqueda de la fidelidad en la representación de la realidad visual. Pero mientras en Francia nacía el Impresionismo, en Europa surgieron artistas que supieron incorporar al lenguaje académico las novedades del lenguaje realista y, huyendo del escandaloso Realismo conceptual de los franceses, realizaron exitosas obras que eran asimilables para la burguesía compradora. Todo esto dio lugar a una gran variedad de realismos.

En Alemania entre los artistas que desarrollan una pintura en los márgenes de la modernidad destacaron Adolf von Menzel (1815-1905) y Whilhelm Leibl (1844-1900). La pintura de Menzel se interesó tanto por los fastos principescos, *Jardín del palacio del príncipe Alberto* (1846), *Baile de corte*; como por la vida burguesa y de los trabajadores, *Habitación con balcón* (1855) o *El soplador de vidrio* (1860). Su pincelada fue haciéndose cada vez más libre anticipando el Impresionismo. Leibl es considerado el máximo representante del realismo alemán con obras como *Tres mujeres en la iglesia* (1878-1882), donde la precisión del dibujo es tal, que hasta se pueden leer las letras góticas de la Biblia que sostiene la mujer del centro. Esta detallada imagen recogía la tradición de los viejos maestros del norte, que representaba a los personajes tal y como eran. Posteriormente abandonó este tratamiento lineal y optó por una pincelada más suelta, influenciada por la pintura de Franz Hals, tal y como se aprecia en sus últimas obras, *En la cocina* (1898) o *La hilandera*.

En España el Realismo estuvo representado por la pintura de historia, entre cuyas creaciones destacan:

De Manet son: arriba, *Desayuno en la hierba* (1863), abajo a la izquierda, *El balcón* (1868), y abajo a la derecha, *Olimpia* (1863), los tres en el Museo de Orsay, París.

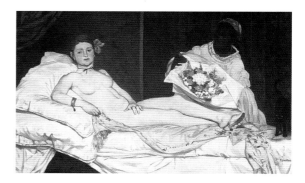

La rendición de Bailén, de José Casado del Alisal (1832-1886), inspirada en *Las lanzas* de Velázquez; *El fusilamiento de Torrijos*, de Antonio Gisbert (1835-1902), con cierto aire goyesco; *Doña Juana la Loca acompañando al cadáver de Felipe el Hermoso*, de Franciso Pradilla (1841-1921) y *Los amantes de Teruel*, de Antonio Muñoz Degrain (1841-1924). Estos lienzos se caracterizan por su gran tamaño y el gran detallismo compositivo. El mejor cuadro de historia fue el *Testamento de Isabel la Católica* (1864) del pintor Eduardo Rosales (1836-1873). En la escena destaca la naturalidad del sobrio ambiente que combina la rancia elegancia y el sentimiento de las figuras, inmóviles ante el lecho de la reina, alejándose de toda retórica y artificio.

El artista catalán Mariano Fortuny (1838-1874) gozó de gran fama internacional durante su breve vida. Su estilo se relacionaba con el realismo por el amor al detalle, pero su pincelada libérrima, no sujeta a ningún dibujo, y su interés por captar la luz le acercaron al Impresionismo. Su estancia en Marruecos, como cronista de la guerra entre españoles y musulmanes, le hizo cultivar una temática orientalista de origen romántico, que recogía las bellas odaliscas, los tipos marroquíes, las escenas callejeras o las batallas, con una pincelada rápida. Durante su posterior estancia en Roma realizó obras como *El coleccionista de estampas*

De Manet también son: arriba a la izquierda, *El pífano* (1866. Museo de Orsay, París); arriba a la derecha, *Concierto en las Tullerías* (1862, National Gallery, Londres), y abajo a la derecha, *Fusilamiento de Maximiliano* (1867, National Gallery, Londres).

(1866) o *La vicaría* (1870), donde se aprecia una minuciosidad extraordinaria y un color preciosista. Esta última, que causó gran impacto en París, combina el preciosismo de las ricas telas y los brillos de la dorada reja con una pincelada vibrante, mostrando el paso del realismo al Impresionismo.

EL PADRE DE LA PINTURA MODERNA

El cambio temático y técnico del Realismo al Impresionismo fue protagonizado por Edouard Manet (1832-1883). Las obras que realizó durante los años sesenta, *Concierto en las Tullerías* (1861), *La cantante callejera* (1862), *Desayuno en la hierba* (1863), *Olimpia* (1863), *El pífano* (1866), *El balcón* (1868), *Fusilamiento de Maximiliano en México* (1867), conservaban

el compromiso con la contemporaneidad que proclamaba Courbet pero, a diferencia de los realistas, Manet fue el primero en trasladar el verismo del campo a la ciudad, ofreciendo una visión optimista de la vida y la sociedad. Sus orígenes burgueses le permitieron formarse en el taller de Couture, estudiar las obras del

Edgard Degas firmó estos cuadros: arriba a la izquierda, *El barreño* (1886, colección particular); en el centro, *En la sombrerería* (1883, Museo Metropolitan, Nueva York); abajo a la izquierda, *La estrella* (1876, Museo de Orsay, París); arriba a la derecha, *El café concierto Ambassador* (1875, Museo de Bellas Artes, Lyon), y abajo a la derecha, *Clase de danza* (1873, Museo Metropolitan, Nueva York).

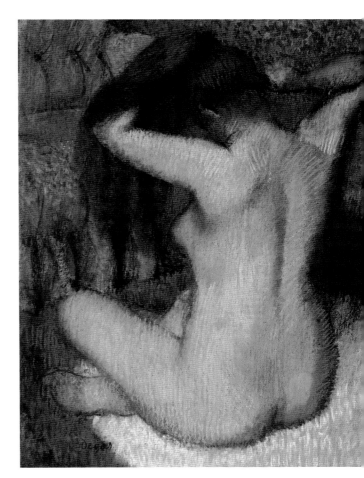

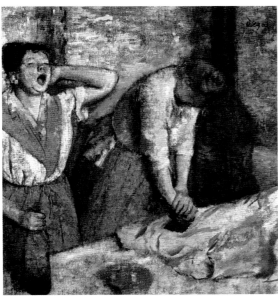

Louvre y viajar por Europa, recogiendo las enseñanzas de los grandes maestros del pasado. Esto explica sus constantes referencias a Velázquez, Tiziano, Rafael, Giorgione o Goya, aunque utilizándolas de una manera original fruto de su experiencia personal.

Un buen ejemplo de la unión entre la tradición clásica y el espíritu contemporáneo realista ha quedado plasmada en su lienzo titulado *Olimpia*. Esta obra pertenece a una larga tradición de desnudos, aunque, a diferencia de sus antecesores, no es un desnudo idealizado de formas perfectas. Sus pies denotan una falta de aristocracia, y su nariz ancha y mentón puntiagudo la alejan del canon de femineidad clásico. De hecho, esta escena presenta cierta similitud con las fotografías pornográficas que circulaban por los burdeles parisinos durante el II Imperio. Fue una obra de taller, meditada a partir de las discusiones con sus

De Degas son: arriba a la izquierda, *Jinetes en las carreras* (1878, Barber Institute, Birminghan); abajo a la izquierda, *Las planchadoras* (hacia 1884, Museo de Orsay, París), arriba a la derecha, *Mujer desnuda peinándose* (hacia 1885, Museo Hermitage, San Petersburgo), y abajo a la derecha, *La bebedora de ajenjo* (1876, Museo de Orsay).

amigos Beaudelaire y Zacharie Astruc, autor del poema en el que se inspiró Manet para titular la obra. Entre las diversas fuentes pictóricas que utilizó para esta composición se encontraba *La Venus de Urbino* de Tiziano, obra que conoció durante su segundo viaje a Italia en 1856. De ella tomó la postura del desnudo, que aparece tendido en un lecho, apoyando el codo derecho en la almohada y tapando su sexo con la mano izquierda. De la *Maja desnuda* de Goya tomó el gesto arrogante y provocativo, que desafiaba a las hipócritas convicciones del mundo burgués. También estuvo presente en la mente de Manet *La odalisca con esclava* de Ingres, como referencia a las imágenes de harenes llenos de mujeres lascivas. El perro de la Venus de Tiziano, símbolo de la fidelidad doméstica, ha sido sustituido por un gato negro de lomo arqueado en una alusión manifiesta de erotismo. Las sirvientas que agasajaban a la joven han sido reemplazadas por una voluptuosa negra que ofrece a Olimpia el ramo de uno de sus clientes, recogiendo la tendencia de las odaliscas de Ingres de integrar en una misma escena una mujer blanca y otra negra. Para realizar la imagen de Olimpia tomó como modelo a su amante Victorine Meurent, que había posado para él en *La cantante callejera* y *El desayuno sobre la hierba*. Cuando fue expuesta en el salón de 1865 la crítica y el público la rechazaron, porque consideraban que su mirada directa y su desnudez eran un alegato de la prostitución.

La importancia de la obra de Manet estribaba en su nueva manera de enfrentarse a los motivos narrativos, que para él tenían la misma importancia que los procedimientos técnicos. Su obra supuso una verdade-

Arriba a la izquierda, *La estación de Saint-Lazare* (1877, Museo de Orsay, París); en el centro, *El puente de Westminster* (1871, National Gallery, Londres); abajo a la izquierda, *El bulevard de Capucines* (1873 Museo Nelson-Atkins, Kansas City), y arriba a la derecha, *Amanecer. Impresión* (1872, Museo Marmottan, París), de Monet.

ra revolución técnica al atentar contra la consagrada pintura académica en cuanto al tratamiento del dibujo, el color, la perspectiva y las luces. Renunciaba al modelado creando cuerpos casi planos con una iluminación clara y frontal. Su pincelada suelta contraponía violentamente masas de color claras y oscuras sin gradaciones. Renunciaba a las leyes de la perspectiva renacentista, anulando el efecto de profundidad espacial, que provocaba una falta de integración entre las figuras, que parecían como sobrepuestas.

Arriba, *Puente japonés en Giverny* (1900, de la serie de Giverny); abajo izquierda, *Nenúfares* (1914-1917, Orangerie, París); a la derecha, *Estanque con nenúfares* (1899, National Gallery, Londres), de Monet.

LA REVOLUCIÓN IMPRESIONISTA

En 1862 Manet conocía a Edgar Degas (1834-1917) y en el taller de Gleyre coincidían como alumnos Claude Monet (1840-1926), August Renoir (1841-1919),

Monet: arriba a la izquierda, *La japonesa* (1875, Museo Bellas Artes, Boston); arriba a la derecha, *Los efectos del otoño en Argenteuil* (1873, Courtauld Institute, Londres); abajo a la izquierda, *La iglesia de Vetheuil con nieve* (1879, Museo de Orsay, París).

Alfred Sisley (1839-1899) y Jean-Frédéric Bazille (1841-1870). Mientras, Paul Cézanne llegaba a París y conocía a Jean-Baptiste-Armand Guillaumin (1841-1927) y Camille Pisarro (1830-1903) en la Academia Suiza. Todos estos pintores comenzaron a realizar excursiones para pintar al aire libre y acudían al Café Guerbois para discutir sus ideas en tertulias encabezadas por Manet. Aunque éste fue considerado el «padre» del grupo, nunca expuso junto a ellos.

En 1874 todos estos pintores, menos Manet, cansados de ser sistemáticamente excluidos del Salón oficial de París, expusieron su obra en la casa del fotógrafo Nadar, en el Bulevar de Capucines, entre el 15 de abril y el 15 de mayo. Entre todos los cuadros que se exhibían, se encontraba un lienzo de Monet titulado *Amanecer del sol. Impresión.* Esta última palabra fue recogida burlescamente por el crítico Louis Leroy, en la revista satírica *Le Chavari*, para titular la muestra como «La exposición de los impresionistas».

Esta exposición ha sido considerada el arranque histórico del movimiento impresionista. Una corriente que se fue gestando a lo largo de los años sesenta y que sufrió una crisis interna en los ochenta. Los pintores impresionistas fueron aquellos que se criaron en el París de Balzac, maduraron en el de Zola y fueron testigos de la transformación urbana de Haussmann. El logro más importante del grupo fue que supieron dar forma y coherencia a distintas tendencias que habían planteado otros pintores europeos: los pai-

sajistas ingleses Turner y Constable, la Escuela de Barbizon, la pintura de Corot, la del holandés Jongkind; y que recibieron una gran influencia del arte japonés.

La introducción de Japón en el mercado occidental hizo que los grabados de los artistas nipones como Utamaro, Hokusai o Hiroshige fueran expuestos en París. Los artistas franceses quedaron fascinados ante esta nueva pintura en la que reinaban las formas esquemáticas, las composiciones oblicuas y los colores planos. En 1862 se abría en la rue de Rivoli de París un bazar, llamado *La porte Chinoise* (la puerta china), en el que se podían encontrar todo tipo de productos orientales, y en 1867 y 1878 Japón participó en las exposiciones universales. El mantón sobre el que se tendía en el diván la *Olimpia* de Manet, al igual que el biombo y la estampa de Utamaro que acompañan al retrato de su amigo y escritor Emile Zola, y el kimono y los abanicos que muestra *La japonesa* de Monet son un claro exponente de la moda japonesa que se extendió por toda Europa durante la segunda mitad del siglo XIX.

Monet: arriba, *Almiares: final del verano* (1890, Museo de Orsay, París), y debajo *Almiares: escarcha* (1889, National Gallery, Edimburgo); arriba a la derecha, *La catedral de Rouen* (1892-1893, Museo de Orsay, París); en el centro, *La Grenouillère* (1869, Metropolitan, Nueva York); y abajo, *El almuerzo sobre la hierba* (1865, Museo de Orsay, París).

Por otro lado, como hombres de su tiempo, sufrieron la influencia de la fotografía, que fue el avance técnico más importante en relación con la pintura impresionista. La fotografía fue para los impresionistas un instrumento auxiliar y un estímulo para conseguir con sus pinceles los mismos ángulos inéditos, los primeros planos y el movimiento desarticulado, que conseguía este procedimiento mecánico. *El Bulevar des Capucines* (1873) de Monet y las escenas de caballos que realizó Edgar Degas ilustran claramente esta influencia. La imagen de Monet presenta la vista que se tenía del bulevar desde el estudio del fotógrafo Nadar, el lugar donde los impresionistas celebraron su primera exposición. Las figuras de Monet están en deuda con los experimentos de los grandes grupos de gente fotografiados a distancia. La gente fotografiada en constante movimiento salía borrosa, y esto es lo que plasma la pincelada de Monet. Las escenas de hipódromo que realizó Degas, *Las carreras delante de las tribunas* (1874), *Caballos de carreras en Longchamps* (1873-1875), recogían las enseñanzas derivadas de su afición a la fotografía: la utilización de primeros planos, las proyecciones de profundidad, la desarticulación del espacio y los efectos de la luz y de contraluz. Degas retrató diversas panorámicas, presentando a las figuras recortadas impersonalmente, como si la lente de la cámara las seleccionara mecánicamente, aumentando así la sensación de presencia e inmediatez.

El Impresionismo supuso una nueva forma de pintar, que consistía en reproducir de una manera lo más pura posible la impresión tal y como era percibida realmente. Las sensaciones eran vitales para estos pintores. Si el Realismo pintaba la existencia y la materia, el Impresionismo se basaba en la apariencia y la desmaterialización. Si el Realismo se apoyaba en el Positivismo de Compte, el Impresionismo lo hacía en la filosofía de Bergson y la teoría de las sensaciones de Locke.

El interés de los impresionistas por representar las formas y los colores bajo la acción directa de la luz les hizo trabajar con mucha rapidez y olvidarse de los problemas tradicionales de la pintura, como la línea, el volumen y el claroscuro. Para precisar la forma y el volumen les bastaba con la aplicación directa del color a base de pinceladas de tonos puros fragmentadas, que eran plasmadas en los lienzos como si fueran comas.

El contacto directo con la naturaleza fue, en parte, posible gracias a la fabricación de los colores con técnicas industriales. Los colores al óleo comenzaron a

La nieve en Louveciennes (1878, Museo de Orsay, París), de Alfred Sisley.

El columpio (1876, Museo de Orsay, París), de Renoir.

comercializarse en tubos, lo que facilitó enormemente el trabajo al aire libre. Para la aplicación de los colores, los impresionistas aprovecharon las experiencias de la nueva óptica que habían elaborado los físicos Chevreul, Maxwell, Helmholtz y Rood. La paleta impresionista desterró los colores oscuros porque estos negaban la luz, y los artistas dejaron de mezclar los pigmentos en la paleta, utilizando únicamente los colores primarios (amarillo, rojo y azul) y los binarios, que resultaban de la combinación de dos de ellos. Estos últimos podían obtenerse directamente del tubo, o bien podían ser el resultado de la «mezcla óptica», es decir el producto de la yuxtaposición en la superficie de sus colores primarios, que eran unificados por la retina del espectador a medida que

se alejaba del cuadro. También aprovecharon la teoría del contraste simultáneo, publicada por Chevreul en 1839, que descubrió que un color aumentaba su intensidad si se encontraba cerca de su complementario

LOS PINTORES DEL PAISAJE

El Impresionismo trató de fijar las impresiones momentáneas de la luz sobre la naturaleza. Para ello, los artistas buscaron el enfrentamiento directo con el objeto y salieron a trabajar en contacto con el aire libre (*plein air*). Por eso el Impresionismo en sentido estricto sólo se debería aplicar a la obra de los tres pintores que hicieron girar su pintura en torno al paisaje, al aire libre, la luz y la atmósfera: Monet, Sisley y Pisarro.

Durante la década de los setenta, los impresionistas se empeñaron en demostrar que la silueta de las

Renoir: arriba, *El almuerzo de los remeros* (1881, Phillips Collection, Washington); abajo a la izquierda, *La Grenouillère* (1869, Museo Nacional, Estocolmo); derecha, *El Moulin de la Galette* (1876, Museo de Orsay, París).

Arriba a la izquierda, *Mujer con cafetera* (1890-1895, Museo de Orsay, París); arriba a la derecha, *Bodegón con frutas* (1879-1882, Colección René Lecomte, París), y abajo a la izquierda, *Naturaleza muerta con cortinaje* (hacia 1899, Museo Hermitage, San Petersburgo), de Paul Cézanne.

entre las hojas de los árboles, como en *Mujeres en el jardín* (1866-1867) o *El almuerzo sobre la hierba* (1866) de Monet. Pero fue en el agua, cuerpo líquido en constante movimiento, donde los pintores impresionistas lograron sus mayores conquistas. La orilla del Sena fue el escenario favorito de estos artistas, desde que Monet y Renoir se interesaran por los reflejos de la luz en el agua en sus cuadros dedicados a *La Grenouillère* (1869), el centro naútico de moda en Bougival.

Durante el verano de 1874 coincidieron en la localidad de Argenteuil Monet, Manet y Renoir. Los tres pintaron los mismos paisajes fluviales del Sena con las embarcaciones, y se retrataron unos a otros: *El puente de Argenteuil, El Sena en Argenteuil, Regata en Argenteuil* de Monet; *En la barca, Claude Monet pintando a su esposa en su estudio flotante*, de Manet; *El Sena en Argenteuil*, de Renoir. El Támesis fue también protagonista de los lienzos de Monet y Pisarro durante su estancia en Londres en 1870, con motivo de la guerra francoprusiana. En *El puente de Westminster* (1871), Monet logra captar la pesada atmósfera brumosa desdibujando la silueta del puente y del Parlamento al fondo, y resaltando en primer término las nítidas líneas que forman el embarcadero de madera. Además, toma de los grabados japoneses la costumbre de interponer entre el asunto principal y el espectador un motivo insignificante, que se convierte en el protagonista de la escena.

El tema de la inundaciones fue tratado por todos ellos, destacando las versiones de *La inundación en Port Marly* (1876) que realizó Sisley. En estas escenas se aleja de cualquier dramatismo derivado de la fuerza incontrolable de la naturaleza, y presenta unas imágenes llenas de serenidad donde el agua, el cielo y la tierra se convierten en un mismo elemento.

Otra gran constante en las pinturas de los impresionistas fue la nieve, como elemento de refracción de

cosas no existía y que la materia no era lo más importante. Por eso, la luz se convirtió en la protagonista de sus cuadros, y esta preocupación llevó a los artistas a pintar los reflejos y los rayos de sol que se filtraban

la luz. Los paisajes nevados que Monet llevó a cabo en Vetheuil: *Efecto de nieve en Vetheuil*, *La iglesia de Vetheuil con nieve*, *Entrada en la aldea de Vetheuil bajo la nieve* (1878); muestran la dureza del invierno y el sentimiento de tristeza del autor ante la reciente pérdida de su esposa. Pero fue Sisley el artista que mejor supo captar los efectos de la nieve, tal y como demuestra *La nieve en Louveciennes* (1874). Sus composiciones tendían a disolver las formas a través de delicadas interpretaciones llenas de suavidad y lirismo.

Beaudelaire definía la modernidad como lo transitorio y lo fugitivo, y la pintura impresionista fue olvidándose del tema y preocupándose cada vez más por la luz y los colores fugaces. Esto llevó a los pintores, especialmente a Monet, a realizar series de un mismo tema, que recogían los diferentes matices luminosos según el momento del día. A esa necesidad responden las doce telas de *La estación de Saint Lazare* (1877), las series simultáneas dedicadas a los *Almiares* y los *Álamos a orillas del Epte* (1891), las cuarenta telas de *La catedral de Rouen* (1892-1895) y la serie del *Parlamento de Londres* (1900-1904). Su obsesión por las series culminó con los casi cien cuadros de *Las nenúfares* que realizó al final de su vida. Las primeras obras de esta serie presentan la imagen del jardín al estilo japonés que había creado en su casa de Giverny, con la imagen de un puente sobre un estanque lleno de nenúfares acompañado por sauces llorones. Pero conforme pasaba el tiempo, los puentes, los árboles y las orillas fueron desapareciendo, y los últimos nenúfares se convirtieron en una síntesis de luz y color, que reflejaba el sutil juego del agua bajo diferentes atmósferas. Estos paisajes acuáticos se acercaban a la abstracción, rompiendo con los principios de la tradición pictórica occidental, y resumían la atracción que durante toda su vida sintió Monet por el agua.

LOS PINTORES DE LA VIDA PARISINA

La revolución impresionista no se redujo sólo a la técnica. Al igual que los pintores realistas, huyeron de la gran pintura de historia, religión y literatura, reivindicando el paisaje, los bodegones y la vida ciudadana. Pero, a diferencia de los realistas, sus obras no tenían ninguna intencionalidad política o moral, y la reivindicación se convirtió en celebración.

La pintura de Renoir fue el mejor ejemplo de esa alegría de vivir, que se respiraba en las reuniones públicas, bailes y fiestas. Sus escenas siempre transmiten una sensación de optimismo y de amor al género humano porque, a pesar de los esfuerzos de Monet para

Cézanne: arriba, *Los jugadores de cartas* (1890-1895, Museo de Orsay, París), y abajo, *El florero azul* (1885, Museo de Orsay, París).

que pintara al aire libre, Renoir no renunció a introducir figuras en sus composiciones. Así, por ejemplo, su obra titulada *El palco* (1874), que parece ser una escena de la vida parisina, es en realidad un retrato de su hermano Edmond, que figura al fondo, y de la famosa modelo de Montmartre Nini López. Lo más llamativo de esta obra es la aparición del negro, color proscrito por los impresionistas, y el dominio de un método pictórico basado en la mancha que abandonaba la definición de los contornos.

Dante Gabriel Rossetti firmó estos cuadros: arriba a la izquierda, *Lady Lilith* (1868, Museo de Arte, Delaware); arriba a la derecha, *Beata Beatrix* (1863, Tate Gallery, Londres), y abajo a la izquierda, *La Anunciación* (1850, Tate Gallery, Londres).

Sus obras más famosas, *El columpio* (1876) y *El Moulin de la Galette* (1876), son ejemplo de las aspiraciones que perseguía su pintura impresionista: la perfecta inserción de sus ociosos personajes en el espacio, logrando una perfecta síntesis entre figura y paisaje, y la representación de la alegría del ambiente parisino. En estas escenas de la vida contemporánea, los protagonistas no son los personajes, sino el juego de luces y sombras, que logra a base de manchas luminosas que se filtran entre la hojas de los árboles, iluminando a las figuras a base de colores fragmentados.

En la década de los ochenta el estilo de Renoir cambió y se fue alejando del Impresionismo. En *El almuerzo de los remeros* (1881) ya aparecían tímidamente los contornos y después de su viaje por Italia, fascinado por los frescos de Pompeya, se alejó de los temas y las técnicas impresionistas. Su interés se centró en la composición del volumen y, ante todo, en el dibujo preciso que delimitaba las figuras, tal y como demuestra en *Las bañistas* (1884-1887), donde tan sólo el agua y el paisaje del fondo muestran algún eco de su reciente etapa impresionista.

La obra de Edgar Degas fue excepcional dentro del grupo impresionista, porque prefirió la figura humana al paisaje, la luz artificial a la natural, el dibujo a la mancha, la pose extraña a la cotidianeidad y, sobre todo, por el contenido literario que poseen sus imágenes llenas de sentido crítico. Nunca se consideró parte del movi-

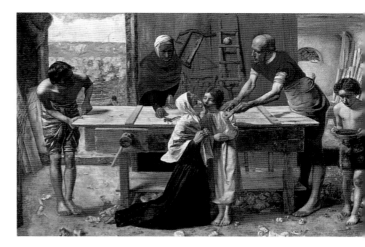

Claudio e Isabel (1850, colección particular), de William H. Hunt.

Arriba, Cristo en casa de sus padres (1849, Tate Gallery, Londres), y abajo, La muerte de Ofelia (1851-1852, Tate Gallery, Londres), de John Everett Millais.

miento, aunque frecuentó el Café Guerbois y participó en las exposiciones impresionistas, convirtiéndose en el pintor clásico de la vida moderna. Desde 1865 la obra de Degas, más que la de ningún otro impresionista, mostró una clara influencia de la estampa japonesa y de la fotografía, al utilizar composiciones descentradas, que cortaban las figuras para prolongar la escena fuera de los márgenes del cuadro. Estas intrépidas y originales perspectivas aparecen en obras como *La bebedora de ajenjo* (1876), *Café concierto des Ambassadeurs* (1877), *La cantante del guante* (1878), al igual que en sus características series dedicadas a las planchadoras; a las sombreras, *En la sombrerería*; a las carreras de caballos, *Jinetes antes de las carreras*; a las bailarinas, *La estrella, Clase de danza,* serie que alcanzó un enorme éxito y, finalmente, la serie dedicada a las mujeres desnudas aseándose, *El barreño, Mujer desnuda peinándose.*

LOS POSTIMPRESIONISTAS

La primera exposición impresionista, celebrada en 1874, fue seguida por siete más. Nada más comenzar los años ochenta, el grupo comenzó a romperse y en el año 1886 tuvo lugar la última exposición en la que se mostraban obras de Odilon Redon, Seurat, Signac y Gauguin. La obra que tuvo más éxito fue *Tarde de domingo en la Grande Jatte* (1884-1886) de Georges Seurat, demostrando que la pintura moderna se rendía ante las últimas tendencias que partían del Impresionismo, pero que iban más allá. El periodo que va desde la última exposición impresionista hasta en nacimiento del Fauvismo y el Cubismo se denomina «postimpresionismo». El nombre proviene de la exposición titulada *Manet y los postimpresionistas,* celebrada en Londres en 1910, en la que sobresalía la pintura de Cézanne, Gauguin y Van Gogh, que por entonces ya habían muerto. El término engloba la compleja obra de un nutrido grupo de pintores que compartían sus inicios en el Impresionismo, pero que más tarde superaron, adoptando caminos diferentes, algunos incluso contrarios. Desde el cientifismo de la pintura de Seurat y Signac, hasta el protoexpresionismo de Van Gogh, Munch y Ensor, pasando por el simbolismo romántico de los prerrafaelitas, de Chavannes, Moreau y Redon y el simbolismo sintetista de Gauguin.

Esfinge (1896, colección privada), de Fernand Khnopff.

Atlas transformado en piedra (1878, City Art Gallery, Southampton), de Edward Coley Burne-Jones.

La pintura de Seurat y Cézanne fue la mejor representante del Postimpresionismo más genuino, que quiso llegar más allá del Impresionismo, permaneciendo fiel a la realidad visual y manteniendo su fe en el positivismo. Georges Seurat (1859-1891) buscó la objetividad total en sus obras basándose en una base científica. Las nuevas leyes y teorías ópticas favorecieron el nacimiento de este nuevo Impresionismo, llamado Divisionismo o Puntillismo, que se basaba, al igual que su precedente, en los estudios de la luz y el color, aunque utilizando otros métodos. La técnica que emplearon Seurat y Signac consistía en la división de los tonos en pequeños puntos de color unidos entre sí, pero que, vistos a una cierta distancia, volvían a constituir el tono original. Los colores adquirían el protagonismo y manifestaban toda su vitalidad al contrastar las gamas cálidas con las frías.

Todas estas novedades fueron presentadas por Seurat en su célebre cuadro *Un domingo de verano en la Grande Jatte*. En él el artista detiene por un momento el tiempo y convierte a los personajes en maniquíes a base de líneas verticales y horizontales, como las antiguas figuras egipcias, produciendo una extraña y misteriosa musicalidad. Una línea vertical, formada por una mujer acompañada por una niña vestida de blanco, divide por la mitad la composición. En esta y otras escenas, como *Baño de Asnières* (1883-1884), la luz del sol cae sobre las figuras, moldeando y descomponiendo los colores. Lo mismo ocurre en obras como *Las modelos* (1887) y *La parada* (1887-1888), donde el ambiente soleado es sustituido por la luz artificial del interior. Sus composiciones organizadas a base de subestructuras abstractas demostraban cómo el pintor dejaba de ser un ojo que veía y se convertía en un cerebro que organizaba.

Por otro lado, la pintura de Paul Cézanne (1839-1906) también volvía al concepto clásico de pintura en cuanto a construcción intelectual. Quería hacer del Impresionismo algo sólido y duradero. Para ello intentó recuperar todo aquello que este movimiento

había olvidado: el dibujo, el volumen, la forma y la profundidad. Sus pinturas cambiaron la imprecisión por la solidez, gracias a la utilización de diversos procedimientos que acentuaban la noción de bulto. Contra la vibración y la fugacidad impresionistas, opuso volumen y estructura. Su *Mujer con cafetera* (1890-1894) o las diferentes versiones de *Los jugadores de cartas* (1890-1892) demuestran su concepción del cuadro a base de cuerpos rigurosamente geométricos, y su particular utilización del color como instrumento para construir las masas y traducir los volúmenes, dando a las formas una nueva plasticidad a base de contrastes cromáticos. Eliminó el uso del tradicional claroscuro, renunciando al color negro y al gris para obtener las sombras. Los bodegones, *Naturaleza muerta con cortinaje* (1899), *Bodegón con fruta* (1878), *El florero azul* (1889), *Servilleta y frutero* (1882), *Melocotones y peras* (1889), le permitieron experimentar formalmente, introduciendo botellas y vasijas asimétricas, fruteros levantados hacia el plano de la superficie de la tela y contornos de mesas quebrados. Todas estas irregularidades eran el resultado de la fusión en una imagen de las diferentes visiones de un objeto desde diferentes puntos de vista, lo que le convertía en una referencia clave para los pintores cubistas a principios del siglo XX. Cézanne consideraba que la tarea del artista era dar forma a las sensaciones que recibía del mundo exterior, pero creando una realidad pictórica que poseía sus propias leyes y que era independiente de la realidad visual. Cézanne partía del realismo pero reivindicaba la autonomía de la pintura frente a la naturaleza, iniciando un camino que será desarrollado por las vanguardias del siglo XX.

De Gustave Moreau son: a la izquierda, *La cabeza de Orfeo* (1865, Museo de Orsay, París), y a la derecha, *El unicornio* (1885, Museo Moreau, París).

El pobre pescador (sin fecha, Museo de Orsay, París), de Pierre Puvis de Chavannes.

EL SIMBOLISMO ROMÁNTICO

Dentro del marco cronológico que abarca el Postimpresionismo se sitúa el Simbolismo. Este término fue utilizado por primera vez en un manifiesto publicado en el periódico *Le Figaro*, el 18 de septiembre de 1886, relacionado con la literatura y, años más tarde, fue aplicado a la pintura en un artículo que Paul Aurier

La Magdalena en el bosque del amor (1888, Museo de Orsay, París), de Émile Bernard.

dedicaba a Gauguin. El movimiento simbolista aparecía como una amplia corriente que no presentaba una definición estilística concreta, pero que se basaba en un conjunto de actitudes ideológicas heredadas del espíritu romántico. Las diversas tendencias del movimiento simbolista pueden asociarse a una primera fase que deriva del Romanticismo, o bien a una segunda etapa inaugurada por Gauguin, que partía de una reacción antiimpresionista.

En Inglaterra el Simbolismo romántico nació de la pintura de los prerrafaelitas, y se desarrolló en la línea de Edward Burne-Jones y Breadsley. En 1848 un grupo de siete jóvenes, entre los que figuraban Dante Gabriel Rossetti (1821-1882), William Holman Hunt (1827-1910) y John Everett Millais (1829-1896) fundaron en Londres la Cofradía de los Hermanos Prerrafaelitas, que por su cronología y la fidelidad absoluta con la que pintaban la naturaleza podrían vincularse a la corriente realista francesa del momento. No obstante, teniendo en cuenta el espíritu del grupo y los temas que cultivaron, este movimiento derivaba de los Nazarenos alemanes, cuyas ideas fueron introducidas en Gran Bretaña por William Dyce cuando regresó de Roma. Las pinturas prerrafaelitas fueron aceptadas entre el público gracias al impulso que recibieron de John Ruskin, el crítico literario más importante de la época.

En un primer momento, frente a la descristianización de las masas y al auge del materialismo, el aspecto religioso formaba parte de su ideario artístico. A estos primeros impulsos espirituales respondían obras como *Cristo en casa de sus padres* (1850), de

Arriba, *Cíclope* (1895-1900, Otterlo Rijksmuseum Kroller Muller), y abajo, *El nacimiento de Venus* (1912), de Odilon Redon.

Gauguin: arriba a la izquierda, *La ofrenda* (1902, colección particular); arriba a la derecha, *La oura amaria* (1891, Metropolitan, Nueva York), y abajo, *El Cristo amarillo* (1889, Albright-Knox Museum).

Millais; *La Anunciación* (1850), de Rossetti o *La luz del mundo* (1853-1856), de Hunt. Pero este intento por recrear un arte cristiano desembocó en un tipo de pintura literaria con cierta dosis de sensualidad. Las obras de Shakespeare fueron una fuente de inspiración constante para las pinturas prerrafaelitas. Hunt realizó *Claudio e Isabel* (1850) basándose en el drama *Medida por medida*, demostrando su gran dominio de la luz y el color. Una de las escenas más trágicas de *Hamlet* fue recogida por Millais en el bellísimo cuadro *La muerte de Ofelia* (1852). La ejecución minuciosa de esta escena sitúa a Millais a la cabeza del grupo en cuanto a técnica. Para la realización de la desdichada enamorada del príncipe de Dinamarca tomó como modelo a Elisabeth Siddal. En 1860, esta mujer, cuya belleza se convirtió en el ideal femenino para los prerrafaelitas, se casó con Rossetti y fue inmortalizada por éste en su famosa *Beata Beatrix* (1863), obra en la que presenta la asociación entre el amor y la muerte inspirándose en la literatura de Dante. Desde entonces las atmósferas de Rossetti se fueron haciendo cada vez más somníferas y sus temas fueron ganando en ornamentación y simbolismo, a medida que potenciaba el componente erótico gracias a la representación de un tipo de mujer de rasgos sensuales, como los que muestra *Lady Lilith*.

Esta línea iniciada por Rossetti fue continuada en Inglaterra por Edward Burne-Jones (1833-1898) y terminaría desembocando en la estética modernista de

Vahine no te vi (1892, Museo de Baltimore) y *Visión después del sermón* (1888, National Gallery, Edimburgo), de Gauguin.

Aubrey Beardsley (1872-1898). Burne-Jones fue también fundador de la hermandad prerrafaelita pero su actividad se centró en el campo de la artesanía, realizando sobre todo vidrieras junto a William Morris. Durante su viaje por Italia conoció la obra de los pintores del primer Renacimiento y su influencia se dejó sentir en sus pinturas. Sus temas bebían de la mitología griega: como en *Atlas transformado en piedra*, *El jardín de las Hespérides* (1870-1873), *Dánae en la torre de bronce* (1887); y de fábulas medievales, *El rey Copethua y la doncella pobre* (1883-1884). Esta última, considerada su obra maestra, muestra evidentes ecos de la pintura de Botticelli, por la líneas refinadas, de Signorelli y, sobre todo, de Mantegna por el aplomo de las figuras. Sus escenas se desarrollan en un mundo de ensueño gracias a la quietud y el silencio de los personajes. La figura de la mendiga prefigura la languidez finisecular, el gusto por los cuerpos andróginos, la morbidez y un cierto tono perverso.

Este mismo elemento de perversidad, relacionado con el snob círculo de Oscar Wilde, se encuentra en la obra del pintor belga Khnopff (1858-1921). Sus preferencias literarias y su gusto por la astronomía inspiraron su carrera como pintor, que se movía entre la pintura simbolista francesa y la de los prerrafaelitas. Sus obras se caracterizan por un tono distante y enigmático, que emana de sus figuras duales y perversas, como en *Cierro la puerta tras de mí* (1891) o en su conocida *Esfinge* (1896), que presenta el encuentro entre un joven y una esfinge seductora, cuyos rostros se identifican con el del propio autor y el de su hermana. Rostros indefinidos y asexuales que son una metáfora de la atemporalidad del creador y su narcisismo. La mujer con cuerpo de tigre es la imagen de la mujer amenazante y seductora a punto de devorar a su presa. La escena se desarrolla en una atmósfera silenciosa para percibir mejor el símbolo de la lucha entre el deseo de la dominación terrestre y el abandono a la voluptuosidad.

La otra vertiente del Simbolismo romántico se dio en Francia. Esta tendencia fue inicialmente un movimiento literario que, según el *Manifiesto simbolista* (1886) de Jean Moréas, consideraba a Beaudelaire como su precursor y tenía a Paul Verlaine y Stéphane Mallarmé como sus mejores representantes. A las reuniones organizadas en casa de Mallarmé acudían poetas y pintores como Odilon Redon, Gauguin y Munch.

Gustave Moreau (1826-1898) fue el pintor más representativo de esta corriente escapista que huía del racionalismo, y buscaba la evasión de la realidad a través del tratamiento erótico de los temas extraídos de la

Van Gogh: arriba a la izquierda, *Los lirios* (1889, Museo Paul Getty, Los Ángeles); abajo a la izquierda, *Catorce girasoles en un jarrón* (1889, Museo van Gogh, Amsterdam); arriba a la derecha, *Campo de trigo con cipreses* (1889, National Gallery, Londres); abajo a la derecha, *La habitación de Arlés* (1888, Museo Van Gogh).

literatura, la Biblia y la mitología. Su exótica y voluptuosa temática tan pronto representaba escenas llenas de lirismo, *El unicornio* (1885), como imágenes amenazantes donde reinaba la muerte, generalmente asociada al sexo insatisfecho o culpable, *La cabeza de Orfeo* (1867), *La aparición* (1876), *La danza de Salo-*

mé (1876), *Júpiter y Semele* (1894). En todas ellas recreaba con una técnica minuciosa un mundo rico y suntuoso poblado de símbolos: adolescentes andróginos, mujeres destructoras, seres que se fundían con la arquitectura y objetos preciosos. Esta afición al arabes-

co fue la que llevó a Gauguin a afirmar que Moreau era como un orfebre.

El Simbolismo de Puvis de Chavannes (1824-1898) se apartó de las misteriosas atmósferas para recrear suaves y nostálgicos ambientes llenos de pureza. Para conseguir esas composiciones estáticas, sobrias y equilibradas simplifica al máximo volúmenes, superficies y ritmos. Además, aislaba las figuras reforzando la forma que las contenía y reduciendo su movimiento. La inmovilidad de su obra fue uno de los aspectos más inquietantes de su pintura. Sus colores claros, fríos y pálidos, muy cercanos al yeso, respondían a su deseo de resucitar la gran pintura mural. Por eso sus temas evocaban un pasado clásico, símbolo de un mundo armonioso. Su obra *El pobre pescador* (1881) alcanzó gran popularidad por ser la máxima expresión de la miseria absoluta. Fue sobre todo admirada por Gauguin por la delimitación tan nítida de las masas y la uniformidad tonal.

La obra gráfica y pictórica de Odilon Redon (1840-1916), poblada de extrañas criaturas y apariciones, representaba otra corriente del Simbolismo francés que exploraba el mundo de los sueños. Su fantasía delirante y enfermiza era más sutil que la de Moreau. La intensa fuerza de imágenes como *El nacimiento de Venus* o *Cíclopes* reside, precisamente, en el sometimiento del inconsciente al mundo ambiguo de lo indeterminado. Su obra combina diferentes elementos de la naturaleza y sugiere más que describe, porque ahí es donde reside el misterio.

EL SIMBOLISMO SINTETISTA

Partiendo de los grabados japoneses y del arte medieval, el pintor Emile Bernard destruyó su anterior pintura divisionista y abandonó París, instalándose en la aldea bretona de Pont-Aven donde reinaba un ambiente rústico y primitivo. Allí realizó obras como *La Magdalena en el bosque del amor* (1888) que expresaban una nueva técnica denominada sintetismo o cloisonnista, basada en la simplificación de los volúmenes y la utilización de colores planos. Al igual que el cloisonné medieval, los colores se hallaban compartimentados y delimitados por sólidas líneas.

En el verano de 1888, huyendo también del sofisticado ambiente parisino, y tras haber pasado un

Arriba, *Muchacha de blanco* (1890, National Gallery, Washington), y abajo, *El retrato del doctor Gachet* (1890, Museo de Orsay, París), de Van Gogh.

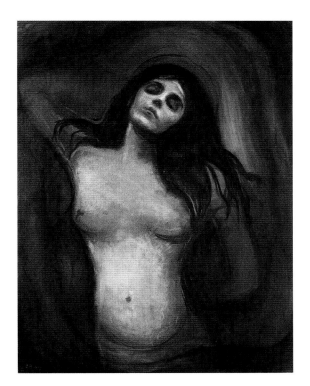

año en la Martinica buscando una libertad casi animal, Paul Gauguin (1848-1903) se instaló en Pont-Aven. Después de ver *Bretonas en un prado* de Bernard, decidió adueñarse de su técnica y realizó su famosa *Visión después del sermón* (1888). Al comparar ambos cuadros se observa cómo ambos partían de la misma idea, pero Gauguin iba más allá utilizando los colores arbitrariamente con fines sugestivos. El cuadro de Gauguin utiliza una composición muy japonesa que funde lo real, las mujeres bretonas que acaban de salir de la iglesia, y lo fantástico, el contenido del sermón que persiste en sus cabezas: la lucha de Jacob y el ángel. Por eso los colores son irreales, como el campo rojo donde luchan, y las figuras no guardan una relación de tamaños adecuada. Desde entonces, tanto las obras que realizó en la aldea bretona Le Pouldu: *Autorretrato simbolista con halo* (1889), *El Cristo amarillo* (1889), *Autorretrato delante del Cristo amarillo* (1890); como las que realizó tras su marcha al trópico, fueron el resultado de la búsqueda que había comenzado en Pont-Aven.

Gauguin fue al trópico en busca de las verdades eternas, como el misterio de la vida, el amor, la muerte y el erotismo. La obra que realizó allí ocupa un lugar único en la historia del arte, porque fue el primero en incorporar a la pintura escenarios exóticos y primitivismos que representaban una evasión hacia el paraíso perdido, haciendo realidad los pensamientos de Jean Jacques Rousseau. Los indígenas que aparecen en *La oura amaria*, *Arearea prantes*, *Vahine no te vi*, *La ofrenda* o *Nevermore* (1897) poseen sentimientos claros y sencillos porque sus almas son más puras que las de los hombres occidentales. El célebre cuadro *¿De dónde venimos? ¿Qué somos? ¿A dónde vamos?* (1897) fue su obra más ambiciosa, como un compendio de toda su carrera. El autor intentó presentar un relato simbólico sobre la vida de la humanidad en tres etapas: la inocencia, la caída y sus consecuencias. El bebé dormido y las figuras de la derecha representan la feliz existencia en el Edén. La figura central que alza sus brazos para recoger el fruto del árbol de la ciencia encarna la tentación del hombre, cuyas consecuencias aparecen en la zona de la izquierda donde una mujer recostada se encuentra atrapada entre la estatua de Hina, símbolo de la vida, y una momia peruana, símbolo de la muerte.

EL SIMBOLISMO PROTOEXPRESIONISTA

La obra del pintor holandés Vincent van Gogh (1853-1890) tenía puntos en común con el Simbolismo de Gauguin. Ambos huyeron de París y soñaron con crear una comunidad de artistas y, sobre todo, ambos exaltaron las posibilidades expresivas del color. Pero la pintura de Van Gogh proyectaba la subjetividad del autor de una manera mucho más intensa. Su personalidad atormentada le hizo volcarse en la creación de una pintura expresiva y simbólica, llena de significación religiosa y social. Creía que el arte era la medicina que

La entrada de Cristo en Bruselas (1888-1889, Museo Bellas Artes, Amberes), de James Ensor.

necesitaba para curarse y, además, un medio de redención moral y mejora social. El conocimiento de la pintura impresionista en París le hizo aclarar su paleta, pero insatisfecho y triste por no encontrar lo que buscaba, marchó a Arlés buscando reencontrarse con la naturaleza.

Esta localidad de la Provenza fue para Van Gogh lo que Toledo para el Greco. Fue entonces cuando alcanzó el pleno dominio de la técnica, utilizando una pincelada dinámica y cursiva, unas formas simplificadas y unos colores arbitrarios que poseían una fuerte carga emotiva. Sus imágenes tenían una carga simbólica estrechamente relacionada con sus estados de ánimo. La luminosidad de los cielos y los vibrantes campos amarillos despertaron su creatividad pintando los paisajes: *Campo de trigos con cipreses* (1890), *El sembrador* (1888), *Trigo verde* (1889), *La siesta* (1889-1890); las gentes: *La berceuse* (1889), *El retrato del doctor Gachet* (1890), *Muchacha de blanco* (1890) y las cosas que le rodeaban, *Los lirios* (1890) o sus famosos *Girasoles* (1888), vivos y tensos como el propio pintor. Pero en otras ocasiones el mundo se cernía sobre él como una horrenda pesadilla. Entonces su pintura se llenaba de angustia y soledad, como en su famoso *Café de noche* (1888), donde él mismo explicaba que los colores verde y rojo expresaban las terribles pasiones humanas. En sus autorretratos se enfrentaba una y otra vez a su rostro cuando salía de sus intermitentes crisis mentales en Saint Rémy. La célebre *Habitación de Arlés* (1889) simbolizaba un remanso de paz tras el desorden de su vida anterior en sucias pensiones.

Van Gogh proponía una pintura como sentimiento, y su habitación como una vivencia de descanso mediante la utilización de los colores. En esta imagen aparecían colgados de las paredes o sobre la mesa los diferentes temas que había tratado durante su carrera: el retrato, el paisaje y el bodegón. Quería transmitir quietud pero, al mismo tiempo, el espacio claustrofóbico y la inestabilidad que expresa la perspectiva defectuosa de ciertos objetos revelaban la inquietud que le invadía y que, finalmente, acabó con su vida.

La búsqueda de emociones primarias que expresó la pintura de Van Gogh inauguró el camino de la pintura protoexpresionista representada por la obra del pintor noruego Edvard Munch y el belga James Ensor. Ambos poseyeron una personalidad atormentada y crearon una pintura que daba forma a sus obsesiones personales. Munch (1863-1944) compartía con Van Gogh la consideración de la pintura como algo religioso. Su infancia llena de acontecimientos trágicos hizo que su obra expresara el drama de la existencia. Pinturas como *La niña enferma* (1885), *La muerte en la habitación de la enferma* (1893) manifestaban sus temores hacia la enfermedad y la muerte. Su tormento interior se centraba en el tema del sexo, la soledad y la angustia. La relación sexual como fuerza destructiva y la concepción de la mujer como vampiresa aparece en su *Madonna* (1895), *El beso*, *Vampiro* (1893) o *La danza de la vida* (1899-1900). Pocas veces ha sido representado un sentimiento tan elemental como la angustia de una manera tan sencilla y directa como en *El grito* (1893), obra que preludia el Expresionismo del siglo XX. La figura que aparece en primer plano es como un fantasma que transmite lo que dice el título. Munch logra recrear un ambiente opresivo gracias a la utilización de unos colores irreales y violentos, al uso dramático de la perspectiva y al ritmo sinuoso que envuelve al paisaje y la incorpórea figura.

El belga James Ensor (1860-1949) dirigió su pintura hacia lo burlesco, ridiculizando al hombre. Junto a los pintores belgas más inquietos fundó en 1883 el grupo *Les XX* y desde entonces los rostros humanos fueron sustituidos por las máscaras de carnaval, tal y como se aprecia en su obra más representativa *La entrada de Cristo en Bruselas* (1888). Esta grandiosa escena convierte el domingo de Ramos en una fiesta de carnaval, plagada de los personajes estrambóticos entre los que se había criado, ya que sus padres poseían una tienda de muñecos y objetos de carnaval. El propio artista se identificaba con la figura de Cristo como rebelde en contra de lo establecido, que era víctima de la hipocresía social. Ensor heredaba el universo satírico de El Bosco y se hallaba en la línea de Goya

Arriba a la izquierda, *El beso* (1907-1908, Osterrichische Galerie, Viena); arriba a la derecha, *Judith* (1901, Osterrichische Galerie, Viena), y abajo, *Las tres edades del hombre* (1905, Galleria Nazionale d'Arte Moderna, Roma), de Klimt.

que ridiculizaba al hombre exagerando sus defectos morales. Para ello se basó en un estilo alegre de cromatismo violento que utilizaba con fines emocionales, al igual que en la obra de Van Gogh, pero que buscaba la aversión del espectador.

El Simbolismo de la obra de Gustav Klimt (1862-1918) se oponía a la pintura oficial, mediante un estilo que mezclaba detalles del Impresionismo con elementos expresionistas y modernistas. Klimt fue uno de los fundadores de la Secession vienesa en 1897, un movimiento que se inscribía en el seno de las diferentes actuaciones artísticas centroeuropeas a finales del siglo XIX. En un principio, la Secession escandalizó por la ruptura que suponía con el pasado académico, pero con el tiempo fue aceptada por la burguesía snob. Era característico de su obra la utilización de los colores esmaltados y del dorado al más puro estilo bizantino, que delataban su formación en la Escuela de Artes Aplicadas de Viena y sus comienzos como decorador. Su estilo parecía que fusionaba la pintura simbolista con las artes decorativas. El desarrollo de los suntuosos ornamentos permite hablar de un «horror vacui» en sus obras más emblemáticas: *Judith* (1901), *Danae* (1807-1808), *El beso* (1908), *Las tres edades del hombre* (1908) y *Salomé* (1909). En ellas Klimt simplifica las figuras mediante un estilo gráfico casi bidimensional. Éstas se muestran ensimismadas y materializadas en un fondo decorativo, que adquiere también un significado porque el hombre ya no domina la naturaleza. Las cosas son las que dominan al hombre y lo orgánico cobra vida contactando con el espectador. Por eso las formas decorativas rígidas y estáticas parecen petrificar a las figuras, y presentan un contenido simbólico y esotérico, convirtiéndose en el tema principal de sus obras.

Las vanguardias históricas

L A HISTORIA DEL ARTE DEL SIGLO XX ES LA HISTORIA DE LAS VANGUARDIAS. UNA HISTORIA QUE SE CARACTERIZA POR LA RÁPIDA SUCESIÓN DE TENDENCIAS EN UNA ÉPOCA LLENA DE ACONTECIMIENTOS POLÍTICOS TRASCENDENTALES E IMPORTANTES TRANSFORMACIONES SOCIALES. UN EPISODIO DE LA HISTORIA ATRAVESADO POR DOS GUERRAS MUNDIALES, QUE SIRVEN DE REFERENCIA A LA HORA DE ESTUDIAR Y ANALIZAR LOS NUMEROSOS MOVIMIENTOS ARTÍSTICOS QUE BROTAN EN ESTE SIGLO.

Dentro de las vanguardias, el término «vanguardias históricas» alude a aquellas primeras tendencias que se gestaron en torno a 1910, antes de la I Guerra Mundial (Fauvismo, Expresionismo, Cubismo y Futurismo), y a aquellas que se desarrollaron durante el periodo de entreguerras (Vanguardias Abstractas, Nuevas Figuraciones, Dadá y Surrealismo). Estas vanguardias también se llaman «clásicas» o «heroicas».

EL CONCEPTO DE VANGUARDIA

El término «vanguardia» es de origen medieval y se utilizaba en el lenguaje militar para denominar a todo destacamento de una fuerza armada que iba por delante del resto. En el siglo XIX comienza a ser utilizado en Francia, en los textos de los socialistas utópicos, aludiendo a los compromisos progresistas del mundo de la cultura. Pero fue en el siglo XX cuando se convirtió en el término clave para referirse a los movimientos artísticos que se sucedieron como el cubismo, movimiento al que se puede asociar *Las señoritas de Avignon* donde la concepción del espacio y de los rostros, como se puede ver en la imagen derecha, se muestra completamente revolucionario. El espacio pierde la profundidad renacentista y los planos de las figuras reflejan diferentes puntos de vista simultáneos.

Literalmente, la palabra «vanguardia» conlleva la idea de lucha de un pequeño grupo que avanza y va por delante del grupo mayoritario. Las vanguardias artísticas se presentaron como reducidos grupos de artistas que se enfrentaban a situaciones y circunstancias establecidas y aceptadas por la mayoría. Por eso,

Las señoritas de Avignon (1907, óleo sobre lienzo, 243,8 × 233,5 cm, Museo Arte Moderno, Nueva York), de Pablo Picasso, con el que el pintor innovó con un tipo de pintura que fue bautizada como Cubismo.

La línea verde (1905, óleo sobre lienzo, 58 × 61 cm, Museo Bellas Artes de Copenhague), de Henri Matisse.

en una época en la que pervivían los convencionalismos estéticos burgueses, estos inquietos, rebeldes y polémicos artistas, fueron rechazados, en un principio, por el gran público. La situación inicial de los artistas de vanguardia enlazaba con la idea romántica del genio incomprendido.

LOS MANIFIESTOS

Dentro de esta ferviente actividad, aspectos como el activismo, la voluntad de ruptura con el pasado y la idea de una revolución artística, presentan muchas similitudes con el lenguaje político. Pero lo que más les aproximó fue la aparición de un documento literario: el manifiesto. Desde que en el año 1948 apareciera el *Manifiesto Comunista*, comenzaron a aparecer en el campo artístico numerosos manifiestos que eran, en realidad, una declaración de principios y de programas de actuación.

Todas las vanguardias históricas poseyeron su propio manifiesto, o algún texto que sirvió como tal. El *Manifiesto futurista*, publicado en 1909, ha sido considerado como el prototipo por plasmar, además de las peculiaridades del movimiento futurista, los aspectos más típicos y representativos de la vanguardia en general: la euforia, el activismo, la agresividad y la provo-

cación; la originalidad e innovación como nociones fundamentales para valorar la obra artística; la fe en el progreso de la humanidad y, sobre todo, el rechazo al pasado y a los valores establecidos.

LOS CREADORES

Los diversos *ismos* fueron creando lenguajes artísticos sirviéndose de diferentes procedimientos estéticos. Generalmente, fueron artistas individuales los que crearon estas nuevas formas de representación; pero, poco después, éstas pasaron a ser compartidas por grupos de creadores que trabajaron en base a reglas compartidas. Existen muchos artistas, como Modigliani o Paul Klee, que no encajan en un grupo concreto y cuya obra es difícil de reducir a una sola tendencia. Además, los intereses y búsquedas de los artistas fueron cambiando a lo largo de sus carreras. Por ejemplo, la trayectoria artística de André Derain comienza con el Fauvismo, pasa por el Cubismo y, en los años veinte, se sitúa en la corriente de Realismo que se extiende por Europa tras la Gran Guerra.

En cuanto a la organización de la vida artística, durante el siglo XX encontramos los tres sistemas de organización que habían existido: el sistema corporativo gremial, retomado por la Bauhaus como sistema de enseñanza; el sistema académico que se basa en la copia de modelos del pasado; y el sistema mercantil, que se definió frente al académico a partir de la figura del marchante. Desde Paul Durand Ruel, el primer gran marchante relacionado con el Impresionismo, éstos aparecieron asociados al nacimiento de las vanguardias, apostando siempre por la innovación en el arte. Ambroise Vollard o Daniel Henri Kahnweiller aparecen junto al descubrimiento de Cézanne, Van Gogh, Matisse, Derain, Vlaminck, Picasso, Braque o Chagall.

LA AUTONOMÍA DEL ARTE

Los descubrimientos científicos ofrecieron enormes posibilidades para el desarrollo de la nueva pintura. A partir de entonces, el hombre comenzó a gozar y disfrutar de mayores comodidades, pero esto también le creó una nueva esclavitud, la de la máquina. La pintura no permaneció ajena a esta nueva situación. Por un lado, reflejó la nueva vida mecanizada y, por otro, la insatisfacción del espíritu que intentaba escapar buscando la irracionalidad del arte.

Desde el Renacimiento, la tradición artística se había propuesto perfeccionar el conocimiento del mundo exterior en la pintura. Al comenzar el siglo XX, esta labor fue asumida por la fotografía y el cine, cuya popularización supuso una gran liberación para la pintura que, desde entonces, abandonó la tradicional función de reconstruir la imagen ilusionista de la realidad y pudo dedicarse a investigar nuevas formas de representación que reforzasen el principio de autonomía del arte.

«Destruir el culto al pasado, la obsesión por lo antiguo, la pedantería y el formalismo académico». Con estas palabras el *Manifiesto futurista* absolutizaba el legado de la tradición como un todo caduco que era necesario destruir. El poeta francés Guillaume Apollinaire, en su ensayo *Los pintores cubistas* (1913), es también muy explícito al afirmar que no se puede transportar el cadáver de un padre a todas partes, porque hay que abandonarlo en compañía de los demás muertos. Apollinaire consideraba al Cubismo un arte de concepción y no de imitación. Un arte que debía elevarse hasta la creación y no sacrificase «la verdad» en beneficio de la verosimilitud convencional.

La manera de romper con la tradición pictórica, proclamada por todas las vanguardias, fue la abolición de la perspectiva renacentista, de la ilusión del espacio tridimensional. El cuadro pasó de ser considerado como una ventana que imitaba la realidad a considerarse un problema específicamente pictórico, un espacio bidimensional.

Pero la autonomía del arte no se terminó en la emancipación respecto a las normas del pasado. La moderna noción de autonomía artística implicaba la autonomía de la experiencia estética. De esa manera, el arte conseguía diferenciarse respecto a otras formas de conocimiento, aislándose la experiencia que correspondía a la relación subjetiva con el arte. La independencia de las vanguardias fue haciéndose cada vez mayor, y cada *ismo* fue apareciendo como una nueva experiencia, como un lenguaje que era una solicitud, o una petición, a nuestra experiencia; como un reto a un cambio de apreciación.

Pero la autonomía artística no solo consistía en la autodeterminación del arte respecto a la naturaleza. También se expresó en contraposición con otros tipos de experiencia. Los diferentes lenguajes artísticos eran autónomos pero estaban sometidos a las fuertes tensiones que imperaban en la vida social. Picasso y Braque alumbraron sus formas cubistas al margen de lo establecido y sin tener ningún interés político. En cambio, el discurso de vanguardia de Boccioni y los futuristas enlazaba con la idea de progreso y fe en la nueva socie-

La ventana abierta (1912, óleo sobre lienzo, 115 × 79 cm, Museo Pushkin, Moscú), de Matisse, que transmitía su optimismo y alegría a través de sus pinceladas coloristas.

dad industrial que se revelaba contra las tradiciones caducas.

ESCENARIOS DE LAS VANGUARDIAS

Durante los años que precedieron a la I Guerra Mundial, los movimientos artísticos que revolucionaron las bases de la creación plástica surgieron principalmente en París. La capital francesa, que había sido a finales del siglo XIX el escenario del Impresionismo, el Postimpresionismo y el Simbolismo, se convirtió a principios del siglo XX en el centro artístico más importante, con sus museos, sus escuelas de arte, sus marchantes y sus galerías.

La ciudad de la luz fue también un foco de atracción para artistas de todo el mundo. Artistas como el español Picasso, el italiano Modigliani o el ruso Chagall, desarrollaron allí sus carreras artísticas, y para todos aquellos artistas que buscaban el contacto directo con las últimas tendencias, fue un lugar de visita obligado.

Carteles de Trouville (1906, óleo sobre lienzo, 65 × 81 cm, colección John Hay Whitney, Nueva York), de Albert Marquet.

Barca de vela en el Sena (1906, óleo sobre lienzo, 54,5 × 73,5 cm, colección particular), de Maurice de Vlaminck.

LAS FIERAS

Durante los primeros años del siglo XX el color fue el protagonista de las discusiones entre artistas, escritores y críticos de arte. A principios del siglo XIX aparecía la *Teoría de los colores*, del escritor alemán Goethe, y el pintor romántico Philipp Otto Runge escribía: «El color es el arte supremo, que es y debe ser místico». Estas reflexiones teóricas continuaron a finales del siglo XIX con las teorías de Chevreul, Sutter, que se tradujeron plásticamente en la pintura impresionista y postimpresionista.

Los primeros *ismos* surgidos hacia 1905, Fauvismo y Expresionismo, se alejaron del arte establecido investigando sobre la naturaleza y los efectos del color. Si el Fauvismo tuvo una corta vida, el Expresionismo se desarrolló durante décadas, ejerciendo una gran influencia en otras vanguardias.

Fue en el Salón de Otoño de 1905, donde surgió el calificativo de *fauves* (fieras) relacionado con una tendencia artística. El autor de esta denominación fue el crítico Louis Vauxcelles, quien al contemplar en una sala una escultura de corte renacentista rodeada de un conjunto de pinturas de gran fuerza cromática, comentó irónicamente: «Parece Donatello entre las fieras». Entre los artistas que participaban en esta exposición se encontraban: Henri Matisse, el cabecilla del grupo, André Derain, Maurice Vlaminck, Marquet, Friesz o Van Dongen, a los que más tarde se les unirán otros miembros (Raoul Dufy, Braque, Jean Puy, Charles Camoin).

El punto de partida de los fauvistas se encontraba en el Postimpresionismo. Artistas como Van Gogh, Cézanne, Gaughin o Seurat eran los protagonistas de las retrospectivas de los primeros cinco años del siglo XX.

En la muestra se podían contemplar dos obras que Matisse (1869-1954) había realizado ese mismo año: *La ventana abierta*, realizada en Collioure, un pueblo donde había veraneado ese año junto a Derain; y la obra que se considera el punto de partida de su nuevo camino pictórico: *Mujer con sombrero*. En estas y otras obras realizadas también en 1905: *Retrato de André Derain*, *Retrato de Madame Matisse*, más conocido como *La línea verde*, se aprecia el optimismo y la alegría de vivir a base de pinceladas espontáneas que ensalzan el color puro, la curva y el arabesco, renunciando a la perspectiva clásica y rompiendo con el tradicional uso del color. La independencia del color era una manifestación de la autonomía que quería alcanzar la pintura, separándose de los convencionalismos a los que estaba sometida. A estos aspectos se unió el interés por el arte primitivo de África y Oceanía que sustituyó a la moda de las estampas japonesas que invadió a Europa a finales del siglo XIX. Esta nueva figuración, que daba a los rostros de sus retratos un aspecto de máscaras, suponía una vuelta a la pureza de los medios de expresión.

El colorido desbordante se manifiesta como la característica dominante en las obras de los demás integrantes del grupo. Derain (1880-1954) aportó para la primera exposición de los fauves cuadros como *El viejo árbol* (1904) y *La edad de oro* (1905) donde aplica la pasta pictórica de manera divisionista. Los paisajes de su compañero autodidacta Vlaminck (1876-1958), *Barca de vela en el Sena* (1906), transmitían emociones a través de los colores. Marquet (1875-1947) presenta también paisajes llenos de color con trazos fluidos que se harán palpables en sus numerosas marinas, vistas de ciudades, *Carteles de Trouville* (1906) y sus obras con la fiesta nacional francesa como tema. En la obra de Friesz (1879-1949) *La Ciotat* (1907) destaca el fuerte arabesco en contornos y trazos.

Los fauvistas carecían de programa artístico, pero en las *Notas del pintor* de Matisse podemos encontrar su idea explícita de la pintura. Para él, ésta debía lograr ante todo la expresión, y para conseguir la máxima expresividad utilizaba la pureza del color: «Mi sueño es un arte de equilibrio de pureza y de serenidad».

El Fauvismo fue uno de los *ismos* menos duradero. La aparición en 1907 del Cubismo atrajo a muchos de sus miembros y el ímpetu de las fieras se apaciguó. Pero muchos de sus aspectos fueron recogidos por los expresionistas alemanes que, por aquellos años, buscaban también un arte nuevo más emocional y violento. Con este nombre se oponían al de «impresionismo», ya que consideraban que estos se quedaban en la superficie de las cosas.

La nueva tendencia surge en una sociedad que sufría profundos cambios derivados de la industrialización. Las ciudades se transformaban rápidamente y con ello, también las formas de vida, pero, al mismo tiempo, seguía existiendo una anticuada mentalidad burguesa. Ante esta situación de sufrimiento, tensión e injusticia, los expresionistas reaccionaron rechazando y eliminando todo lo que implicara belleza y armonía, y buscando una expresión personal que acabó cuajando en el uso de colores contradictorios y distorsionadas formas.

No se trataba de un estilo artístico, como el Cubismo, o de una escuela, sino de una postura ante la vida y ante la creación artística en todas sus manifestaciones. Los primeros brotes aparecieron en la pintura y, a diferencia de la vanguardia francesa concentrada en París, en Alemania existen diferentes núcleos artísticos. Dresde y Berlín fueron los escenarios del grupo *El Puente* y en la ciudad de Munich nace *El Jinete Azul*. Ambos grupos fueron los más destacados del Expresionismo en su vertiente pictórica. Estos centros ya contaban con una importante vida cultural cuando, a finales del siglo XIX, surgieron asociaciones de artistas que se agruparon en contra del arte oficial e introdujeron el Impresionismo en Alemania.

DIE BRÜCKE

En 1905 cuatro jóvenes estudiantes de arquitectura, Ernst Ludwig Kirchner (1880-1938), Erich Heckel (1883-1970), Fritz Bleyl y Karl Schmidt-Rottluff (1884-1976), decidieron dedicarse exclusivamente a pintar y fundaron un grupo al que bautizaron con el nombre de *Die Brücke* (*El Puente*). Este grupo fue concebido como una comunidad de artistas que compartían materiales y talleres, que visitaban juntos los museos y que pretendía oponerse a las convenciones establecidas por la sociedad del momento. Al año siguiente de su fundación se les unieron Emil Nolde (1867-1956), Otto Müller (1874-1930) y Max Pechstein (1881-1955).

El origen del nombre no está del todo claro. Los propios artistas intentaron mantener la ambigüedad. Pero parece claro que fue Schmidt-Rottluff quien tomó el término de un pasaje de la obra de Friedrich Nietzsche *Así habló Zaratustra*: «La grandeza del hombre es que es un puente y no un fin, lo que en el hombre se puede amar es que es un tránsito y una caída». Además, el filósofo alemán se convirtió en una fuente importante del movimiento.

LA BÚSQUEDA DE LOS ORÍGENES

En los primeros años, los jóvenes artistas aspiraban a trabajar en comunidad compartiendo sus experiencias, lo que explica la similitud estilística y temática de muchas obras. Se reunían para pintar, discutir, leer e investigar las posibilidades técnicas. Sus métodos de trabajo para estudiar el desnudo, conocidos como «desnudos de un cuarto de hora», eran novedosos. En ellos,

La Ciotat (1907, óleo sobre cartulina, 26 × 35 cm, Kunstmuseum, Berna), de Othon Friesz.

los modelos no profesionales y los artistas permanecían un cuarto de hora en una postura y luego cambiaban, porque no querían estudiar los modelos como lo hacían las academias, sino moviéndose en libertad.

El desnudo y la naturaleza eran los temas que mejor reflejaban la aspiración a un mundo más puro y primitivo, al «Paraíso perdido». Cuando el tiempo lo permitía, salían a buscar la comunión con la naturaleza, en las islas salvajes del mar del Norte y del Báltico, o en los lagos cercanos de Dresde. Durante los veranos de 1909, 1910 y 1911 Kirchner, Pechstein y Heckel viajaron a los lagos de Moritzburg para estudiar el desnudo al aire libre. Pero el tema de la simbiosis del ser humano y la naturaleza, que ya se encontraba en los románticos alemanes, se encuentra en casi todos los artistas que integraron El Puente: *Entrando en el mar* (1912), *Bañistas bajo los árboles* (1913), de Kirchner; *Verano* (1913), *Dos desnudos femeninos* (1911), de Schmidt-Rottluff; *En el estanque del bosque* (1910), de Heckel; *Verano en las dunas* (1911), *Amanecer* (1911) de Pechstein; *Tres desnudos en el bosque* (1911), *Desnudos femeninos al aire libre* (1920), de Otto Müller.

En todas estas obras, los expresionistas no aspiraban a la impresión de la naturaleza, sino a la expresión de los sentimientos, porque la naturaleza era un estímu-

lo y no algo que imitar. Para ello utilizaron colores fuertes, violentos y planos. Consideraban que era en el color donde se concentraba el espíritu del ser u objeto representado y asociaban los colores con estados de ánimo. Obras como *El regreso de los barcos* (1919), *Mercado de caballos en Moritzburg* (1909), de Pechstein; *Paisaje en Dangast* (1910), *En la estación* (1908), de Schmidt Rottluff; *Fábrica de ladrillos* (1907), *Aldea sajona* (1910), de Heckel; son ejemplos de cómo Van Gogh y Gauguin fueron, sin duda, dos de los pintores más influyentes para estos artistas. La galería Arnold fue la encargada de dar a conocer al pintor holandés. Además Emil Nolde le había conocido personalmente a finales del siglo XIX. El grupo de Dresde admiró la violencia expresiva y la experiencia vital que plasmó Van Gogh en sus obras. A esto sumaron el uso del color no descriptivo de Paul Gauguin. Para ellos, al igual que para los fauves, la pintura no era un medio de producción naturalista, por lo tanto, los colores no tenían que guardar similitud con su referente habitual. Lo que sí les diferenciaba de sus contemporáneos franceses fue la nula importancia que dieron a la armonía. También se interesaron por el pintor Edward Munch, al que conocían desde que en 1900 se instalara en Alemania. Lo que más les atrajo fue la angustia que mostraban sus obras. En 1889 este pintor y grabador noruego escribió algo que puede ser considerado como una premonición de lo que sería el Expresionismo: «Ya no debes pintar interiores con hombres leyendo y mujeres sentadas. Deben ser seres que respiren y sientan, que amen y sufran».

A la libre aplicación del color añadían formas con líneas quebradas y puntiagudas, que recuerdan a las tallas africanas y oceánicas, demostrando su preferencia hacia la superficie frente al volumen. Los expresionistas, que creían haber perdido el Paraíso perdido, lo encontraron en el arte primitivo. Además hallaron en él un claro referente del tipo de vida que querían llevar y de las obras que deseaban realizar. El arte primitivo desempeñó un importantísimo papel en el nuevo lenguaje, cosa que ocurría paralelamente entre los fauvistas y, un poco después, entre los cubistas. En el caso expresionista, fue Kirchner quien comenzó a interesarse por estas manifestaciones artísticas, después de descubrir las colecciones de arte africano y oceánico que poseía el Museo de Etnografía de Dresde.

Este interés por la escultura africana y de los mares del Sur les llevó a interesarse por los «primitivos» de su propia cultura alemana. Existía por entonces una sólida corriente que consolidaba los valores culturales

El regreso de los barcos (1919, óleo sobre lienzo, 89 × 63 cm, Staatliche Galerie Mortizburg), de Max Pechstein.

nórdicos. Acudiendo a las raíces populares y nacionales anteponían la tendencia a la oscuridad, la introspección y la espiritualidad, de raíz germana; a la herencia clásica mediterránea del orden, el equilibrio y la serenidad.

Con esta admiración hacia otras culturas y otras épocas querían rechazar el presente en que vivían. Iban en contra de la burguesía guillermina acomodada, que creía en el progreso industrial para lograr la felicidad. Frente a este positivismo, los expresionistas retoman algunas enseñanzas del Romanticismo alemán y la búsqueda de lo espiritual en la naturaleza se convierte en el gran reto del grupo.

El deseo por recuperar la pureza de lo primitivo les llevó a recuperar la técnica de la xilografía y realizar una extensa obra gráfica. El origen de esta práctica se encuentra en los trabajos de madera de Gauguin y en la alta calidad de los trabajos de Munch. Emil Nolde, convencido de la necesidad de crear un arte específicamente alemán, veía en el grabado una gran posibilidad para entroncar con la propia tradición alemana. Kirchner fue el que más practicó la xilografía. Él mismo relató cómo fue en la ciudad de Nuremberg, viendo unas planchas de madera de Durero, cuando comenzó su interés por el grabado. La obra gráfica fue un medio de expresión y de difusión independiente dentro de las artes visuales, pero la fuerza de la línea y los dramáticos efectos del contraste blanco/negro influyeron en la pintura expresionista. Al igual que otros medios de reproducción mecánica, permitió una amplia y rápida difusión de las nuevas imágenes por toda Europa.

DEL CAMPO A LA CIUDAD

Tras darse a conocer en algunas exposiciones y publicaciones, Kirchner, Heckel y Schmidt-Rottluff se trasladaron a Berlín en 1910. Berlín era una gran ciudad donde podían contactar con las vanguardias internacionales. Pero lo que en un principio supuso un estímulo para el grupo, que vio cómo aumentaban sus filas, acabó produciendo la separación del mismo. Allí, tras el contacto con el Cubismo y el Futurismo, cada artista encontró su propio estilo, acabando con la unidad de su etapa de Dresde. Las paletas se oscurecieron notablemente y aparecieron nuevos temas como la soledad, la alienación y la locura. Destaca la serie de escenas callejeras berlinesas que Kirchner dedica a las prostitutas como *Calle con buscona de rojo* (1915-1924) o *Cinco mujeres en la calle* (1913). Al comparar esta última con obras de su etapa anterior, *Calle de Dresde* (1908), se aprecia el gran cambio de estilo. Los vivos colores y las redondeadas formas se abandonan. Entre su grupo de mujeres, con rostros

Arriba, *El sueño* (1912, óleo sobre lienzo, 100,5 × 135,5 cm, Museo Thyssen-Bornemisza, Madrid) y abajo, *Pequeños caballos amarillos* (1912, óleo sobre lienzo, 66 × 104 cm, Staatsgalerie, Stuttgart), de Franz Marc.

que recuerdan a las tallas primitivas, no existe ninguna comunicación; y sus zapatos, pieles y sombreros de plumas acentúan las formas puntiagudas de estas figuras construidas a base de ángulos agudos.

En medio del ambiente expresionista que vivía la ciudad de Berlín, destacó la figura de músico Herwart Walden o Georg Levin (su verdadero nombre). En 1910 publicó la revista y editorial *Der sturm* (*La tormenta*), «semanario cultural y artístico», que se convirtió en portavoz de la vanguardia literaria. En 1912 inauguró una galería con el mismo nombre y en su primera exposición contó con obras del grupo El Jinete Azul, el artista austríaco Oskar Kokoschka y los expresionistas. La galería se convirtió durante diez años en el escaparate más interesante de las nuevas tendencias internacionales. En 1913, organizó la mayor exposición de arte de vanguardia, el primer Salón alemán de Otoño, con obras de noventa artistas.

La iglesia de Santa María en Bonn (1911, óleo sobre lienzo, 66 × 57,5 cm, Städtische Kunstsammlungen, Bonn), de August Macke.

Las propuestas de El Puente fueron mermándose poco a poco y otras experiencias recogieron el testigo de este nuevo lenguaje lleno de coloristas y vitales imágenes.

LOS PAISAJES DE MURNAU

Tras abandonar su puesto de profesor de leyes en la Universidad de Moscú e instalarse en Munich para ser pintor, el ruso Wassili Kandinski (1866-1944) realizó viajes por Holanda, Italia, París, África y Berlín, regresando a Munich en el verano de 1908. Desde entonces, y hasta 1914, pasó los veranos en la llamada «casa de los rusos», en la localidad de Murnau. Allí se encontraban su mujer Gabrielle Münter (1877-1916), antigua alumna suya; el exmilitar Alexei von Jawlenski (1864-1941), que había estado en París exponiendo con los fauves en el Salón de Otoño de 1905; y su compañera Marianne von Werefkin, mujer activa y culta que pertenecía a la nobleza rusa.

Murnau se convirtió para los futuros miembros de El Jinete Azul en objeto de reflexión sobre la naturaleza. En un primer momento, de euforia colectiva, los cuatro encontraron sus medios de expresión.

Marianne fue la única que se ocupó de la vida cotidiana de los campesinos, como en *Gemelos* (1909), inspirándose en obras de Munch aunque los colores son más vivos y el ambiente menos opresivo. Jawlenski, siempre relacionado con los franceses, utilizó colores violentos delimitados por trazos muy negros, *Atardecer de verano en Murnau* (1909), *Paisaje de Murnau* (1909), con ecos del arte popular ruso. Gabrielle Münter optó por una pintura de grandes masas de color delimitadas por contornos negros que recuerdan a las vidrieras como en *Escuchar (retrato de Jawlenski)* (1909). Kandinski pintó paisajes de Murnau de pequeño formato, *Casas en el mercado. Murnau* (1908), *Vista de Murnau con ferrocarril y castillo* (1909), en los que el tema iba perdiendo importancia frente al color violento e irreal que le servía para transmitir su ser más íntimo.

DER BLAUE REITER

La ciudad alemana de Munich contaba con una fuerte tradición cultural. En 1896 se instaló en esta ciudad Marianne von Werefkin. Su casa se convirtió en lugar de reunión para un grupo de inquietos artistas que acabaron fundando *La Nueva Asociación de Artistas* (NKV) en 1909. Estos artistas, entre los que se encontraban Kandinski, Jawlenski y Adolf Erbslöf, poseían una sólida formación profesional frente a los artistas autodidactas de El Puente. Un año después de su fundación, realizaron, en el mes de diciembre, una exposición en la galería Tanhauser que recibió críticas muy duras. Lo mismo ocurrió en su segunda exposición, celebrada en septiembre de ese mismo año, con la presencia de cubistas y antiguos fauves. Poco después, en 1911, Kandinski presentó para la tercera exposición su obra *Juicio Final* y la NKV la rechazó. Fue entonces cuando junto a Munter, Kubin y el joven Franz Marc decidieron abandonar la Asociación y realizaron una exposición paralela: la primera exposición de El Jinete Azul. Esta muestra reunió a numerosos artistas de diversos ámbitos, desde el Cubismo hasta la vanguardia rusa. Eran artistas que perseguían un arte espiritual y expresivo.

El Jinete Azul no fue un grupo propiamente dicho, sino una publicación bajo la cual se presentaron en Munich, durante los años 1911 y 1912, dos exposiciones en las que participaron también miembros de *El Puente* y el pintor suizo Paul Klee. El nombre proviene de un cuadro que realizó Kandinski en 1903 y fue el nombre que dieron al almanaque que publicaron él y F. Marc en 1912. Marc reconoció que el nombre *El Almanaque de El Jinete Azul* vino solo mientras tomaban un café. A los dos les gustaba el color azul, el caballo era el animal favorito de Marc y a Kandinski la gustaban los jinetes.

El Almanaque poseía casi ciento cincuenta ilustraciones de objetos de arte popular, obras primitivas, xilografías medievales, reproducciones de El Greco, Cézanne, Gauguin, Rousseau, Picasso, Delaunay, Matisse, los expresionistas de Dresde, Marc, Macke, Kandinski, Pechstein, Kubin, Le Fauconier y del músico Arnold Schoënberg. Todo un repertorio cuya intención era demostrar que sus ideas no venían de la nada. Por eso, junto a las novedades del momento, aparecía una mirada a las formas de representación antinaturalistas y una muestra de los artistas del pasado con los que se sentían más identificados. Pensaban que era tarea de los artistas, y no de los críticos, guiar al público para que comprendiera el nuevo arte. Los estudios estéticos de *El Almanaque* recogen el anhelo por conseguir la obra de arte total, la idea del arte como respuesta a la necesidad interior del artista y la correspondencia entre la pintura y la música, el arte por excelencia. Sin ser un manifiesto, *El Almanaque* se convirtió en un texto decisivo para el pensamiento artístico del siglo XX, con una concepción espiritual y abierta de la obra de arte.

Frente a la unidad de estilo que mostraban los miembros del grupo *El Puente*, dentro de *El Jinete Azul* encontramos estilos diferentes. Sus contactos con los franceses y la vanguardia rusa, al ser un grupo más abierto, influyeron en una mayor libertad a la hora de pintar.

Kandinski llevó a tal extremo las teorías de los fauves, aplicando antinaturalmente el color, que su paso del Expresionismo a la Abstracción se produjo de una manera natural. Murnau supuso para Kandinski el salto definitivo a la abstracción tal y como cuenta en su ensayo *De lo espiritual en el arte*, publicado en 1910, donde plantea la figura del artista como profeta y otorga al arte un papel primordial como responsable de la revolución espiritual, como expresión de una necesidad interior. Desde entonces realizó series de obras que clasificó en tres categorías: «Impresiones», que son representaciones libres inspiradas en la naturaleza, *Impresión n.º 3 (Concierto)* (1911), *Impresión n.º 5 (parque)* (1911); sus «Improvisaciones», donde predomina la espontaneidad, *Improvisación n.º 30 (cañones)* (1913); y sus trabajadas y complicadas «Composiciones», *Dos óvalos (Composición 218)* (1919), *Composición 6* (1913). Estas obras de Kandinski pertenecen a su periodo muniqués denominado «periodo dramático». El óleo *Pequeñas alegrías* (1913) es una de las más representativas de estos primeros pasos por el camino que le llevará a la abstracción, una abstracción que en esta época podemos denominar «orgánica» por conservar resonancias figurativas. Bajo un vibrante tejido de colores, dispuestos en aparente desorden, distinguimos

una montaña con arquitecturas, unos jinetes, una pareja de enamorados, una barca con remos, el sol y una oscura nube. Todas las figuras poseen un significado, pero éste procede de la progresiva desaparición y oscurecimiento de la realidad. Con ello Kandinsky intentaba entorpecer la inmediata comprensión del espectador para que «degustase lentamente las resonancias espirituales emitidas por cada objeto».

Franz Marc (1880-1916), que había realizado estudios de teología, mantuvo en sus obras una profunda visión mística y panteísta de la naturaleza y, sobre todo de los animales que comenzó a pintar en 1905: *Los grandes caballos azules* (1911), *El sueño* (1912), *Pequeños caballos amarillos* (1912). Consideraba que los animales encarnaban la perfección, la fuerza y la energía de la vida. Sus figuras se muestran con formas muy simplificadas que recoge del arte primitivo, y los colores fantásticos e irreales están llenos de simbolismo.

August Macke (1887-1914) fue el caso más notable de artista que recopiló influencias de otros estilos, desde el Impresionismo, pasando por los fauves, el

Sombrerería (1913-1914, óleo sobre lienzo, 60 × 50 cm, Museo Folkwang, Essen), de August Macke.

Futurismo y el Cubismo de Delaunay. Adaptó su pintura, de colores luminosos y transparentes, a paisajes, *La iglesia de Santa María de Bonn* (1911), y temas urbanos en los que destaca el tema de figuras de espaldas ante escaparates que enlazan la modernidad de los recursos plásticos a la de los temas: *Gran escaparate iluminado* (1912), *Tiendas de moda* (1913) y *Sombrerería* (1913-1914).

La ciudad fue también el tema favorito del americano Lyonel Feineger (1871-1956): *Dama de malva* (1922), *Gelmeroda IX* (1926). Una ciudad llena de recuerdos de Nueva York con geométricas construcciones y un colorido de grandes transparencias y efectos prismáticos que se relacionan con la estética de la película expresionista de Fritz Lang *Metrópolis.*

Paul Klee (1879-1941) se integró desde 1911 con el círculo de Munich. Coincidía con Kandinski en considerar que el mundo visual sólo tenía interés como exteriorización de lo escondido. Entendía el grafismo como camino hacia el arte abstracto, cuyos elementos esenciales son el punto, la línea y el plano y el espacio. En 1914 descubrió el color tras un viaje a Túnez y, a la vez, se encontraba bajo la influencia del Cubismo colorista de Delaunay y el Cubismo de Braque y Picasso, que le proporcionaba un nuevo vocabulario de una pintura plana y de síntesis geométricas elementales. En sus obras de este periodo, como *Pequeño puerto* (1914) o *La villa R* (1919), el color que se equilibra con la

forma en una convivencia entre la pura abstracción y los apuntes figurativos. Intenta eliminar las diferencias entre espacio y luz, desmontando el dibujo por medio de manchas de color. La lírica de sus composiciones reside en la novedosa estructura compositiva que toma de la armonía musical, ya que provenía de una familia de músicos, y evoluciona hacia un universo mágico único en la abstracción. Sus obras, la mayoría acuarelas, transmiten una sensación de humildad, pero también de ironía que le aproximó a los surrealistas que le consideraron uno de los suyos, a pesar de que él nunca se integró dentro del grupo.

LA DIFUSIÓN EL EXPRESIONISMO

A lo largo de los años veinte el Expresionismo se ramifica por los diferentes países de influencia alemana. En la ciudad de Viena, tras el ambiente de la Secession, aparecieron artistas que establecieron contactos con los núcleos expresionistas alemanes. Oskar Kokoschka (1886-1980) se relacionó con la revista *Der Sturm*, para la que realizó ilustraciones y textos, Alfred Kubin (1877-1959) participó en el *Almanaque de El Jinete Azul* y la obra de Egon Schiele (1890-1918) alcanzó gran difusión en Alemania.

La obra de estos autores es difícil de encuadrar en un grupo, pero existen aspectos comunes. Los tres muestran un mundo atormentado con figuras desgarradas y monstruosas que se retuercen como en una pesadilla: *La tempestad* (1914) de Kokoschka o *El abrazo* (1917) de Schiele. En las diferentes producciones son muy frecuentes los paisajes y los retratos, pero también destaca el mundo femenino, que en la obra de Schiele contiene una fuerte carga erótica al capturar a las mujeres en sus momentos íntimos, como en *Joven desnuda con los brazos sobre el pecho* (1910).

Mientras, en París, se reunió un grupo de artistas que ha sido conocido con el nombre de *Los últimos malditos*, por ser los últimos representantes de la bohemia parisina. No presentan afinidades estéticas entre sí, siendo casi el único nexo de unión el trágico fin que tuvo la mayoría, después de una vida marcada por el alcohol, las drogas y la miseria. Entre todos ellos destaca el pintor ruso Marc Chagall (1887-1985) que recibe en París la influencia de los fauves, el Cubismo de Delaunay, el Futurismo y, tras exponer en Berlín, la del Expresionismo. Instalado en París desde 1922, se sien-

Gelmeroda IX (1926, óleo sobre lienzo, 108 × 80 cm, Museo Folkwang, Essen), de August Macke.

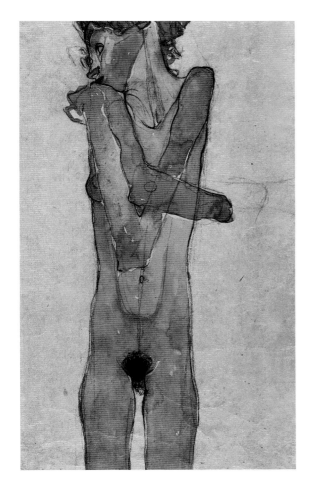

te próximo a los surrealistas pero no se adhiere al grupo manteniendo siempre su personal mundo en el que mezcla el folklore ruso y judío junto a los recuerdos infantiles, la poesía, la música y los sueños. Sus obras *Yo y la aldea* (1911), *Los amantes en el sauco* (1930) y *Las tres velas* (1938) muestran un mundo de fábula dominado por un brillante colorido y una perspectiva irreal donde los fantásticos personajes y animales flotan por los aires.

El inseguro y depresivo Chaïm Soutine (1894-1943) fue otro ruso que se instaló en la ciudad de la luz. Su obra presenta un marcado expresionismo a base de una desgarrada pincelada llena de vida como muestran sus obras *Mujer de rojo* (1922) y *Botones* (1925). Jules Pascin (1885-1930) era también judío y provenía de la ilustración de revistas, lo que definió su evolución hacia la representación de sensuales figuras, como en *Desnudo femenino yacente* (1925) y *Tres desnudos* (1931), donde éstas se presentan en una elegante composición.

La breve vida del judío italiano Modigliani (1884-1920) fue la más maldita de todas. Llegó a la pintura tras dedicarse a la escultura y se interesó por las personas realizando, únicamente, retratos: *Muchacho con blusón azul* (1918), *Mujer con abanico* (1919), *Jacques Lipchitz y su mujer* (1917), *Jeanne Hébuterne con*

jersey amarillo (1918); y sensuales desnudos femeninos: *Desnudo acostado* (1917), *Desnudo sobre un cojín azul* (1917) y *Desnudo tumbado* (1920). Sus inconfundibles figuras aparecen resueltas con un dibujo de fuerte contorno que se sirve de una línea simple, fluida y elegante, que delimita las grandes áreas de color plano. También es característico el exagerado alargamiento de sus modelos. En su búsqueda de formas puras, Modigliani creó figuras con cuellos de cisne y vacíos ojos sin pupilas, que aluden a la melancolía del exiliado en una tierra extranjera y son un reflejo de su interés por el arte primitivo que admiró en las salas del Louvre.

LA APARICIÓN DEL CUBISMO

En el París de 1907-1908 ocurrieron una serie de acontecimientos que determinaron el nacimiento del Cubismo. Pablo Picasso pintó *Las señoritas de Avignon* en el año 1907 y el crítico Guillaume Apollinaire le presentó al pintor Georges Braque. Ese mismo año Cézanne fue objeto de una retrospectiva en el Salón de Otoño, un año después de su muerte. En 1908, se publicaron las cartas que éste le envió a Bonnard donde aparece la famosa expresión: «Hay que tratar la naturaleza a través de la esfera, el cilindro y el cono» y, durante el mes de septiembre, Braque expone en la galería del marchante Kahnweiler las telas que había pintado en L'Estaque ante las cuales el crítico Louis Vauxcelles escribió: «Reduce todo a esquemas geométricos, a cubos».

Las crónicas nos muestran la aparición del Cubismo como un suceso repentino, que derivaba de

Chaïm Soutine firmó estos dos cuadros que se conservan en el Museo Nacional de Arte Moderno de París: izquierda, *Mujer de rojo* (1922, óleo sobre lienzo, 92 × 65 cm) y derecha, *Botones* (1925, óleo sobre lienzo, 98 × 80 cm).

los experimentos pictóricos que realizaron Braque (1882-1963) y Picasso (1881-1973) entre 1907 y 1909. Pero las investigaciones cubistas, que supusieron una renovación y una revolución respecto al arte anterior, no venían de la nada.

Los referentes cezannianos se reconocen en los trabajos de ambos. En la obra de Braque *El parque de Carrièrres Saint Denis*, realizada entre 1908-1909, se muestra claramente la deuda con el maestro del Postimpresionismo, tanto en el tema como en la importancia de la forma. Para Cézanne la forma resume la esencia de los objetos y de él tomaron el objetivismo, la ejecución facetada de sus paisajes y figuras, los recursos que utilizaba para organizar el espacio, y el intento de obtener una ciencia para la pintura. En esos momentos se estaban produciendo importantes descubrimientos en el campo de la óptica, la química y la física. En este último, Albert Einstein publicaba, en 1905, su famosa *Teoría de la relatividad* que cuestionaba los conceptos tradicionales de espacio y tiempo. Los cubistas intentaron obtener un nuevo método para pintar aferrándose al mundo del volumen. Tras la desmaterialización del mundo pictórico que habían llevado a cabo los fauvistas, perdiendo el contacto con el mundo, las referencias a los modelos naturales no desaparecen en los cubistas, tan solo han sufrido una transformación simplificando sus formas.

Pero no todo fue ruptura con el Fauvismo. Compartieron con él, al igual que con la mayoría de las vanguardias históricas, el interés por el arte primitivo. Fue precisamente Henri Matisse quien inició al joven Picasso en las diferentes versiones del arte primario, y tras pasar el verano de 1906 en Gosol (Lérida), el joven malagueño comenzó a introducir cambios en su pintura. Estas nuevas experiencias culminarán en 1907 en su famoso lienzo *Las señoritas de Avignon*, obra que señala el nacimiento del Cubismo. Es en la concepción de espacio y en los rostros de sus figuras donde se muestra verdaderamente revolucionario. El espacio carece de profundidad, abandonando la perspectiva renacentista y presenta una gran confusión por una acumulación de planos con diferentes puntos de vista que responden a las visiones simultáneas. El rostro de abajo a la derecha muestra rasgos de perfil y de frente; el de encima, rasgos de las máscaras africanas con planos cortantes y líneas paralelas que recuerdan a las marcas de la madera; y las figuras centrales presentan una gran influencia de la escultura ibérica. Para su realización, Picasso realizó numerosos estudios que demuestran cómo fue la evolución formal de cada figura.

Picasso y Braque, los fundadores del Cubismo, llegaban a conclusiones parecidas. En 1909 liberaron sus lenguajes y protagonizaron uno de los episodios más apasionantes del arte contemporáneo, tras un proceso de aproximación mutua en el que compartieron experiencias y descubrieron nuevas y revolucionarias posibilidades para el arte. La tarea inmediata fue descomponer los cuerpos y luego vino su recomposición. Fueron dos etapas diferentes que se conocen con los nombres de Cubismo analítico y Cubismo sintético. Al principio se afianzaron los términos del nuevo lenguaje artístico, que fue creyendo cada vez más en sí mismo, y luego se transformó.

EL CUBISMO ANALÍTICO

Pertenecen al Cubismo analítico las obras que realizan Braque y Picasso, de 1910 a 1912, mostrando un estilo austero y antiilusionista que se tradujo en el nuevo tratamiento que recibieron la forma y el color.

Si la preocupación de los impresionistas era entregarse a la visión fugaz de la naturaleza, los cubistas buscaban la visión que quedaba en el conocimiento. El Cubismo persiguió la unidad y el equilibrio estructural en el cuadro, considerado ahora un espacio autónomo en el que se ordenaban las figuras y objetos para lograr una nueva forma de permanencia y así ofrecer la imagen verdadera de los objetos. Braque había afirmado que solo la razón podía ofrecer un arte distinto y certero.

El concepto de «análisis» en lógica implica un método que posibilita la diferenciación de conceptos. El proceso analítico del cubismo les lleva a descomponer las formas en todos sus puntos de vista posibles. Mediante la técnica del facetado fragmentan las formas, que van ocupando todo el lienzo, y la luz ilumina por separado cada faceta geométrica, lo que contribuye a dar un aspecto caótico a las obras.

De la misma manera que la forma se vinculó al análisis, el color se asoció a la austeridad y severidad. Las gamas que predominan, grises pardos, sienas y azul oscuro, son un manifiesto contra la sensualidad cromática del Impresionismo, Postimpresionismo y Fauvismo. Renunciando al cromatismo querían huir del engañoso mundo y refugiarse en el universo de la forma.

En cuanto a los temas, la investigación sobre la forma y el espacio hizo que la naturaleza muerta se convirtiera en un tema muy frecuente, compartiendo protagonismo junto al retrato: *Retrato de Kahnweiler*, *Retrato de Vollard* (1909-1910) de Picasso; *El portugués* (1911), *Mujer con mandolina* (1910) de Braque. Las naturalezas muertas están formadas por elementos del entorno del artista, del taller o del café, como en *Violín y paleta* (1909-1910), de Braque.

De Modigliani son: arriba, *Desnudo sobre un cojín azul* (1917, óleo sobre lienzo, 65,5 × 100,9 cm, Gallery of Art, Washington); centro, *La argelina Almaisa* (1917, óleo sobre lienzo, 55 × 30 cm, Museo Ludwig, Colonia), y abajo, *Jacques Lipchitz y su mujer* (1917, óleo sobre lienzo, 81 × 54 cm, Instituto de Arte, Chicago).

Durante aquellos años, Picasso y Braque fueron tan austeros en sus obras como discretos en sus vidas. Vivieron retirados manteniendo contacto únicamente con un grupo de escritores como: Guillaume Apollinaire, Max Jacob y Pierre Reverdy; y también con algunos artistas como Juan Gris. Pero esto no impidió que otros pintores influidos por la pintura de Cézanne conocieran las obras que estaban realizando y se presentaran como grupo en las exposiciones de 1910, 1911 y 1912 del Salón de los Independientes y de Otoño. Fue entonces cuando el movimiento cubista adquirió un carácter público y se vio transformado con la llegada de numerosos artistas con teorías y técnicas nuevas. Aunque en las exposiciones y tertulias no participaron ni Braque ni Picasso, el grupo siempre se consideró en deuda con las iniciativas de ambos.

LETRAS, PAPELES PEGADOS Y COLLAGES

En 1911 Braque se atrevió a introducir en la pintura cubista las primeras letras y cifras. Éstas estaban en relación con el tema y formaban palabras, lo les que sirvió para distanciarse de la abstracción a la que se iba acercando el primer Cubismo. Los caracteres tipográficos daban la sensación de ser los elementos más reales dentro del lienzo, y además reafirmaban la bidimensionalidad de la pintura.

Después de introducir letras como signos de realidad, continuaron insertando papeles sobre los que posteriormente se pintaba y estructuraban con toda libertad sobre el lienzo. Así nacieron los «*papier collés*» (papeles pegados) con los que los fundadores del Cubismo consiguieron originales creaciones de resultados más sobrios y deliciosos en las obras de Braque: *Vaso, botella y periódico* (1913), *Naturaleza muerta sobre la mesa* (1913), y más osados en la abundante producción del malagueño, como *Guitarra y vaso* (1913).

El intimismo y la alegre sencillez de la obra de Braque contrasta con la inquietud de la obra de Picasso que, en 1912, llegó todavía más lejos y creó el primer collage, titulado *Bodegón con silla de mimbre*, pegando en la zona inferior del ovalado lienzo un hule que llevaba impreso el dibujo de una rejilla de asiento. Manchas de pintura y trazos se superponen en el hule haciendo

Arriba, *Jeanne Hébuterne con jersey amarillo* (1918, óleo sobre lienzo, 100 × 65 cm, Museo Guggenheim, Nueva York) y abajo, *Mujer con abanico* (1919, óleo sobre lienzo, 100 × 65 cm, Museo Nacional de Arte Moderno, París), de Modigliani.

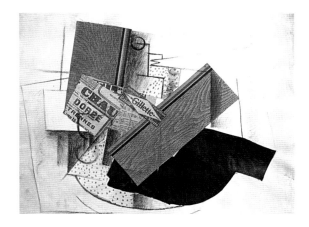

Naturaleza muerta sobra la mesa (1913, papier collé, 47 × 62 cm, colección particular, París), de Georges Braque.

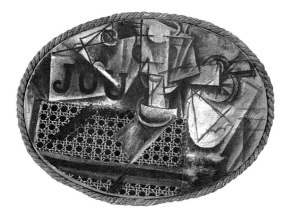

Bodegón con silla de mimbre (1912, óleo sobre lienzo, collage de hule y papel pegado con cuerda, 27 × 35 cm, Museo Picasso, París), de Pablo Picasso.

más difícil la delimitación de sus bordes. En la parte superior del lienzo se reconocen algunos objetos; una copa de cristal, una rodaja de limón, una boquilla de pipa y las letras «JOU», de la palabra «*journal*» (periódico). Todos ellos se presentan descompuestos en diferentes planos y fragmentados con líneas geométricas básicas, en una estructura ordenada en ejes verticales, horizontales y oblicuos. La introducción de trazos y manchas en diagonal contribuyen a crear dinamismo y profundidad. Además Picasso introduce un juego irónico y desmitificador al rodear el lienzo con una cuerda de cáñamo que sustituye al tradicional marco. Así se pasó de la reflexión intelectual del Cubismo analítico sobre la representación de la realidad mediante el arte a otra sobre la esencia misma de lo real.

EL CUBISMO SINTÉTICO

Al utilizar diferentes materiales como herramientas de expresión, el collage y los «*papier collés*» cubistas abren una brecha para las futuras opciones estéticas. Su resultado más inmediato fue el llamado Cubismo sintético, que surgió como el traslado de los efectos del collage a la pintura al óleo. En terminología filosófica «síntesis» es lo contrario a «análisis», trata de unir una pluralidad en una unidad que supera las contradicciones. En vez de dar varios puntos de vista de un mismo objeto, se intentaba sintetizar al mismo en una sola forma, un solo signo que significaba el objeto en vez de imitarlo.

En la práctica, cambió el concepto de forma y color con respecto al estilo anterior. Los austeros colores del Cubismo analítico se vuelven vivos y alegres y, frente al fragmentarismo anterior, las formas se reconstruyen con planos más amplios. Más adelante la super-

Mujer llorosa (1937, óleo sobre lienzo, 59,7 × 48,9 cm, Tate Gallery, Londres), de Pablo Picasso.

ficie se fue enriqueciendo con la participación del relieve, manteniendo siempre las luminosas y transparentes construcciones.

Los tres músicos (1921), de Picasso, es una de las obras culminantes del Cubismo sintético. Pero, sin duda, el punto culminante de este estilo lo encarna el también español afincado en París Juan Gris (1887-

Campo de Marte. La torre roja (1911, óleo sobre lienzo, 146 × 114 cm, Art Institute, Chicago), de Robert Delauny.

1927). En sus austeros bodegones, como *La guitarra* (1913) y *Botella y Cuchillo* (1912), formuló la tesis del Cubismo sintético resolviendo la situación mediante la conjugación de planos traslúcidos superpuestos, en los que se funden las formas de los objetos con el espacio que les rodea. Su fórmula fue la precisión y la progresión hacia la alegre claridad constructiva, lo que hizo que su pintura fuese determinante para los puristas que buscaban un arte neutro, preciso y anónimo.

EL MOVIMIENTO CUBISTA

La expansión del Cubismo se produjo en muy poco tiempo. En 1912 las exposiciones eran múltiples pero también comenzaban a diversificarse los estilos, aunque los artistas creían formar parte de una tendencia unitaria. Aparecieron las discusiones artísticas, aunque los textos teóricos sobre el Cubismo trataron de preservar la unidad del grupo. Fue entonces cuando Jean Metzinger y Albert Gleizes publicaron *De Cubisme*, en 1912, ensayo que explicaba los fundamentos del Cubismo. Un año después apareció *Les pintures cubistes. Meditations esthétiques,* de Apollinaire, texto fundamental que resumía el estado del Cubismo y anticipaba sus futuras posibilidades.

En 1921 surgió un pequeño bando, liderado por los hermanos Duchamp, en el que participaron Fernand Léger, Francis Picabia, Alfred Kupka, Metzinger y Gleizes. Se reunían en Puteax, en el estudio de Jacques Villon, hermano de Marcel Duchamp, y en otoño organizaron una exposición en la galería La Boëtie que se titulaba «La Section d'Or». El nombre se debía a la recuperación por parte de algunos artistas de la sección aúrea, el sistema de medidas y proporciones formulado por Luca Paccioli en el Renacimiento. Las ausencias más significativas en la muestra siguieron siendo Braque y Picasso, además de Robert Delaunay que en ese mismo año había formado un grupo aparte con Marc Chagall, aunque poco duradero.

Delaunay (1885-1941) se separó pronto del grupo para aplicar a la teoría de los colores simultáneos de Chevreul a la descomposición cubista. Le interesaba captar el movimiento del mundo que le rodeaba y lo hizo otorgando el papel protagonista a los colores, porque si los colores se exaltan mutuamente y determinaban el volumen, los contrastes de colores también podrían sugerir movimiento. Los mejores ejemplos son

Fernand Lèger pintó *La escalera* (1918, óleo sobre lienzo, 130 × 100 cm, Museo de Arte Moderno, Nueva York).

los de la serie que dedica a *Saint Severin* y la *Torre Eiffel*. En las obras de esta última, *Campo de Marte. La torre roja* (1911), parece que el edificio baila por la manera en que combina las diferentes visiones. También destaca su serie dedicada a *Las ventanas* donde multiplica los planos luminosos llegando casi a la abstracción en una línea que Apollinaire denominó *Orfismo*. En esta misma dirección colorista se encuentra la obra de Roger de la Fresnaye y André Lothe.

Por el contrario, Fernand Léger (1881-1955) elige colores terrosos para interesarse por los efectos atmosféricos, *Los fumadores* (1911) y, más adelante, propone una estructuración volumétrica de la forma a base de tubos, y no de cubos en obras como *La escalera* (1918), lo que le valió la denominación de *Tubista*.

Antes de la Gran Guerra el Cubismo se daba a conocer bajo diferentes apariencias. Estos cubismos «menores» transformaron la iconografía de Picasso y Braque, y sustituyeron su imaginería privada por visiones de la modernidad urbana contemporánea. Fueron estas interpretaciones menores del Cubismo las que fomentaron su expansión. Mediante la celebración de múltiples exposiciones el Cubismo se internacionalizó y entre la oleada de artistas que utilizaron el Cubismo para modernizar su pintura, se encontraban los máximos representantes de las futuras vanguardias que se desarrollaron tras la I Guerra Mundial.

EL MANIFIESTO FUTURISTA

El término Futurismo surgió en la mente del poeta italiano nacido en Alejandría, Filippo Tommasso Marinetti (1876-1941), quien publicó en el diario parisino *Le Figaro*, el 20 de febrero de 1909, un texto titulado *Le Futurisme*, el primer manifiesto futurista. Carlo Carrà retrató a Marinetti en 1910 como un genio de la agitación y un propagandista revolucionario. Su febril actividad difusora del Futurismo le convirtió en el modelo de moderno belicoso que acabaría ingresando en las filas del fascismo. En el manifiesto aparecen ideas, como la glorificación de la violencia, que provienen del Simbolismo francés; y otras, como la idea del artista-héroe y del arte como forma de acción, procedían de Nietzsche. Fueron revistas como «*Gioventù*» o «*Leonardo*», que contaron con las firmas de Giovanni Papini y de D'Annunzio, las encargadas de divulgar el esteticismo finisecular, el ateísmo de Nietzsche y el legado simbolista de Italia.

El Futurismo fue el primer movimiento vanguardista que planteó una intervención directa en favor

El tren norte-sur (1912, óleo sobre lienzo, 49 × 64 cm, Pinacoteca Brera, Milán), de Gino Severini.

de la modernidad en todos los campos y no sólo en las artes visuales. Por eso sus manifestaciones abarcaban la literatura, el arte, la música, el cine, el teatro, el vestido, la cocina... El manifiesto de Marinetti planteaba una fusión de arte y vida, un modo de vida. Por eso a este manifiesto le siguieron otros que iban abarcando los diferentes campos. El 11 de febrero de 1910 un grupo de pintores integrado por Carlo Carrà (1881-1966), Umberto Boccioni (1812-1916) y Luigi Russolo (1885-1966), de Milán; Giacomo Balla (1871-1958), de Roma y Gino Severini (1883-1966), de París, publicaron el *Manifiesto de los pintores futuristas*. Poco después, el 11 de abril de 1910, apareció el *Manifiesto teórico de la pintura futurista*. Un año después vio la luz el *Manifiesto técnico de los músicos* futuristas de Francesco Balilla Praetella. En 1912 Boccioni publicó el dedicado a la escultura y Sant'Elia editó el de la arquitectura en 1914. E incluso en 1912 se publicó el *Manifiesto de la mujer futurista*. La teoría siempre fue por delante de la práctica, al contrario de lo que había ocurrido hasta entonces. Además la doctrina siempre había sido realizada por críticos y literatos, y no por los propios artistas.

Se ha dicho que el manifiesto fundacional presentaba pocas ideas originales y que lo realmente novedoso era la manera en que éstas habían sido sintetizadas y teorizadas. Pero el Futurismo fue un movimiento original no tanto en sus fuentes de inspiración como en sus ambiciones y modos de producirse. El lugar donde surge, Italia, un país que dentro del círculo artístico europeo se encontraba en la periferia, es una muestra de su gran peculiaridad. Fueron también originales los medios de difusión que empleó Marinetti para captar una audiencia masiva rápidamente. Dándose cuenta de que lo más importante era el medio y no el mensaje, publicó su manifiesto en la primera página de un periódico francés sabiendo que, de esa manera, se propagaría por toda Europa. A partir de entonces, comenzó una campaña de difusión basada en modernas técnicas de publicidad: anuncios en los periódicos, revistas futuristas como *Lacerba* (1913) de Papini y Soffici desde 1913, manifiestos, giras por toda Italia y Europa e incluso las escandalosas «seratas futuristas», actuaciones o mítines provocativos en cafés y teatros, que solían acabar con el enfrentamiento entre el público y los futuristas.

LA PINTURA DE LA VELOCIDAD

El *Manifiesto de la pintura futurista* de 1910 sí que fue una consecuencia poco original del manifiesto funda-

cional de Marinetti. En él no existían apuntes sobre cuestiones técnicas o estilísticas y demostraba el desconocimiento que poseían de la vanguardia parisina al reivindicar a artistas como el escultor Medardo Rosso y los pintores simbolistas italianos Segantini y Previati.

El verdadero programa de los pintores apareció en el *Manifiesto técnico de la pintura futurista*. En él proclamaban como base de su pintura el concepto de «dinamismo universal», término que tomaron del filósofo francés Henri Bergson. Los pintores futuristas se oponían a la estética clasicista y pretendían captar el dinamismo para que la pintura fuese moderna realizando obras como *Velocidad abstracta* (1913), de Balla; *Dinamismo de un automóvil* (1912), de Russolo; *Dinamismo de un ciclista* (1913) de Boccioni; *El tren norte-sur* (1912), de Severini. Lo que justificaba la necesidad de plasmar el movimiento mecánico fue el deseo de comparar el nuevo arte con los avances de la ciencia moderna. Y los pintores futuristas, en esa lucha por equipararse con la ciencia, respondieron imitando y plasmando los motivos de la sociedad técnica, las agitaciones de la vida urbana, el dinamismo de la era industrial, la violencia, la vida nocturna...

En cuanto a las propuestas técnicas que aparecían en el manifiesto, tan sólo se encuentra una afirmación clara: «La pintura no puede sobrevivir sin el divisionismo». Los futuristas encontraron en el Puntillismo o Divisionismo un nuevo desarrollo de la técnica impresionista al dotar de permanencia sus fugaces sensaciones. Carlo Carrà y Umberto Boccioni logran recrear el ambiente de intensa agitación y el potente dinamismo en pinturas como *Los funerales del anarquista Galli* y *La ciudad se levanta*. La primera, realizada por Carrà en 1910, alude a las simpatías que despertó el anarquismo en los primeros futuristas y el tema de la vida industrial. En *La ciudad se levanta* (1910-1911), Boccioni presenta un caballo, como símbolo de energía, que agrede a un grupo e trabajadores. Él explicó que quería conseguir una síntesis entre el trabajo, la luz y el movimiento. Ambas fueron presentadas en la primera exposición del grupo celebrada en Milán en 1911, y son un buen ejemplo del Futurismo temprano que apuesta tanto por soluciones utilizadas con anterioridad: el divisionismo cromático, el alargamiento de las figuras de recuerdo expresionista y las fuertes diagonales; como

Umberto Boccioni realizó los cuadros: arriba, *La ciudad se levanta* (1910-1911, óleo sobre lienzo, 199,3 × 301 cm, Museo de Arte Moderno, Nueva York), y abajo, *Estados de ánimo II* (1911, óleo sobre lienzo, 70,3 × 96 cm, Civica Galleria d'Arte Moderna, Milán).

por nuevas soluciones, como las *«linée-forze»* (líneas de fuerza), que aluden a las tensiones dinámicas de las figuras en relación al espacio que las rodea, por la relación de unas fuerzas dinámicas para con otras. Las emblemáticas líneas de fuerza son formas dinámico-abstractas que conforman el movimiento de la atmósfera o la penetración dinámica en el espacio.

EL CONTAGIO CUBISTA

A esta primera fase, que podríamos denominar divisionista, le siguió un cambio estilístico como consecuencia del viaje que realizaron a París, en octubre de 1911, Boccioni, Carrà y Russolo. En el Salón de Otoño conocieron la obra de los cubistas y visitaron el taller de Pablo Picasso. Tras el conocimiento de la vanguardia parisina abandonaron la permanencia figurativa del divisionismo y aplicaron el principio de simultaneidad cubista que expresaba el movimiento y la tensión dinámica.

La obra de Giacomo Balla *Niña en el balcón* (1912) posee todavía toques de la técnica puntillista, interesándose por las variaciones estructurales, dinámicas y cromáticas neoimpresionistas. Pero lo que realmente expresa es el movimiento relativo de una muchacha que se desplaza a gran velocidad, mediante una imagen sintética del movimiento. Nos presenta simultáneamente los sucesivos movimientos de la figura mediante la multiplicación de las imágenes y la presencia de ritmos repetitivos.

La galería Bernheim-Jeune de París celebró la segunda exposición de los futuristas en febrero de 1912. En el catálogo, los pintores futuristas recriminaban a los cubistas su apego al pasado por pintar objetos sin movimiento. Incluso Boccioni llegó a acusar a los cubistas de copiarles en la introducción del concepto de simultaneidad en la pintura, pero tuvo que admitir la importancia que el Cubismo tuvo para ellos.

La muestra viajó a Londres, Berlín, La Haya, Bruselas, Amsterdam y Munich. Fue entonces cuando la pintura futurista comenzó a difundirse y a madurar, conforme los pintores iban desarrollando individualmente sus carreras. La serie de los *Estados de ánimo* de Boccioni y la obra de Carrà fue empapándose, tanto en temas como en estilo, del Cubismo. Balla comenzó su personal búsqueda de la expresión de la luz y el movimiento convirtiéndose en un antecesor del Op Art en obras como *Velocidad de automóvil + luz* (1913) o *Manifestación patriótica* (1914-1915). Russolo varió entre un puntillismo de fondo simbolista y expresiones esquemáticas del movimiento y de las líneas de fuerza

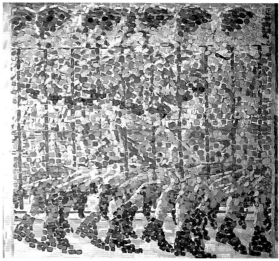

Arriba, *Manifestación patriótica* (1915, óleo sobre lienzo, 101 × 137,5 cm, Colección Thyssen-Bornemisza, Madrid), y abajo, *Niña en el balcón* (1912, óleo sobre lienzo, 125 × 125 cm, Museo de la Galería de Arte Moderno, Milán), de Giacomo Balla.

en obras como *Dinamismo de un automóvil* (1912-1913). Severini plasmó las vivaces imágenes de los cabarets parisinos en obras como *Jeroglífico dinámico del Bal Tabarin* (1912), donde los rostros se descomponen y recomponen sugiriendo movimiento, y los fragmentos naturalistas e inesperados, utilizados a la manera del collage, introducen la sorpresa y la ironía como un preludio del espíritu Dadá.

El Futurismo murió con la I Guerra Mundial. La fe en un futuro mejor propiciado por el progreso tecnológico se vio quebrada no sólo porque la mayoría de sus miembros se enrolaron en el ejército, sino porque dentro del grupo apareció la discordia. Una vez acabada la Gran Guerra, en la década de los veinte, sus creadores evolucionaron hacia una pintura más figurativa, pero los ingredientes futuristas siguieron apareciendo en la mayoría de las vanguardias.

Las vanguardias históricas de entreguerras

En agosto de 1914 estalla la I Guerra Mundial y la vida artística europea se ve interrumpida bruscamente. Los creadores de la primera hornada de nuevas ideas, en los primeros años del siglo XX, fueron movilizados y algunos murieron en el frente. París dejó de ser la capital de los movimientos de vanguardia y aparecieron nuevas propuestas artísticas que se caracterizaron tanto por su radicalidad, oposición y denuncia frente a la situación que estaban viviendo, como por su intento de unir y fusionar arte y vida.

La abstracción triunfó a través de De Stijl, el Constructivismo y el Suprematismo. Arquitectura y diseño, por un lado, y revolución proletaria, por otro, eran la respuesta racional a la nueva sociedad surgida de las nuevas tecnologías.

La vertiente irracional la pusieron Dadá y el Surrealismo. El Dadaísmo surge en Nueva York y en Zurich, teniendo en muy poco tiempo una repercusión internacional. Su defensa de la destrucción de lo establecido y su nuevo modo de entender la creación fue fundamental para el Surrelismo. Pero frente a la risa y el nihilismo dadaísta destaca el optimismo y la revolución surrealista.

Ahora ya era posible combinar elementos de un objetivismo casi fotográfico con lenguaje cubista que, a veces, recogía elementos de la iconografía rural, como *La masía*, de Miró (a la derecha).

LA ABSTRACCIÓN

El intento del arte de vanguardia por encontrar formas de expresión en las que la racionalidad pudiera censurar en la obra de arte el dominio de la intuición azarosa, se produce en la era tecnológica. Se trataba de dar un paso más en las propuestas antiimitativas y antiilusionistas de la vanguardia cubista y futurista.

En torno a 1914, algunos artistas de Francia, los Países Bajos, Rusia y Centroeuropa iniciaron diversas corrientes de arte no-objetivo cuyo desarrollo

Joan Miró pintó *La masía* (1921-1922, óleo sobre lienzo, 132 x 147 cm, colección privada, Nueva York), cuadro lleno de originalidad.

Rayonismo (1912-1913, óleo sobre lienzo, 52,5 × 78,5 cm, Ufa, Baschkirski Muzeu), de Mikhail Larionov.

tuvo como meta la abstracción pura. Las propuestas tuvieron diverso signo, siendo común a todas ellas poner en duda el grado de realidad que aparecía en el arte figurativo; cuestión que resolvieron negando cualquier referencia imitativa del arte respecto a la apariencia externa de la realidad sensible, en favor, una vez más, de la autodeterminación de los medios de creación artística.

Los artistas adquirieron un compromiso intelectual y orientaron sus trabajos hacia la transformación de la sociedad. Quisieron cooperar en la transformación hacia un nuevo modo de existencia que ligara arte y vida.

Lo abstracto como elemento integrante del arte moderno tuvo una formulación teórica antes que práctica. En 1908 el filósofo alemán Wilhelm Worringer publicó en Munich *Abstracción y empatía*, adelantándose dos años a la aparición de las primeras obras abstractas. En esta tesis doctoral afirmaba que la abstracción había sido la protagonista de los estilos artísticos de las sociedades maduras, y destacaba la idea de que lo abstracto se oponía frontalmente con lo figurativo. Sus ideas más originales provenían de la nueva imagen del mundo que estaban ofreciendo los descubrimientos científicos del momento.

El hombre comenzó a explorar el cielo y, desde los aeroplanos y los globos, la tierra ofrecía una imagen muy distinta. En la distancia el aspecto de las personas y las cosas se transformaba en grandes manchas de color sin ninguna conexión entre sí. También se producían avances en el campo de la óptica con los nuevos microscopios. Estos mostraban un nuevo mundo, el mundo de lo infinitamente minúsculo en el que nadaban organismos de formas cambiantes. En otros campos de la ciencia también hubo grandes hallazgos que cuestionaban la estructura y el funcionamiento del mundo, demostrando que existía un mundo invisible que era más real que el que nos mostraban lo sentidos.

Ante esta destrucción de los cimientos de la realidad, la gente se encomendó a los nuevos credos religiosos que surgieron, como la teosofía. Se trata de una pseudociencia que aseguraba estar iluminada por la divinidad y buscaba la purificación del espíritu mediante el arte, considerando que la arquitectura, la escultura, la pintura, la literatura y la música representaban los cinco estadios de la evolución de la humanidad: la masa, el grupo, el individuo, la inteligencia y el alma.

PRECEDENTES DE LA ABSTRACCIÓN

Las primeras obras abstractas investigaron en el arte anterior, y extrajeron los datos que pudieran serle útiles. Durante el siglo XIX el Romanticismo había anunciado la prioridad de la subjetividad emocional frente a la visión de la realidad, y, en la segunda mitad del siglo, el Simbolismo se apartaba del Positivismo como medio de comprensión del mundo, ofreciendo el símbolo como alternativa. La música de Debussy o los poemas de Rimbaud y Mallarmé convertían al arte en un medio que ponía al hombre en contacto con su mundo interior. El Impresionismo, con obras como *Los nenúfares* de Monet, rozó la Abstracción y el Neoimpresionismo de Seurat, Cézanne o Van Gogh consideraba a los colores medios de expresión autónomos, lo que favoreció el desarrollo de las vanguardias históricas que, a su vez, abrieron el camino a la abstracción. Picasso y Braque pintaron espacios sin perspectiva y el Orfismo del matrimonio Delaunay y Frank Kupka se alejó de la realidad.

LA VANGUARDIA RUSA

Tras la Revolución de octubre la joven república rusa abandonó la antigua tradición académica y se lanzó al arte de vanguardia convirtiéndose en uno de los centros más importantes de este movimiento.

La industrialización favoreció la aparición de una intensa vida cultural en la ciudad de Moscú

durante la primera década del siglo XX. La celebración de exposiciones en la capital moscovita, los viajes por Europa y el desarrollo del coleccionismo propiciaron el conocimiento del arte moderno y la aparición de sociedades de artistas. Publicaciones como *El mundo del arte*, difundieron la obra de los nabis y simbolistas. Al desaparecer en 1904 fue sustituida por *Toisón de oro*, que favoreció el conocimiento de las novedades europeas y dio a conocer la obra de los jóvenes artistas rusos.

Tras el triunfo de la revolución bolchevique en octubre de 1917, la creación de escuelas dedicadas al diseño, al arte o a la arquitectura, la fundación de museos y la incorporación de la mayoría de los artistas de la vanguardia rusa a dichas instituciones, fue uno de los rasgos más sobresalientes del gobierno. Vladimir Tatlin fue nombrado presidente de la *Federación de Izquierda de los pintores de Moscú*, convirtiéndose en promotor de las transformaciones artísticas para el Estado revolucionario. En 1919 se trasladó a Petrogrado para dirigir *Los estudios libres estatales de Arte*, la institución que sustituía a la antigua Academia y fue allí donde desarrolló sus teorías constructivistas. Al año siguiente se creó el *Instituto de Cultura artística*, con un programa ideado por Kandinski, que abarcaba sus propias teorías con el Suprematismo de Malevich y la cultura constructivista de Tatlin.

LA ANTESALA DE LA ABSTRACCIÓN RUSA

El manifiesto rayonista aparece en 1913 defendiendo un arte abstracto a partir de la síntesis del Cubismo, Futurismo y Orfismo, donde las formas se cruzaban en el espacio como si fueran el resultado del cruce de los rayos reflejados por los diferentes objetos. Se centró en los aspectos materiales lo que supuso un estudio más atento de la superficie del lienzo

Mijail Larionov (1881-1964) y Natalia Gontcharova (1881-1962) fueron los principales representantes de este efímero movimiento y realizaron obras rayonistas como la titulada *Rayonismo* (1912-1913), en la página anterior, *El cristal* (1912) o la famosa serie de *Las estaciones* (1912), hasta que en 1914 se trasladaron a París para realizar los decorados de los ballets de Diaghilev.

Su importancia como movimiento no reside tanto en sus obras como en la teoría en la que se basó, que condujo a la formulación del Suprematismo de Malevich.

Cuadrado negro y cuadrado rojo (1915, óleo sobre lienzo, 71,1 × 44,5 cm, Museo de Arte Moderno, Nueva York), de Kasimir Malevich.

SUPREMATISMO DE MALEVICH

Tras su periodo cubofuturista con obras como *El afilador de cuchillos* (1912) o *El leñador* (1911-12), –en las páginas 213 y 214, respectivamente–, Kasimir Malevich se convirtió en el representante de un nuevo movimiento llamado Suprematismo, la primera tendencia rusa consagrada enteramente a la pintura abstracta. Aunque por la calidad de sus obras Malevich no fue un artista destacado, sí que fue uno de los más valientes pioneros de la vanguardia estricta. Con él la obra de arte adquirió una autonomía sin precedentes, y se convirtió en un objeto.

En su manifiesto, presentado en 1915, afirmaba que el Suprematismo significaba «la supremacía del sentimiento puro del arte», un sentimiento de no-objetividad que intentaba «liberar al arte del lastre del mundo de las cosas». Él mismo mostró sus primeros ejemplos en la exposición *0,10* celebrada en Petesburgo.

En sus primeras *Composiciones suprematistas*, como *Composicióm suprematista: aeroplano volando* (1914), combina sobre la superficie blanca del lienzo diversas formas estereométricas de color. En las realizadas entre 1915 y 1922, *Composición suprematista: cuadro rojo y cuadro negro* (1915) y *Ocho rectángulos rojos* (1918), llega a un grado más alto de simplificación geométrica demostrando que un cuadrado puede existir independientemente de cualquier reflexión o imitación del mundo exterior. Partiendo del cuadrado, mediante la rotación, surge el círculo; mediante la división surgen dos rectángulos, con los cuales se podía formar una cruz y mediante la prolongación del cuadrado se obtenía un rectángulo alargado. La simplificación de las formas va acompañada de una paulatina reducción de los colores: negro, rojo y blanco, que permiten crear un código universal que puede ser entendido por todo tipo de público, sin importar su nivel cultural, edad o procedencia. Consideraba que el blanco transmitía una idea de realidad, el negro los efectos que esta ejercía sobre la sensibilidad del artista y el rojo el color en general. Las formas acababan fundiéndose en el color porque para Malevich la pintura era, ante todo, color que difundía la forma a la vez que la diluía.

Divide el Suprematismo en tres etapas: la negra, la de color y la blanca. A esta última pertenece su obra más significativa y una de las más emblemáticas del arte contemporáneo: *Cuadrado blanco sobre fondo blanco* (1918) en la que despoja al arte de toda

El afilador de cuchillos (1912, óleo sobre lienzo, 79,7 x 79,7 cm, Galería de Arte de la Universidad de Yale, Connecticut), obra de Kasimir Malevich.

sensualidad y disuelve el contenido formal hasta el límite. Es de una simplicidad tal, que en ocasiones se ha dicho que representa el asesinato de la pintura, como un estado cero de la pintura. Este óleo sería como la depuración abstracta y geométrica de su anterior obra *Cuadrado negro sobre fondo blanco,* también llamaba *El icono de nuestro tiempo,* que fue expuesta en 1915 en una de las esquinas de la sala, el lugar donde los rusos colocaban la imagen religiosa en sus hogares.

EL CONSTRUCTIVISMO DE TATLIN

Malevich tuvo un joven rival, Vladimir Tatlin (1885-1953), con el que expuso en varias muestras colectivas. Mientras Malevich no se preocupó por difundir los ideales revolucionarios, su oponente Tatlin desarrolló un programa totalmente vinculado a la exaltación y acción política.

En las exposiciones celebradas en la ciudad de Petesburgo, en 1915, Tatlin presentó unas construcciones abstractas en relieve, realizadas con material de desecho, como *Relieve* (1914), de metal y piel sobre madera, que eran como una traducción de las ideas del *Manifiesto de escultura futurista* de Boccioni (1913).

En el año 1915 experimentó con metales y alambres en los llamados «relieves de rincón», todos ellos desaparecidos, considerados como la antesala del universo estético del Constructivismo, término que no se utilizó hasta 1921. En los relieves de rincón, presenta la penetración de superficies que se cortan en el espacio y que lo cortan, lo retienen, lo cierran. De esa manera introdujo en la pintura una cultura de los materiales, una cultura que eliminaba todo rasgo sentimental.

Sus proyectos de una obra de arte total, como *El monumento a la III Internacional* (1920), demuestran su deseo de eliminar la tradicional separación de las artes: arquitectura, escultura y pintura, porque pensaba que las dos últimas eran construcción y no representación. Además consideraba a esta división un residuo de la jerarquía de clases del pasado. Por eso, su cultura constructivista se identificó rápidamente con la Revolución, y su carácter objetivo y materialista se convirtió en la expresión de la utopía que la Revolución se propuso realizar en el mundo: crear una sociedad nueva.

Sus propuestas figurativas eran similares a las de otros movimientos vanguardistas como el Cubismo, el Futurismo y el Dadaísmo. Sus obras, la mayoría proyectos de arquitectura, diseño de muebles y escenografía, surgen a partir de elementos geométricos, planos, líneas que están en comunicación con el espacio que los rodea y penetra.

Dentro del grupo de los llamados productivistas, destacan: Alexander Rodchenko (1891-1956) con obras como *Composición de círculos* (1919), en la página siguiente; Barbara Stepanova (1894-1954), dedicada básicamente al diseño; Alexandra Exter (1882-1949), que partiendo de obras cubofuturistas, como *Torre* (1915), realiza composiciones llenas de movimiento y rico colorido; Vladimir Stenberg (1899-1949) y Liubov Popova (1889-1924), con obras como *Construcción espacial* (1921).

Hubo artistas que se situaron también en esta órbita, pero que luego encontraron un equilibrio entre estas tendencias productivistas y las formalistas del Suprematismo: Ivan Puni (1892-1956), Ivan Kliun (1873-1943), Ilja Casnic (1902-1929), y algunos tan destacados como El Lissitzsky (1890-1941) con obras como *Esbozo para un «proun»* (1922-1923); Naum Gabo (1890-1977) con óleos como *Gran pintura del ferrocarril* (1920) y su hermano menor Anton Pevsner (1884-1962).

DE STIJL

Los Países Bajos se convirtieron en 1917 en el escenario de una nueva vanguardia llamada *De Stijl* (en neerlandés *El Estilo*), también denominada Neoplasticismo, que reunió en la ciudad de Leyden a un grupo de artistas y arquitectos en torno a un proyecto común que defendía un nuevo lenguaje formal.

Desde el mismo año de la fundación del grupo, publicaron una revista con el mismo nombre, que sirvió para difundir las nuevas propuestas de pintores como: Piet Mondrian, Vilmos Huszár, Theo van Doesburg, Van der Leck, el pintor y escultor Vantongerloo y los arquitectos Oud, Jan Wils, Robert van´t Hoff, Rietveld y Van Eesteren.

El principal promotor de la revista *De Stijl* fue Theo van Doesburg (1883-1931), quien la orientó como órgano de expresión del Constructivismo internacional, del que él se consideraba portavoz. Desde un principio concibió el proyecto como órgano de un movimiento internacional de creación abstracta, que daba prioridad a la creación de la obra de arte total, combinando artes y arquitectura en una unidad pura, ordenada e inseparable; un arte universal y moderno que transformase la vida de la humanidad.

Kasimir Malevich es el autor de *El leñador* (1911-1912, óleo sobre lienzo, 94 × 71,5 cm, Museum Stedelijk, Amsterdam).

La labor de Theo van Doesburg como intelectual y publicista fue superior a sus trabajos como artista plástico: *Tres variaciones* (1920), destacando la decoración de los murales del Café del Aubette (1926-1928), de Estrasburgo, donde colaboró con Arp y su mujer Sophie Taenberg.

En 1925 surgieron diferencias entre Van Doesburg y Piet Mondrian (1872-1941), el pintor más destacado del grupo. Fue Mondrian quien consolidó las propuestas plásticas de esta manifestación de vanguardia que bautizó como Neoplasticismo, nombre que transcribía literalmente un concepto del teósofo holandés Schoenmaekers.

Mondrian contactó con la teosofía de Schoenmaekers tras regresar de París en 1915. Desde entonces ésta ejerció una gran influencia en su obra al igual que el lenguaje cubista, como en *Planos de color en oval* (1914), al que llevó a la abstracción. Antes de 1920 había definido el lenguaje clásico del Neoplasticismo.

Composición de círculos (1920, óleo sobre madera, 71 × 73 cm, Archivo Rodchenko, Moscú), de Aleksandr Rodchenko.

Sus *Composiciones* pretendían representar la verdadera visión del mundo y llegar a todos los públicos, tomando como punto de partida no el objeto extraído de la realidad sino el que surge de las propias leyes plásticas. Lo primero que hizo Mondrian fue eliminar la profundidad mediante un fondo absolutamente blanco sobre el que disponía las formas geométricas de colores primarios, como en *Composición en color A* (1917). Las formas se irán reduciendo al empleo de líneas rectas y las relaciones ortogonales entre ellas: *Composición en rojo, amarillo y azul* (1921). Con la reducción de los elementos de representación busca un

diálogo plástico entre términos, como los que expresó en la ecuación: vertical = hombre = espacio = estática = armonía; horizontal = mujer = tiempo = dinámica = melodía, porque la línea horizontal y la vertical eran vectores complementarios que resumían la armonía universal. Prescinde además de relaciones axiales, composiciones centralizadas o focos cromáticos para dar unidad al cuadro. La unidad del mismo deriva del equilibrio entre los elementos geométricos bidimensionales que se forman en la superficie.

Mondrian y *De Stijl* compartieron este estilo abstracto hasta 1925. Sus cuadros sólo pueden ser comprendidos como un juego de líneas, formas y colores que son una fuente de emociones y sensaciones para el que los contempla. Pero Mondrian comenzó a introducir el rombo en sus cuadros, lo que no gustó al dogmático Theo van Doesberg, y acabó abandonando el grupo.

LA BAUHAUS

Una de las empresas colectivas más importantes del arte contemporáneo fue la llamada Bauhaus. En 1919 Walter Gropius (1883-1969) recibió el encargo de reformar la Escuela de Artes y Oficios de Weimar, ciudad que se había convertido en la sede del nuevo régimen republicano tras la derrota alemana en la I Guerra Mundial. En 1925 su sede se trasladó a Dessau y en 1932 a la ciudad de Berlín, hasta que, bajo la presión del III Reich, sus miembros se vieron obligados a abandonar el país y la escuela fue clausurada en 1933.

La creación y el concepto de arte que Gropius tenía para la escuela se basaba en dos ideas: conseguir una creación artística que fuese una obra total en la que convergían todas las artes y superar el concepto que se tenía de las artes aplicadas, integrando sus trabajos en la sociedad industrializada y rompiendo con la tradicional separación entre arte y artesanía. Puso mucho interés en la formación artesanal no especializada de los artistas. Para ello los alumnos recibían durante tres años un aprendizaje manual completo, que se basaba en la valoración de los aspectos simbólicos, materiales y funcionales de los objetos. Quizá su principal lección fue demostrar que el arte abstracto poseía una utilidad funcional que se traducía a los diversos ámbitos de la vida.

Los primeros profesores procedían del círculo expresionista: Johannes Itten, que desarrolló sus experiencias vienesas basadas en las propiedades de los materiales; Lyonel Feininger, que practicó el Cubismo y obtuvo buenos resultados con la técnica de la xilografía, y Paul Klee.

Para este último, los años en la Bauhaus fueron productivos ya que su actividad pedagógica hizo posible la comprensión de la poética de sus obras: *Senecio* (1922), *Aventura de una joven* (1922) y *El pez rojo* (1925). Ingresó como profesor en 1921 y, desde entonces, aumentó el sentido experimental de sus obras, que adquirieron una doble naturaleza: por una parte el cultivo del grafismo, y, por otra, la creación de imágenes irónicas consideradas como signos.

En 1921 formaron parte del cuerpo docente Theo van Doesburg, Lissitsky, Naum Gabo y Malevich, llegando con ellos los aires constructivistas.

Fue determinante en la Bauhaus la labor de Kandinski, contratado en 1922 como profesor de dibujo analítico. Publicó en Dessau, en 1926, su famoso ensayo *Punto y línea sobre el plano*, un alegato de las formas plásticas que utilizaba. En su obra, a diferencia de Paul Klee, renunció a toda conexión con el mundo de lo visible abandonando las formas y los colores gestuales para iniciar, durante los años veinte, un nuevo estilo a través de la abstracción geométrica que muestra en obras como *Círculos en círculo* (1923), *Amarillo, rojo y azul* (1925), *Círculo diagonal* (1921) y *Óvalo claro* (1925). Su meta continuó siendo la unidad interna de la imagen a base de armonías formales y cromáticas que le llevaron a aumentar las semejanzas entre las experiencias ópticas y las vivencias musicales.

LA ORIGINALIDAD DE DADÁ

Dadá fue algo más que un movimiento de vanguardia y significó, ante todo, el rechazo a los valores de la sociedad burguesa y una renovación total de los medios de expresión para ir contra todo, incluso contra la actividad artística en sí misma.

Dadá fue la negación, el nihilismo. «Dadá no significa nada», escribió Tristan Tzara, el mismo que eligió el nombre abriendo un diccionario al azar. André Breton que consideraba el Cubismo como una escuela de pintura y el Futurismo como un movimiento político, definió Dadá como un estado de ánimo.

Hubo dos motivos que originaron su aparición: la extravagante situación del artista dentro de la sociedad contemporánea y el desengaño producido por la guerra. Desde la llegada de la burguesía al poder el artista comenzó a sentir la ausencia de un lugar propio dentro de la estructura social. Al comenzar el siglo XX,

las vanguardias produjeron el divorcio entre el arte y la sociedad creando un arte que el público burgués no comprendía. Arthur Cravan lo anunció con claridad: «Es absolutamente necesario meterse en la cabeza que el arte es para los burgueses, y yo entiendo por burgués un señor sin imaginación».

Otra de las causas que llevaron a Dadá fue la sensación que tenían los artistas de que su arte era inútil. El estallido de la guerra fue el final del sueño de progreso en el que la vanguardia había creído. Fue entonces cuando un grupo de artistas huyeron del conflicto y se propusieron acabar con la práctica artística tradicional. Dadá fue un movimiento iconoclasta y destructivo que cambió la vida marginal y la bohemia romántica por la acción y la batalla contra todo.

Sin título. Dadá (hacia 1922, óleo sobre lienzo, 43,2 × 31,5 cm, Museo Thyssen-Bornemisza, Madrid), de Max Ernst.

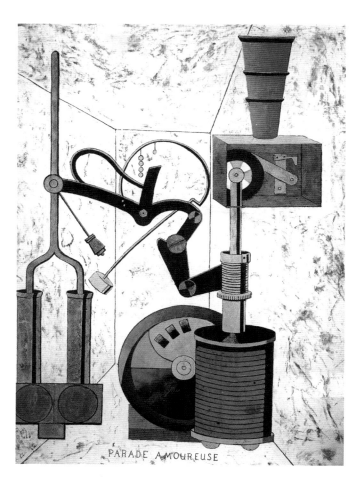

Parada amorosa (1917, óleo sobre cartón, 96,5 × 73,7 cm, Colección Morton, Chicago), de Francis Picabia.

Dadá no presentó unidad en la teoría ni en la práctica. Existen centenares de manifiestos dadá, algunos incluso enfrentados, y tampoco existe un único estilo dadá porque la situación política y social de la época de entreguerras era diferente según las zonas.

ZURICH, EL NACIMIENTO DE DADÁ EN EUROPA

El estallido de la guerra provocó la huida de un grupo de intelectuales y artistas a la ciudad suiza de Zurich. Uno de ellos, el poeta pacifista alemán Hugo Ball, fundó en esta ciudad neutral, el 15 de febrero de 1916, el Cabaret Voltaire, en la misma calle donde vivía Lenin. En él se reunía un grupo de jóvenes artistas como el escritor rumano Tristan Tzara (1896-1963), sus compatriotas Marcel y Georges Janco, el poeta y escultor berlinés Richard Huelsenbeck, el cineasta y pintor Hans Richter y el pintor y escultor alsaciano Hans Arp.

Ball también editó una revista trilingüe titulada *Cabaret Voltaire. Colección de arte y literatura*, creada a instancias de Tzara, en la que participaron artistas como Marinetti, Picasso, Blaise Cendras, Kandinski y los propios dadaístas de Zurich. Fue en el primer número de la revista donde apareció por primera vez el término Dadá, con el que se identificaban, y, dos años después, apareció el *Manifiesto dadá* en la misma revista.

Hugo Ball y Tristan Tzara fueron los protagonistas de Dadá en Zurich. Las veladas del Cabaret Voltaire discurrían tranquilamente. Ball colgaba sus cuadros y tocaba el piano mientras su mujer, Emmy Hennings, cantaba. Pero Tzara, más radical y activo que Ball, fue llenando de nihilismo y provocación las actividades del cabaret sirviéndose del lenguaje, tanto escrito como oral. En los espectáculos se recitaban poemas, se bailaban danzas africanas y se realizaban conciertos percutiendo todo tipo de objetos. Pero sus actuaciones más famosas fueron los «poemas recitados» y los «poemas estáticos». En los primeros, los textos eran recitados a la vez en inglés, francés y alemán, de tal manera que los espectadores no entendían nada. En los «poemas estáticos», cada palabra iba escrita en un cartel que se colocaba sobre una silla, y éstas cambiaban de posición cada vez que levantaban el telón.

Durante esos años, la aportación plástica más importante fueron los collages y los relieves de maderas de Hans Arp (1887-1966) en los que destaca la libertad de ejecución y su iconoclastia. Experimentó

La polémica y el escándalo habían protagonizado las manifestaciones de las primeras vanguardias. La agresión y el insulto habían aparecido ya en las famosas «seratas futuristas», pero con Dadá aparecieron cosas nunca vistas. Las obras de arte son concebidas como parte de un espectáculo en el que lo más importante era la actitud y no la obra en sí.

La destrucción de los géneros fue una de las actividades más comunes de Dadá. De esta manera aparecieron objetos de difícil clasificación como: el cuadro manifiesto, el *ready made* o el rayograma. Al mismo tiempo, uno de los elementos esenciales que latía bajo las actividades dadá fue el intento de borrar toda huella artística, eliminando la emoción y la presencia del autor.

Para no consagrar el objeto artístico recurrieron constantemente al humor, la ironía y el absurdo, y reivindicaron la utilización de todo tipo de materiales, incluso los de desecho.

con papeles recortados y, más tarde, con maderas de colores vivos que eran previamente recortadas a máquina y coloreadas con pistola renunciando a las creaciones individuales y a todo artificio premeditado, como muestra el *Retrato de Tristan Tzara* (1916).

Tzara invitó al pintor y escultor francés Francis Picabia a participar en las creaciones dadaístas. Cuando el pintor y escultor francés llegó a Zurich, en enero de 1919, editó junto a Tzara los números cuatro y cinco de la revista *Dada* y el número ocho de su revista *391*, que había iniciado en Barcelona. Un año más tarde fue Tzara, animado por Picabia, el que se trasladó a París. Los demás artistas también abandonaron la ciudad una vez finalizó la guerra. Su marcha y el cierre del Cabaret Voltaire marcaron el fin de Dadá en Zurich.

DADÁ EN LA CIUDAD DE LOS RASCACIELOS

Mientras Dadá aparecía en la ciudad de Zurich, al otro lado del océano se articulaba, en la ciudad de Nueva York, un grupo dadaísta en torno a Marcel Duchamp y Francis Picabia, dos artistas franceses que, huyendo de la guerra, habían llegado a esta ciudad en el año 1915.

Antes de que ambos llegasen se celebró, en el año 1913, la Exposición Internacional de Arte Moderno, llamada *Armony Show* por presentarse en la sala de armas de un regimiento de la guardia nacional. Con esta muestra el público norteamericano tuvo la oportunidad de conocer el arte europeo del momento.

La actividad del fotógrafo Alfred Stieglitz (1864-1946) a través de sus dos galerías, *Photo-Secession* y *291*, situadas en la Quinta Avenida, y de su revista *Camera Work* (que luego pasó a llamarse *291*); fue también muy importante para que la ciudad conociese el nuevo arte y se formasen los primeros grupos de vanguardia.

Pero Duchamp y Picabia fueron los verdaderos protagonistas de esta nueva aventura. Para ellos Nueva York era la tierra prometida, una ciudad nueva y moderna que no contaba con una pesada tradición, como ocurría en la vieja Europa. Ambos eran ya conocidos en la ciudad porque sus obras habían sido vistas en el *Armony Show*, como el cuadro de la derecha, *Desnudo bajando la escalera nº 2* (1912), la famosa obra de Duchamp que le había proporcionado una gran fama internacional. Antes de figurar en el *Armony Show* fue presentada en el Salón de los Independientes de París en 1912, y al año siguiente se expuso en la muestra dedicada al Cubismo que organizó la galería Dalmau de Barcelona. La obra

refleja una imagen estática del movimiento a través de la figura-máquina que baja por una escalera, a la vez que apuntaba al juego intelectual del espectador para captar la movilidad real. Estas ideas fueron una constante en toda la trayectoria de su autor.

Los primeros años en Nueva York fueron para los dos vanguardistas franceses una prolongación de las actividades que habían comenzado en Europa. Picabia inició por entones su periodo mecanicista, influido por Duchamp. La máquina, que había protagonizado el progreso de la civilización, fue uno de los principales motivos de Dadá. El entusiasmo futurista por la máquina desembocó en una guerra mundial, dejando un sentimiento lleno de ironía que derivó en un intercambio de papeles entre el hombre y la máquina. Desde 1915 en las obras de Picabia, al igual que en las de Duchamp o Man Ray, las máquinas se humanizan, sienten, aman y desean como si fuera un nueva mitología contemporánea, como en *Parada amorosa* (1917) y *El niño carburador* (1919).

Marcel Duchamp pintó este *Desnudo bajando la escalera* (1912, óleo sobre lienzo, 147,3 × 88,9 cm, Museo de Arte de Philadelphia).

Duchamp continuó realizando en Nueva York sus originales *ready mades* (ya hecho). Se trataba de descontextulizar y recontextualizar objetos de uso común que la mínima intervención del artista convertía en una obra de arte. Sus primeros *ready mades,* como *Rueda de bicicleta* o *Botellero*, los realizó en París en el año 1913. Con ellos conseguía desmitificar las categorías estéticas establecidas.

Desde el año 1915 hasta 1923 trabajó en el famoso *Gran vidrio, la novia puesta al desnudo por sus solteros...* su obra más famosa y una de las más enigmáticas del arte contemporáneo. La obra se compone de dos placas de cristal, dentro de las cuales se presenta la novia como una compleja estructura mecánica en la parte superior, y los solteros en la inferior. Todas las

Tatlin en casa (1920, fotomontaje, 45 × 30 cm, Colección Hannan Höch, Berlín), de Raoul Hausmann.

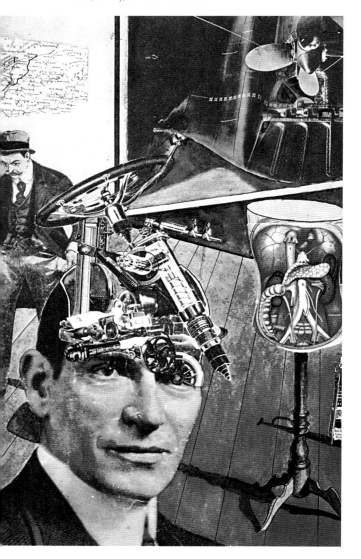

figuras están realizadas a base de alambre, papel de plata y óleo, y ambas partes están divididas por una línea horizontal que aparece como una alegoría de la imposibilidad del encuentro amoroso. El *Grand verre* (*Gran vidrio*) permaneció durante muchos años sin concluir. Su autor lo consideró terminado cuando, tras una rotura accidental, se dibujaron unas líneas a ambos lados del cristal. En 1934 Duchamp publicó su *Caja verde* con un gran número de documentos que posibilitaban el conocimiento de su complejo universo intelectual, pero las anotaciones sobre el *Gran vidrio* la hacen todavía más hermética.

Picabia continuó editando en Nueva York su revista *391* y Duchamp *The blindman* y *Rong wrong.* Pronto comenzaron a trabajar junto a un grupo internacional de artistas como el polifacético Arthur Cravan, el músico Edgar Varese, Marius Zayas y Man Ray (11890-1976). Este fotógrafo americano, creador del rayograma, se dedicó desde 1911 a la pintura abstracta como en *La funambulista acompañada por ella misma y sus sombras* (1916). Después de conocer a Duchamp y Picabia realizó también provocativos *ready mades* como la famosa y desconcertante plancha con pinchos titulada *El regalo* (1917) en la que niega al objeto su propia funcionalidad.

EL DADAÍSMO REVOLUCIONARIO DE BERLÍN

La delicada situación de Alemania tras la guerra hizo que el espíritu lúdico de Dadá en Zurich se transformase en un ánimo más politizado a favor de una revolución socialista. Las actividades dadaístas aparecieron en la ciudad de Berlín durante los primeros meses del año 1918. Fue entonces cuando Richard Huelsenbeck, procedente de Zurich, organizó el *Club Dada* junto a Raoul Hausmann (1886-1971), un poeta que provenía de *Der Sturm* y su mujer Hannah Höch, los hermanos Herzfelde, el caricaturista revolucionario George Grosz (1886-1968), Otto Dix (1891-1969), el poeta Franz Jung y Johannes Baader (1876-1955), un arquitecto fundador de una secta religiosa en la que él se consideraba la reencarnación de Jesucristo.

Siempre políticamente activos y muy radicales, publicaron panfletos, periódicos y manifiestos. Gran parte de las publicaciones dadaístas de Berlín aparecieron en la editorial *Malik*, fundada por los hermanos Herzfelde en 1917. Tres años después Huelsenbeck publicó el *Almanaque Dadá* que recogía veinte manifiestos Dadá y contaba con la colaboración de artistas extranjeros.

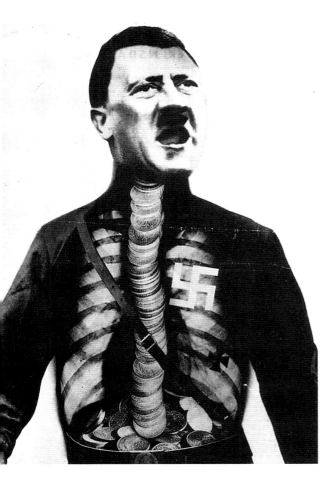

Traga oro y escupe chatarra (1932, fotocollage, Academia de Arte, Berlín), de John Heartfield.

Otto Dix pintó *La periodista Sylvia von Harden* (1926, técnica mixta sobre madera, 120 × 88 cm, Museo de Arte Moderno, París).

El acto más llamativo que realizaron en Berlín se llevó a cabo en la galería de Otto Burchardt el 24 de junio de 1920. Se trataba de la *Primera Feria Internacional Dadá*, organizada por Hausmann, Herzfelde (que tradujo su nombre al inglés convirtiéndose en Heartfield) y Grosz. En la muestra se expusieron casi doscientas obras Dadá de toda Europa tremendamente subversivas, cuya provocación iba desde el tono político hasta la obscenidad expresa, pasando por un antimilitarismo. En una pequeña sala con cuadros y ejemplares de la revista *Der Dada*, colgaron un maniquí vestido con el uniforme del ejército alemán y una cabeza de cerdo al que titularon *¡El arte ha muerto! ¡Viva el arte de la máquina de Tatlin!*

Sin duda la aportación más importante y característica del Dadá berlinés fue la utilización del fotomontaje como medio de expresión. El deseo de denunciar la situación que vivían llevó a los artistas a buscar en los periódicos y revistas un material menos común que el utilizado anteriormente, para que la

mirada descubriera cosas nuevas. Posteriormente este material era manipulado y reestructurado por ellos de una manera aleatoria, directa y expresiva, al igual que en los poemas dadaístas. La paternidad del fotomontaje fue reivindicada por una parte por Raoul Hausmann y Hannah Höch, y, por otra, por Grosz y Heartfield.

Hannah Höch realizó fotomontajes como *El millonario* (1923), de una carga política muy clara, con una cuidada composición e interesantes elementos formales. Los dos personajes, que personifican al Capital y la Industria, sujetan con sus manos partes de unas máquinas y detrás de ambos aparece un rifle abierto para ser cargado. Ambos personajes aparecen como una clara amenaza para la humanidad.

En ocasiones los retratos de los propios artistas fueron el tema de los fotomontajes, como *ABCD* (1923-1924) y *Tatlin en casa* (1920) –en la página anterior– de Raoul Hausmann, en donde aparece el rostro de un desconocido que identifica con el del creador del arte de la máquina, y coloca frenos, volantes y otras máquinas saliendo de su cabeza. John Heartfield y Grosz realizaron unos fotomontajes de carga crítica social muy dura. Heartfield utilizó casi exclusivamente fotografías con imágenes de contenido social y político, como su famoso fotocollage con la imagen de Hitler *Traga oro y escupe chatarra* (1932).

LA PRIMAVERA DE DADÁ EN COLONIA

El grupo Dadá en Colonia fue fundado después de la guerra y estuvo integrado por Max Ernst (1891-1976),

La obra *Merzbild 21 B* (1920, assemblage, óleo sobre lienzo, madera pintada, tela, papel y cabellos, 91 × 72,5 cm, colección particular), de Kurt Schwitters.

Johannes Baargeld y Hans Arp, contando en muchas ocasiones con la colaboración de otro grupo con un significativo nombre: *Stupid*.

Las obras que realizaron los tres juntos fueron llamadas *Fatagaga* (*fabrication de tableaux garantis gazométriques*), una especie de collages que no contaban con una preparación previa y donde el azar y la fortuna eran esenciales para su realización. De esa manera atacaban una de las bases más sólidas del arte occidental desde el Renacimiento y, sobre todo, del Romanticismo: la autoría de las obras y el culto y adoración a la personalidad del artista.

Paralelamente cada uno realizó sus propias obras. Arp creaba obras abstractas a base de cartones recortados y pintados de diferentes colores: *Tabla con huevos* (1922); Baargeld introdujo en sus cuadros objetos y Ernst conseguía escenas fantásticas y casi mágicas combinando imágenes que procedían de antiguos tratados de anatomía con las de libros ilustrados decimonónicos. En sus cuadros también mezcla objetos y seres, que no tienen nada que ver, creando una atmósfera inquietante como en *Sin título. Dada* (1923), *Nada de ello sabrán los hombres* (1923) o *El elefante de las Célebes* (1921) donde aparecen una aspiradora, un elefante, un toro o una mujer sin cabeza creando una escena inquietante.

El acontecimiento más importante en Colonia fue la exposición titulada *Principio de la primavera Dadá*, celebrada en 1920 en el patio de la cervecería Winter, a la que se accedía por los retretes. En la muestra se exponía de todo y quedaba clara la nueva relación que se entablaba entre las obras y el público, que ahora podía participar en ellas dejando de ser un mero espectador y pasando a la acción. La policía cerró la escandalosa muestra.

MERZ DADA EN HANNOVER

Kurt Schwitters (1887-1948) fue el protagonista de Dadá en la ciudad de Hannover. En un principio no fue admitido en el *Club Dadá* por su carácter menos político, pero a la larga sus creaciones fueron mucho más revolucionarias que las de los berlineses.

Comenzó a incluir objetos en sus cuadros desde 1918, y bautizó con el nombre de «merz» a estas extrañas construcciones que eran una mezcla de pintura y escultura. El término «merz» era un fragmento de la palabra «Kommerz» que aparecía en uno de sus textos, y fue el nombre que llevó la revista que publicó hasta el año 1932. La revista contó con la colaboración de constructivistas y de otros dadaístas, al igual que sus construcciones merz oscilan entre el caos Dadá y el orden racionalista.

Sus merzcollages realizados a base de basuras, y sus fotomontajes como *Merzbild 21 B* (1920), o *Merzbild 1 A, el psiquiatra* (1919), le llevaron a realizar su famosa *Columna* desde 1920 hasta 1935, año en que tuvo que abandonar Alemania. En ella creó un inmenso collage con todo tipo de materiales alrededor de una columna que atravesaba dos pisos de su casa.

LA MUERTE DE DADÁ EN PARÍS

Tras abandonar la ciudad de Zurich, Tristan Tzara y Francis Picabia llegaron a París en 1919 y alumbraron el nacimiento del Dadaísmo en esta ciudad, con la ayuda de los escritores André Breton, Aragon, Soupault, que publicaban ese mismo año la revista *Littérarure*, y que sirvió como medio de expresión a Dadá desde 1920.

Anteriormente habían aparecido en esta ciudad algunos comportamientos Dadá, casi todos ellos protagonizados por el poeta Arthur Cravan. Como su famosa conferencia de 1914 mezcló las teorías antiartísticas con los insultos al público, los bailes y movimientos de boxeo.

Las actividades de Dadá en París fueron numerosas, sobre todo la literatura que se generó, superior que en otros centros. El nivel de implicación del público también fue aumentando. En el Festival Dadá de 1920 el público acabó arrojando tomates a los artistas.

Pero el equilibrio entre la actitud rupturista de Tzara y el orden de Breton no duró mucho. Breton organizó el Congreso de París en el año 1921, pero la rigidez y severidad de su organización no gustó a los dadaístas. Fue entonces cuando se produjo la ruptura, y el surrealismo acabó con Dadá.

Schwiters y Theo van Doesburg organizaron en 1922 el Congreso Dadaísta de Weimar. En él también participaron Arp y Tzara, quien compuso una oración fúnebre por Dadá tras los acontecimientos de París. La oración apareció publicada en *Merz* el año 1923 y Tzara se encargó de recitarla por todas las ciudades alemanas. El congreso fue clausurado con una inolvidable fiesta de disfraces en la Bauhaus.

La viola (1920, óleo sobre lienzo, 61 x 81,5 cm, Kunsthaus, Zurich), del pintor español Juan Gris.

NUEVAS FIGURACIONES

Los «felices años veinte» tuvieron realmente mucho menos de locos y alegres, convirtiéndose el título del ensayo de Jean Cocteau, *Le rappel à l'ordre* (1926), en la verdadera divisa de estos años que mediaron las dos guerras mundiales.

Terminado el conflicto bélico, la crisis y el desconcierto produjeron una intensificación de los nacionalismos y un ansia de estabilidad que coincidió con la recuperación de los «realismos» en el plano cultural. Los artistas se replantearon sus objetivos y buscaron formas de expresión menos radicales que reclamaban una vuelta al arte neofigurativo y a las reglas de la perspectiva. Esta vuelta al Clasicismo les hizo aparecer como una antivanguardia pero, en realidad, esta nueva

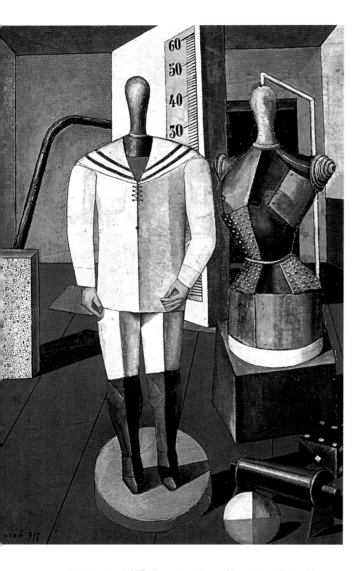

Madre e hijo (1917, óleo sobre lienzo, 90 × 66 cm, Colección Emilio Jesi), de Carlo Carrà.

tendencia no fue entendida como un retroceso en la carrera de los artistas, sino como un complemento perfecto que les llevaba a recuperar algunos elementos que habían olvidado como la línea, la forma o el volumen.

Las posibilidades que se abrían a los artistas eran enormemente complejas ante la variedad de fuentes de inspiración. Por ello, la vuelta a la figuración no fue uniforme en todos los centros.

EL PURISMO FRANCÉS

Finalizada la Gran Guerra, los cubistas regresaron a París pero en esta ciudad no pudieron encontrar el espíritu que se respiraba antes de la contienda.

Tras regresar a París en 1917, Braque continuó creando un tipo de Cubismo sintético de colores apagados y en los años veinte se dedicó a realizar series de estilo clasicista, numerosos paisajes y esculturas de figuras clásicas, algo que también realizó su amigo Pablo Picasso.

El genio malagueño retomó el Realismo en 1915, con una serie de naturalezas muertas a las que añadió cabezas de modelos clásicos. Tras su contacto con los ballets de Diaguilev y convertido en un artista de renombre, comenzó su periodo neoclásico o ingresco con obras como *Las tres bañistas* (1918), en la que retoma la línea clásica en los perfiles, y *Dos mujeres corriendo por la playa* (1922), en la que las gigantescas figuras, a pesar no respetar los cánones clásicos de la proporción, respetan la organización de estructuras en una composición clásica y un armonioso equilibrio de las formas. Picasso, al igual que Derain Gris en *La viola* (1920) o Severini, retoma el dibujo depurado y la rotundidad de los volúmenes de Ingres, y el amor por la Antigüedad de otro maestro de la tradición francesa: Poussin. Las obras y el texto del antes futurista Gino Severini, *Del Cubismo al Clasicismo* (1921), también defendían las nuevas figuraciones considerando este nuevo arte como «el del compás y el número».

ITALIA, LA CUNA DE LA FIGURACIÓN

Severini propuso su fórmula para el nuevo arte, pero no fue la norma en Italia, donde varias asociaciones de artistas comenzaron a debatir sobre las nuevas figuraciones. Movimientos como la temprana *Pintura Metafísica*, junto a la revista *Valori Plastici* y las exposiciones del grupo *Novecento*, consiguieron aglutinar las nuevas propuestas en las que dominaban el orden, la razón y la claridad. La Pintura Metafísica fue el precedente de los nuevos realismos italianos y contó con varios animadores: Giorgio de Chirico y su hermano Alberto Savinio, Carlo Carrà, Filippo de Pisis y Giorgio Morandi.

Todo comenzó cuando los hermanos De Chirico regresaron de París en 1915 tras pasar allí cuatro años. Una vez en Italia expresaron su rechazo hacia las vanguardias de moda y comenzaron a leer al filósofo alemán Nietzsche, el primero que había entendido la Antigüedad como la acción de dos fuerzas: la apolínea, de reflexión, y la dionisíaca, de salvaje vitalidad, con la posibilidad de acomodar dicho esquema al presente.

Chirico y Savinio se instalaron en Ferrara en 1915 y comenzaron a realizar, junto al pintor Carlo

Carrà, obras metafísicas. Una de las primeras y más representativas de esta nueva tendencia es la realizada por De Chirico: *Las musas inquietantes* (1916). Se trata de una personal visión de la ciudad como un desierto, con una amplia perspectiva a través de un marcado punto de fuga que nos lleva al fondo, donde los edificios medievales conviven con los fragmentos industriales en un silencioso diálogo. En el primer plano las estatuas antiguas y otros objetos cotidianos se encuentran aislados dentro de esta extraña e irreal escena, como ocurre en las naturalezas muertas de Morandi. En otras obras de Giorgio de Chirico, *La conquista del filósofo* (1917), *Gran interior metafísico* (1917); así como en las de Carrà, *La musa metafísica*, *Madre e hijo* (ambas de 1917), se respira también esa sensación de irrealidad e inquietud debida, en gran parte, a la utilización de los maniquíes. Esos seres cosificados, que recuerdan a los humanos, enlazan con la idea del escaparate como una metáfora del cuadro entendido como una vitrina donde la metafísica enseña sus productos.

Pero el modelo italiano no fue sólo uno. El interés por la vuelta al pasado hizo que otros artistas se fijaran en la pintura de los «primitivos italianos», como Giotto, Massaccio, Mantegna o Piero della Francesca, que habían investigado en cuestiones formales, más que en el color. Del Cinquecento consideraron al genio de Urbino, Rafael, ejemplo de perfección técnica.

Era imposible no mirar atrás, y eso fue lo que hicieron dos nuevos realismos en Italia durante los años veinte, Valori Plastici y Novecento. Mientras que el primero tuvo una vida muy corta (1918-1921), Novecento se oficializó en 1923 y pasó a arte de Estado hasta que fue desapareciendo desde 1933.

La revista *Valori Plastici*, creada en Roma por el artista Mario Broglio, dio nombre a toda una opción artística convirtiéndose en un gran medio de difusión que mostraba el arte italiano del momento, un arte que idolatraba el arte del pasado y reclamaba la necesidad de volver al oficio y la visita al museo. Además de contar con los representantes de la Pintura Metafísica, colaboraron en la misma los artistas figurativos Luciano Folgore, Roberto Melli, Ardengo Soffici, Emilio Cecchi, Giusepe Raimondi y el holandés, procedente de De Stijl, Theo van Doesburg.

El grupo desapareció, junto a la revista, en 1922, dando paso a nuevas inquietudes y orientaciones como las que representaba el grupo surgido en Milán llamado Novecento. Con este nombre reclamaban el derecho a ser de su tiempo adaptando a éste el arte del pasado, en una síntesis que presentaba algún eco de vanguardia del momento. Pero más que un grupo, Novecento fue un ambiente que se vivió intensamente en Italia. Tras su primera actuación en marzo de 1923 en la galería Pesaro, la crítica Margueritta Safalti les presentó en una sala de la Bienal de Venecia en 1924, y dos años más tarde quedó claro que se trataba de una moda bajo la que se reunían más de un centenar de artistas.

Entre todos ellos destacaron las obras de Felice Casorat, *Naturaleza muerta con maniquíes*, las de Cagnaccio di San Pietro como *Después de la orgía* (1928), Achille Funi, Ubaldo Oppi con obras como *Las amigas* (1924) y las de Mario Sironi, como *Soledad* (1926). En todas ellas la imagen alcanza la nitidez y claridad de la cámara fotográfica, pero están impregnadas de una atmósfera mágica que las hace inconfundibles.

La exposición que marcó el nacimiento de Novecento fue visitada por Mussolini. Desde ese

La musa metafísica (1917, óleo sobre lienzo, 90 × 70 cm, colección particular de Milán), de Carlo Carrà.

María y Annunziata del puerto (1923, óleo sobre lienzo, 67,5 × 55,5 cm, Museo Thyssen-Bornemisza, Madrid), de Christian Schad.

La noche (1918-1919, óleo sobre lienzo, 133 × 154 cm, Kunthammlung, Colonia), obra firmada por Max Beckmann.

momento comenzó también la leyenda negra de este arte que recuperaba la gloriosa historia italiana. El grupo fue atraído hacia el fascismo y Mario Sironi se convirtió en su teórico, desde las páginas del periódico fascista *Il Popolo d'Italia*.

LA NUEVA OBJETIVIDAD ALEMANA

Los nuevos realismos también se manifestaron en Alemania. En 1918 el país salía derrotado de una guerra mundial quedando en la bancarrota. En el mes de noviembre acabó la era guillermina con la abdicación de Guillermo III y la proclamación de la República de Weimar. La nueva situación abrió un panorama totalmente nuevo para la cultura alemana, sobre todo para la literatura y la pintura. Arte y política se volvieron inseparables y los artistas tomaron posiciones. Era urgente y necesario realizar un arte que reflejara la dura realidad de la posguerra, un arte que denunciase la situación y que fuese comprensible para todos. Ante esta situación los artistas utilizaron dos medios de expresión, la Nueva Objetividad y el Realismo Mágico.

La Nueva Objetividad fue el resultado del norte del país, donde la industrialización y las miserias sociales calaron hondo en la sensibilidad artística. Grosz actúa en Berlín, Otto Dix en Dresde y Max Beckmann en la ciudad de Frankfurt. En 1925 el crítico Hartlaub organizó una exposición en Mannheim que mostraba un conjunto de obras bajo el título *Nueva Objetividad. Pintura alemana desde el Expresionismo*. El nombre aludía a uno de los objetivos del grupo, que a diferencia de los expresionistas, renunciaba a cualquier intento de reflexión psicológica y espiritualismo. Ignoraban también el afán de experimentación de los constructivistas. Sin embargo, no renuncian a otras posibilidades que ofrecía la vanguardia, tomando del Futurismo la visión simultánea y los logros veristas del fotomontaje Dadá. Fue el traslado del fotomontaje a la pintura y el grabado lo que determinó el nacimiento de la Nueva Objetividad.

Una vez acabada la contienda, en toda Europa se asistía a una restauración de la figura y Alemania no fue ajena a este fenómeno aunque la recuperaron con el fin de provocar al espectador y despertar sus conciencias.

Los protagonistas de sus obras son los mismos, la ciudad y sus habitantes, pero se diferencian en la manera de tratarlos. Tras su fase dadá, Georg Grosz (1893-1959) se convierte en un artista que hace política en obras como *Los funerales de Oscar Panizza* (1917) o *Metrópolis* (1916-1917). En esta última utili-

za viejos lenguajes de la vanguardia. El cruce de líneas y planos que consiguen una sensación de dinamismo y tensión viene del Futurismo, del Expresionismo toma las formas desgarradas y la intensa paleta de colores y las casas del fondo como bloques geométricos nos llevan al primer Cubismo de Braque y Picasso. También adopta la figura del maniquí para expresar la alienación en las relaciones sociales de las ciudades dominadas por el vicio y el lujo que contrasta con la marginación del país.

Después el mensaje se hizo más eficaz con la adopción de códigos neofigurativos que hacían a los fantasmas de carne y hueso. Su óleo *Los pilares de la sociedad* (1926) es un claro ejemplo de la crítica social despiadada contra los militares, la iglesia, los periodistas y los políticos: todos los que provocaron la guerra para beneficiarse de ella. Sus escenas se muestran llenas de violencia y sexo porque se propone desenmascarar a la verdadera sociedad alemana. Y lo hace de una manera fría y distanciada, utilizando una técnica detallada que pretende impactar al espectador. Por eso sus obras fueron prohibidas en muchas ocasiones.

Otto Dix utiliza también una técnica verista y minuciosa, que se hace casi cristalina, para reflejar el mundo que le rodeaba y que giraba en torno a tres temas, la guerra, el sexo y el retrato. En sus escenas siempre hay descomposición, su amor es desesperado, su sexo es vulgar y sus retratos poseen un indiscutible poso de melancolía, tal y como muestra el de su amiga *La periodista Sylvia von Harden* (1926) o el *Retrato del fotógrafo Hugo Erfurth con perro* (1926). En esta línea figuran también los retratos de Christian Schad (1894-1982). Su impecable y detallada factura va acompañada de una gran frialdad que da una sensación de soledad y hace que sus obras como *María y Annunziata del puerto* (1923), el *Retrato del doctor Hausteinb* (1928) o su *Autorretrato junto a una modelo* (1927) parezcan fotografías hechas sin cámara.

Obras como *La noche*, de Max Beckmann (1884-1950), son un ejemplo de cómo su autor combina la crítica de los nuevos realismos junto a su tradicional bagaje académico. El espacio se vuelve claustrofóbico y aumentan la tensión dramática y la agresividad que tanto recuerdan a El Bosco, Brueghel o Grünewald.

EL REALISMO MÁGICO

La Nueva Objetividad no fue la única dirección que tomaron los artistas alemanes que optaron por los nue-

La funambulista acompañada por ella misma y sus sombras (1916, óleo sobre lienzo, 132,1 × 186,4 cm, Museo de Arte Moderno, Nueva York), de Man Ray.

vos realismos. En 1925 Franz Roh publica *Realismo Mágico. Postexpresionismo*, donde distingue las dos corrientes principales que vivía el arte alemán. Su autor se convierte en el difusor de este grupo de artistas que provenían, en su mayoría, del sur, y habían realizado el obligado viaje a Italia. Todos ellos se decidieron por la representación minuciosa del objeto pero mostrándolo con un aspecto mágico y misterioso.

De todos los integrantes, Anton Raderscheidt fue el más excéntrico. En sus obras como *La casa nº 9* (1921) las figuras humanas adquieren la apariencia de un maniquí en una ciudad deshumanizada, envuelta en una fría geometría. Alexander Kanoldt (1881-1939) se acerca también a las ideas de la revista Valori Plastici en obras como *Retrato de Irmgard Trommdorf* (1927) o *Naturaleza muerta* (1924) donde los objetos aparecen sobre la mesa como si hubiesen estado siempre allí. Lo mismo ocurre en el óleo de G. Schrimpf *Bodegón con gato* (1923). Los objetos solitarios aparecen también en obras de Georg Scholz, Xaver Fuhr y la producción de Carlo Mense se decanta por la figura humana, como en *Desnudo en una estancia* (1928).

Aunque la Nueva Objetividad se identifica con posturas políticas de izquierda y el Realismo Mágico se sitúa más a la derecha, ambas acabaron con la llegada del nazismo. El propio Hitler calificó el arte moderno como arte «degenerado» y muchos artistas se vieron obligados a abandonar el país.

EL SURREALISMO

En 1921 un grupo de poetas, encabezados por André Breton, decidieron separarse del subversivo Dadá y, en

1922, Breton y Soupault publicaron los primeros poemas de escritura automática, *Les champs magnetiques*, mientras la revista *Littérature* contaba con colaboraciones de los dadaístas Picabia, Man Ray y Max Ernst. Dos años más tarde, en 1924, la revista desapareció y se creó una nueva, llamada *La revolución surrealista*, como boletín oficial del Surrealismo. Ese mismo año se fundó la *Oficina de Investigaciones Surrealistas*, dirigida por Antonin Artaud, y el nuevo movimiento quedó totalmente constituido con la publicación del *Manifiesto surrealista* de Breton.

En este manifiesto, Breton define el término «surrealismo» como: «Puro automatismo psíquico por el cual se intenta expresar, verbalmente, por escrito o de cualquier otra manera, el funcionamiento real del pensamiento, en ausencia de cualquier control ejercido por la razón, al margen de toda preocupación estética o moral». Queda claro que el Surrealismo es la teoría de lo irracional y lo inconsciente. Los surrealistas pensaban que la cultura occidental había valorado excesivamente la razón impidiendo que el hombre desarrollara libremente sus posibilidades. El Surrealismo se presenta como una actitud vital que pretende liberar al hombre de sus corsés sociales y crear, por medio de la revolución, un hombre nuevo en un mundo mejor. Es esta

Los cinco extraños (1941, óleo sobre lienzo, 98,1 × 81,3 cm, Collection Ella Gallup Summer, Hartford), de Yves Tanguy.

actitud optimista y constructiva la que separa al Surrealismo del nihilismo de Dadá.

El primer camino que recorrieron los surrealistas en busca del inconsciente fue el de la escritura automática. Los primeros surrealistas fueron un grupo de poetas entre los que destacaron: Philippe Soupault, Paul Eluard, Louis Aragon, Benjamin Péret y Antonin Artaud. El mismo Breton explicó en el primer manifiesto cómo se realizaba esta difícil actividad basada en procesos irracionales.

Es imposible acercarse a la pintura surrealista sin relacionarla con las investigaciones de Sigmund Freud sobre el sueño y el inconsciente. Breton le visitó en el año 1921 y quedó fascinado con las teorías del psiquiatra vienés, que descubrió que el subconsciente funcionaba por medio de imágenes, y el mundo de los sueños era de naturaleza visual y no verbal. Esto hizo que, con el paso del tiempo, frente al carácter marcadamente literario que tuvo el Surrealismo al principio, fuese ganando terreno la pintura, que acabara alcanzando un desarrollo extraordinario.

EL AUTOMATISMO GRÁFICO

El automatismo psíquico al que se refería Breton ofrecía al pintor dos posibilidades de actuar: lanzarse al impulso gráfico del llamado automatismo gráfico, o el automatismo simbólico.

El primero sería el equivalente plástico de la escritura automática en el que la mano del pintor era guiada por impulsos incontrolados. No planificaban lo que iban a pintar dando como resultado un lenguaje muy personal que rozaba la abstracción. El mismo Miró afirmó que cuando se colocaba frente a un lienzo nunca sabía lo que iba a hacer y era el primer sorprendido de ver lo que salía. Para ellos el acto de pintar era surrealista. A esta línea de actuación corresponden los dibujos automáticos con tinta de André Masson (1896-1987) como *Los cuatro elementos* o *Desnudos en un interior*, que fueron publicados a partir de 1924 en la revista *La revolución surrealista*, e ilustraron la obra de Louis Aragon *Le payasan de Paris*. En estos dibujos, después de utilizar el lápiz y la tinta china, pasaba la mano por el papel para que se produjeran líneas al azar, algunas de las cuales desarrollaba más tarde para formar figuras. Le interesaba el momento en que la línea se convertía en forma. En 1927, tras su enfrentamiento con Breton, realiza sus cuadros de arena como *Batalla de peces* (1926), en los que la arena era espolvoreada al azar sobre la superficie del lienzo, previamente impreg-

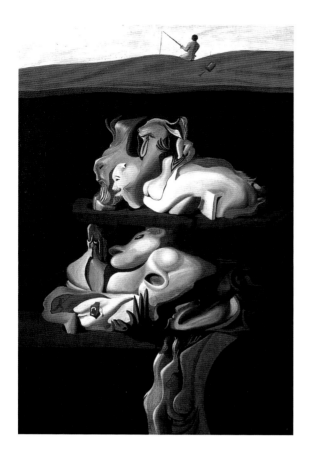

Cueva de guanches (1935, óleo sobre lienzo, 81 × 60 cm, Museo Nacional de Arte Reina Sofía, Madrid), de Óscar Domínguez.

La condición humana (1933, óleo sobre tabla, 100 × 81 cm, colección privada, Choisel), obra del belga René Magritte.

nada de cola de pegar, y después añadía la pintura. Este procedimiento es el precedente directo del Expresionismo abstracto americano. De hecho, entre 1941 y 1946 Masson residió en Estados Unidos.

Fue precisamente Masson quien presentó a Breton al joven Joan Miró (1893-1983). Desde entonces el pintor catalán se puso en contacto con los poetas surrealistas y se convirtió en el primero que puso imágenes a este movimiento. Cuando Miró llegó a París, en 1920, practicaba una pintura realista que mezclaba elementos de un objetivismo casi fotográfico, convencionalismos de un lenguaje cubista y, desde el punto de vista temático, estaba anclado en una iconografía rural que provenía de sus veranos en Montroig. De esta primera época en París son sus obras *Naturaleza muerta con conejo* (1920), *La masía* (1921-1922) o *La tierra arada* (1923). Tras conocer a los poetas surrealistas su pintura dio un gran giro. En obras como *El cazador* (1923), *La siesta* (1925), *El carnaval de arlequín* (1924-1925) e *Interior holandés* (1928) comienza a confeccionar una iconografía totalmente nueva basada en un lenguaje absolutamente personal y, al mismo

tiempo, universal, que aportaba a sus creaciones una libertad de espíritu y un tono poético y onírico. El mundo de Miró es el del niño antes de ser adulto, antes de dejarse censurar por la educación. Es el mundo antes de la historia, el del séptimo día de la creación.

En *El carnaval de arlequín* su universo personal está compuesto de estrellas llameantes, cometas, notas musicales, juguetes y diminutos animales vivarachos. Destaca la escalera de la izquierda como motivo característico que comunica la tierra con el cielo. El colorido es intenso. Los colores primarios, azul, amarillo y rojo, son los más empleados en esta obra y serán también muy utilizados por Miró en su obra posterior (*El oro azul del cielo*, a mediados de los sesenta). Las figuras de sus cuadros están deformadas, sufriendo un proceso de esquematización singular. Éstas aparecen con el tronco del cuerpo reducido a un mero filamento, mientras que otros elementos de la anatomía como extremidades, cabezas, antenas y crestas de animales, son agrandados y exagerados. Pasa de las figuras a los ideogramas y signos, de un trazo sabio y adulto a otro ingenuo e infantil. El espacio está concebido en dos grandes zonas de color neutro,

Arriba, *Dos mujeres corriendo por la playa* (1922, óleo sobre contrachapado, 34 × 42,5 cm, Museo Picasso, París), y derecha, *Guernica* (1937, óleo sobre lienzo, 350 × 782,3 cm, Museo Nacional de Arte Reina Sofía, Madrid), de Pablo Picasso.

una para el suelo y otra para la pared de la habitación. Desde 1924 los seres y objetos de la pintura de Miró flotan en el espacio. Un espacio que además carece de dimensiones y distancias pero que nos resulta familiar porque en él vemos el mágico mundo de la infancia. Los signos mironianos se yuxtaponen en asociaciones fantásticas dando a la escena una sensación de vivacidad que se debe también al movimiento rítmico y vivo, algo que aparecerá más tarde en sus *Constelaciones* como *El bello pájaro descifra lo desconocido a una pareja de enamorados* (1940). Esta extraordinaria alegría se debe a las alucinaciones que le provocaba el hambre durante sus primeros años en París.

EL AUTOMATISMO SIMBÓLICO

El segundo método para realizar imágenes surrealistas es el llamado «automatismo simbólico». Reducía el automatismo únicamente al proceso formulador de imágenes, pero al trasladar estas imágenes al lienzo, el artista lo hacía siendo plenamente consciente, controlando con la razón el proceso de realización de la obra y utilizando, incluso, un estilo académico. Se trataba de pintar sueños y surrealizar la imagen, poniendo a su servicio todo el repertorio de la pintura tradicional. Por eso este método despertó siempre más críticas, aunque fue el que se generalizó a finales de los años veinte

desde que Dalí irrumpió en el núcleo parisino en el año 1929. Magritte, Óscar Domínguez o Paul Delvaux se acogieron a este tipo de automatismo.

La irrupción de salvador Dalí (1904-1989) en el grupo surrealista parisino, de la mano de Joan Miró, supuso un aliento revitalizador para el momento de crisis y estancamiento que sufría el surrealismo. Tras la aparición de la conciencia política la revista *La revolución surrealista*, boletín oficial del grupo, fue sustituida por otra titulada *El surrealismo al servicio de la revolución*. Con el ingreso de Breton y otros miembros en el Partido Comunista, las filas del grupo se vieron disminuidas debido al distanciamiento de los que, como Artaud, Desnos y Masson, pensaban que se debía limitar la actuación colectiva al campo exclusivo del arte.

La llegada de Dalí aportó nuevos ánimos al movimiento, tanto con sus pinturas como con sus escritos teóricos, sus poemas y sus irrupciones en el cine, como el film *Un perro andaluz* (1929) que realizó junto a su compañero en la Residencia de Estudiantes de Madrid, Luis Buñuel. El retrato que realiza del cineas-

ta aragonés (1924), al igual que su famosa *Muchacha de espaldas* (1925), muestran su etapa más verista. Tras recorrer el panorama completo de las vanguardias, sus primeros cuadros con aire surrealista aparecieron a partir de 1927: *El gran masturbador* (1929), *La persistencia de la memoria* (1931), *Premonición de la guerra civil* (1936). Para realizarlos aprovechó las investigaciones del psiquiatra Lacan y su teoría de la paranoia-crítica, que marcó su integración definitiva en el grupo surrealista. Dalí elaboró un método basado en el poder de las asociaciones delirantes propias de la paranoia. Este método se oponía al automatismo de los primeros surrealistas al introducir el componente activo en la elaboración de imágenes, prolongando la situación de delirio paranoico del sueño al estado de vigilia.

En *El gran masturbador* comprobamos cómo Dalí aporta al surrealismo un componente autobiográfico exhibicionista, una calidad técnica superior a los demás y una gran riqueza de imágenes. La masturbación no ha sido un tema muy tratado en la pintura. En este caso, además, tiene una clara connotación autobiográfica, ya que fue pintado por Dalí días después de

que Gala volviera a París mostrando las fantasías eróticas que le provocaba su reciente amor. El tema del cuadro responde a su deseo de mostrar lo más íntimo y menos noble, el cuerpo y sus miserias. El gran hallazgo de Dalí fue llevar a la práctica de la pintura la tensión provocada por sus temores y realizar, a partir de una interioridad atormentada, una pintura que ha sabido sintonizar con la sensibilidad de su tiempo. Los diarios adolescentes del artista demuestran que Dalí padecía una timidez patológica y una fuerte ansiedad sexual que le producía un constante apego a la masturbación.

Es una imagen surrealista que identificamos como claramente daliniana. La cabeza del masturbador, apoyada en el suelo, representa a Dalí. Ésta ocupa la mayor parte del lienzo y en ella se encuentran diferentes elementos. De la parte inferior salen una voluta de recuerdo modernista y el busto de un mujer con una flor que representan su fantasía felatoria. El lugar de la boca lo ocupa un saltamontes, de simbología fálica, cuya tripa está llena de hormigas, las mismas que salen de la mano en *Un perro andaluz*, y que aluden a la obsesión por la muerte y la putrefacción. La cabeza de león representa la

Murales de Diego Rivera: arriba, *Desembarco de los españoles en Veracruz* (1951, fresco 492 × 570 cm), y derecha, *Historia de México: de la conquista al futuro* (1929-1930, fresco), los dos en el Palacio Nacional de Ciudad de México.

fuerza del deseo. También aparecen pequeñas piedras y conchas que aluden a sus paseos por la playa de Cadaqués. En la parte inferior, la pequeña figura sin rostro que se abraza a una roca alude a los primeros encuentros de Dalí con Gala en el verano de 1929 y recuerdan a los maniquíes de Giorgio de Chirico, uniendo la condición de objeto inerte y la referencia al ser humano. También recuerdan al italiano el dilatado y silencioso espacio que recrea el mundo de los sueños y las grandes sombras que se proyectan. Dalí utiliza un sistema de representación tradicional. A ello contribuyó su formación académica que se tradujo en el desarrollo de una técnica miniaturista llena de precisión y nitidez.

El impacto de Chirico fue también muy fuerte en las obras de Tanguy, que adquirieron un estilo propio. En *Los cinco extraños* (1954), *Cita de las paralelas* (1935) o *El tiempo amueblado* (1939), crea amplios paisajes sin luz, ni línea de horizonte, como si fueran desolados desiertos, y en ellos dispone objetos biomórficos, como si fuesen restos de un mundo anterior.

La representación onírica, objetiva e intemporal del pintor metafísico italiano se encuentra en la base de obras como *La condición humana* (1933) o *Los amantes* (1928) del belga René Magritte (1898-1967), en las de su paisano Paul Delvaux (1897-1994), *Mujer ante el espejo* (1936) y *La ciudad dormida* (1938) y en la obra del canario Óscar Domínguez, *Cueva de guanches* (1935) y *Máquina de coser electro-sexual* (1935).

Para acceder a las capas más profundas de la psique humana, el Surrealismo utiliza técnicas nuevas. En este campo sobresalieron las investigaciones del

superficies de un poco de pintura y luego hacía presión entre ambas partes. Esta nueva técnica fue realmente inventada por el canario Óscar Domínguez en 1934 y Max Ernst la perfeccionó dos años más tarde. Finalmente, en busca de un mayor automatismo, inventará la técnica de la oscilación, cuando se traslada a Estados Unidos en 1939. Este nuevo procedimiento, basado en las gotas que caían de una lata agujereada que se mueve aleatoriamente, demuestra la importancia que tendrán los surrealistas en el Expresionismo Abstracto.

Como experiencia colectiva aparecen los llamados «cadáveres exquisitos», que eran dibujos realizados por varios artistas. La casa de Tanguy fue uno de los laboratorios donde se realizaban estos collages en los que se valoraba el automatismo por encima de todo, con resultados llenos de asociaciones inesperadas donde el azar se manifiesta libremente.

Desde los años treinta el grupo francés siguió dos caminos paralelos, el de la revolución política y el de la exploración cada vez más profunda del subconsciente. Es entonces cuando comienza la expansión interna-

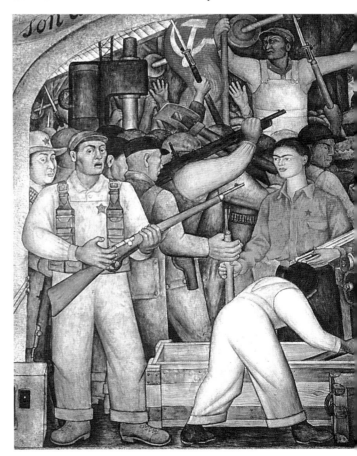

antiguo dadaísta Max Ernst. Creó el collage surrealista con antiguas ilustraciones decimonónicas que luego articulaba meticulosamente. Se trataba de un juego como el que hacían Magritte y Dalí con sus imágenes de múltiples significados. Utilizó el frottage en obras que realizó entre 1926 y 1930, *Los grandes enamorados*, *Los pájaros pintados* y *Los bosques*, para crear la textura de sus cuadros, mediante la frotación de un lápiz sobre el lienzo, previamente colocado sobre una superficie rugosa. Más adelante consiguió una imagen aún menos controlada con la técnica de la decalcomanía que se basaba en la colocación en medio de dos

También de Rivera es *El arsenal* (1928, fresco, 203 × 398 cm, Secretaría de Educación Pública en Ciudad de México).

La creación (1922-1923, pintural mural encáustica y pan de oro, 708 × 120 cm, Escuela Preparatoria Nacional de México), de Diego Rivera.

cional el movimiento, que se ve reforzada por el estallido de la II Guerra Mundial y el exilio del grupo forjado en París. Cuando la guerra acabó, tras haber contribuido al nacimiento el Expresionismo Abstracto en Estados Unidos, la mayor parte de los artistas regresaron a Europa. Pero el Surrealismo ya no recuperó la importancia que había tenido. En ocasiones se considera a la gran obra de Picasso *El Guernica* (1936) como el final del Surrealismo. Picasso realizó esta obra para el pabellón de la República española en la Exposición de 1937 en París. Este lienzo se convirtió en un alegato contra la guerra en su sentido más amplio y consigue transmitir una fuerte carga expresiva de horror, muerte y violencia, a través de la monocromía y la escasez de elementos. En esta obra Picasso recoge todo su potencial plástico, dando preferencia al Cubismo, y lanza un grito que hace estallar las vanguardias históricas, al igual que *Las señoritas de Avignon* lo hicieron con el lenguaje tradicional.

EL MURALISMO MEXICANO

El arte moderno en América Latina tuvo en México, tras el triunfo de la revolución, un foco de gran impor-

tancia, con la aparición de la pintura mural como una de las manifestaciones más típicas.

Cuando el gobierno de Obregón nombró como ministro de Educación a José de Vasconcelos, éste fomentó el arte muralista como un instrumento de educación popular. Los artistas Diego Rivera (1886-1957), José Clemete Orozco (1883-1949) y David Alfaro Siqueiros (1898-1974) formaron el núcleo fundacional del muralismo mexicano con características y planteamientos nuevos. Si los artistas rusos quisieron servir a la revolución con un arte revolucionario, los mexicanos abandonaron las experiencias vanguardistas europeas y crearon un arte revolucionario, con una gran carga ideológica marxista y nacionalista, que recuperaba el arte del pasado.

El arte de las paredes se convirtió en un medio para reivindicar la conciencia de un país que quería afirmar su propia soberanía y su independencia. Destacan los encargos oficiales que recibió Diego Rivera. El primero fue un mural sobre *la Creación* para la Escuela Preparatoria Nacional de México (1922). A este el siguieron otros como *Visión política del pueblo mexicano* para la Secretaría de Educación Pública (1923-1928), *La historia de Cuernavaca y Morelos en el antiguo palacio de Hernán Cortés* (1930), *El hombre controlador del universo* (1934) en el Palacio de Bellas Artes de Ciudad de México. Todos son un buen ejemplo

El coronelazo (1945, piroxilina sobre cemento, aprox. 305 m², Instituto Nacional de Bellas Artes de México), de Siqueiros.

de la integración entre arquitectura y pintura para expresar la conciencia de un pueblo deseoso de una justicia social. En el Palacio Nacional de la Ciudad de México, Rivera diseñó en la escalera principal la *Epopeya del pueblo mexicano* (1929-1935), un conjunto de tres frescos que representan episodios alegóricos de la historia del país: *México prehispánico-El antiguo mundo indígena*, como una época paradisíaca; *Historia de México: de la conquista a 1930*, donde representa la cruel conquista de los españoles, la dictadura y la Revolución, y en *México de hoy y mañana* muestra un futuro basado en el ideal marxista.

El realismo social, el deseo de plasmar una temática basada en la tradición autóctona y la creación de un arte figurativo monumental comprensible para el pueblo, son aspectos que tienen en común las obras de estos tres artistas de estilos diferentes. Siqueiros, el más comprometido políticamente, realiza frescos como *Nuestra imagen actual* (1947) o *El coronelazo* (1945), con robustas figuras de rasgos desgarrados, vivos colores y exageradas perspectivas. La obra de Orozco como *Las víctimas de las trincheras* (1922), para la Escuela Nacional Preparatoria, o lienzos como *Las mujeres de los soldados* (1926) muestran de nuevo una temática de gran realismo social. Estos artistas hicieron del movimiento muralista una escuela nacional que presentaba a indígenas humillados, soldados como verdugos de sus jefes, campesinos y obreros oprimidos. Una escuela que

Las mujeres de los soldados (1926, óleo sobre lienzo, 70 × 100 cm, Museo Nacional de Arte Moderno de México), de Orozco.

incorporó a México al arte del momento, sacándolo de sus fronteras y extendiéndolo durante los años treinta por América Latina y Estados Unidos y, a partir de los sesenta, por países de África.

La Postmodernidad

A RAÍZ DE LA REORGANIZACIÓN POLÍTICA Y ECONÓMICA DEL MUNDO TRAS LA II GUERRA MUNDIAL, LA CAPITALIDAD ARTÍSTICA SE DESPLAZÓ DE EUROPA A ESTADOS UNIDOS CON LA APARICIÓN DE LA PRIMERA VANGUARDIA AMERICANA. MIENTRAS, EN EUROPA EL TRAUMA DE LA GUERRA DERIVÓ EN UNA POÉTICA LLENA DE ANSIEDAD. PERO EN LOS AÑOS SESENTA, FRENTE AL SUBJETIVISMO DEL EXPRESIONISMO ABSTRACTO Y EL INFORMALISMO, SURGIÓ UNA CORRIENTE FRÍA E IMPERSONAL QUE VOLVÍA POR UN LADO A LA ABSTRACCIÓN GEOMÉTRICA Y, POR OTRO, RETOMABA EL ARTE FIGURATIVO CENTRÁNDOSE EN LA NUEVA REALIDAD URBANA.

EL EXPRESIONISMO ABSTRACTO

Terminada la II Guerra Mundial y la derrota del nacionalsocialismo, los alemanes se enfrentaron directamente a su reciente pasado, como Jörg Immendorff, en la serie de pinturas del Café Deutschland, a la que pertenece la obra de la derecha, con referencias muy explícitas llena de contenido y acompañada de anécdotas grotescas con referencia política-social. Por ello, se produjo un auge de la abstracción en el panorama artístico que afectó a Europa y Estados Unidos. Esta abstracción fue diferente según los lugares, en Europa se hablaba de Informalismo o Arte informal y en Norteamérica de Expresionismo abstracto o de Pintura de Acción.

Durante las tres primeras décadas del siglo XX las vanguardias artísticas se habían desarrollado en Europa, pero después de la guerra, durante los años cuarenta y cincuenta, los pintores norteamericanos irrumpieron con fuerza en el circuito artístico internacional, y la ciudad de Nueva York sustituyó a París como nueva capital del arte contemporáneo. El diálogo entre la cultura americana y la europea se fue haciendo más estrecho durante la contienda. A medida que la situación empeoraba en Europa los científicos, literatos, historiadores y artistas perseguidos se refugiaron en la joven América. Durante esos años se trasladaron a Estados Unidos Mondrian, Albert Gleizes, Grosz, Breton, Max Ernst, Dalí, Chagall y Tanguy, entre otros. Los artistas y críticos americanos se vieron estimulados por la llegada de estos exiliados, y comenzaron a conside-

El pintor Jörg Immendorff realizó la serie *Café Deutschland*. Este es *En marcha hacia la XXXVIII Asamblea del partido* (1983, óleo sobre lienzo, 168 × 220 cm, Galería Michael Werner, Colonia).

Número 4 (1950, óleo sobre lienzo, 124,1 × 94,3 cm, Canergie Museum of Arts, Pittsburg), de Pollock.

Mujer I (1950-1952, óleo sobre lienzo, 192,7 × 147,3 cm, Museo de Arte Moderno, Nueva York), de Willem de Kooning.

rarse los encargados de salvar la tradición del arte moderno que París había abandonado. América se convirtió en la depositaria de los valores de la intelectualidad y la cultura europea, pero adaptándolos a su manera de vivir, al «*american way of life*».

Fue entonces cuando el grupo de artistas, conocido como la Escuela de Nueva York, se vio respaldado por un agresivo discurso crítico, que definió su nueva pintura e impuso una nueva imagen de Estados Unidos bajo el concepto de libertad de expresión. Estos críticos y artistas colaboraban en nuevas revistas como *The Nation*, *Parsitan Review*, *Magazine of art*, *Stephan*, *Arts news* o *Posibilities*. También fue importante el apoyo que recibieron de los galeristas y los museos. En 1942 Peggy Guggenheim inauguró la galería *Art of this century*, para exponer las obras de los surrealistas emigrados y las de los jóvenes artistas americanos. La apertura de este centro fue clave y decisiva para la vida de la nueva vanguardia norteamericana. Cinco años después cerró sus puertas, pero las galerías de Betty Parson y Charles Egan continuaron su labor exponiendo la obra de los expresionistas abstractos. El Museo de Arte Moderno (MOMA), inaugurado en 1929, simbolizó también la salvación de la cultura europea y de la vanguardia americana. En la batalla que libró contra el académico Museo Metropolitano (MET), el MOMA, más abierto y liberal, salió victorioso gracias al apoyo de los nuevos ricos como Rockefeller.

En un primer momento, para llevar a cabo la remodelación de la modernidad, era importante partir de unas raíces. Los artistas dirigieron su mirada hacia los mitos primitivos americanos, considerados como los depositarios de las verdades universales que habían sido contaminadas. Igual que Picasso bebió del arte africano para revitalizar la pintura a principios del siglo XX, los expresionistas abstractos se basaron en las culturas indígenas americanas del Noroeste y Sudoeste. Detrás de esto estaban las ideas del psiquiatra suizo Jung sobre el «inconsciente colectivo», considerado una capa profunda del inconsciente racial depositaria de las fuerzas vitales, que acumulaba las experiencias de las generaciones precedentes. El Surrealismo, con su interés por el automatismo psíquico y el papel del azar en la elaboración de la obra de arte, estuvo también en relación con el arte prehistórico y con los jungianos. Pero se fijaron en el Surrealismo en su vertiente menos figurativa, la de los signos abstractos que flotan en el espacio. Entre las imágenes que iban camino de la abstracción pero que aún conservaban elementos figurativos destacaron las expuestas por Jackson Pollock en la galería *Art of this century* en el año 1943 con *Nacimiento*, *Pasiphae*, *La mujer corta la luna* y *La loba*. En ellas recoge influencias de Picasso, los muralistas mexicanos y los mitos primitivos relacionados con la sexualidad y lo sacral, en una mezcla violenta de fuertes pinceladas llenas de salvaje energía.

Después de esta presencia totémica, las referencias figurativas se fueron eliminando para derivar en una pura ausencia de formas. Fue el crítico Clement Greenberg quien retomó en 1947 el término «Expresionismo abstracto», utilizado por Alfred Barr en 1929, para referirse a las *Improvisaciones* de Kandinski, y lo utilizó para definir la obra de Pollock y De Kooning. Rápidamente los críticos se interesaron por estos pintores de la Escuela de Nueva York haciendo de su producción una nueva identidad de la cultura norteamericana.

Los expresionistas abstractos no presentaban una unidad estilística. Plantearon un programa de valores pero sin elaborar una teoría concreta, presentándose como una suma de individualidades. Fueron este individualismo y la libertad de creación los dos elementos característicos que diferenciaron al capitalismo de las sociedades comunistas. La técnica pictórica, en su intento por diferenciarse de las prácticas europeas tradicionales, se transformó, utilizando nuevos modos de ejecución que enriquecieron el lenguaje artístico. Entre las obras de los expresionistas abstractos se distinguían dos tendencias: la gestual enérgica y emotiva de Jackson Pollock (1912-1956), Willem de Kooning (1904-1997), Robert Motherwell (1915-1991) y Franz Kline (1910-1962); y la pintura de campos de color, de contenido más trascendental de Mark Rothko (1903-1970), Barnett Newman (1905-1970), Adolph Gottlieb (1903-1974), Clifford Still (1904-1980), William Baziotes (1912-1963) y Ad Reindhardt (1913- 1967). Las dos tendencias utilizaron la técnica del «All over» por la que desaparecían los límites y la ordenación jerárquica.

LA PINTURA DE ACCIÓN

Los *dripping* de Pollock y los grafismos matéricos de Kline, De Kooning y Motherwell tenían en común los elementos sintácticos y un inequívoco significado expresivo, siendo a la vez técnica, contenido, medio y fin. Los violentos gestos que parecían agredir las telas nacían del profundo sentido de desesperanza e identidad existencial. La pintura gestual, bautizada por

Elegía de la República Española número 34 (1953-1954, óleo sobre lienzo, 203 × 254 cm, Albright-Knox Art Gallery, Buffalo), de Robert Motherwell.

Rosenberg como «Pintura de acción», era un acto puro de existencia, que reproducía el impulso vital libre de intencionalidad. Por eso su desarrollo se relacionó con el Existencialismo que entendía el existir no como ser, sino como ser en situación, y los expresionistas hicieron de la acción de pintar la razón de ser de su obra, como un momento de la vida del artista.

Jackson Pollock utilizó el *dripping* (goteo) como técnica de esta pintura de acción. Hans Namuth filmó el proceso de realización de dos de sus obras en 1950, quedando como un testimonio de gran valor documental. Las obras que realizó entre 1946 y 1950 pertenecen al que se considera su «estilo clásico», con el que alcanzó un triunfo fulminante. *Postes azules: número II* (1952) es un claro ejemplo de cómo la materia y el gesto se convirtieron en los componentes básicos de su pintura. Para su realización, y la de los demás *dripping*: *Número 1*, *Número 27*, *Alchemy*, *Número 4*, *Ojos en el calor*, *Bosque encantado*; colocaba un gran lienzo en el suelo y dejaba que la pintura goteara desde una lata agujereada, moviendo la mano y moviéndose él mismo, aleatoriamente, por toda la tela. El resultado es un laberinto abigarrado y rítmico de líneas de colores, que se entrecruzan entre los postes que marcan unas líneas de fuerza y tensión dentro de la telaraña cromática. La técnica de la oscilación ya la había utilizado Max Ernst en 1941, al llegar a Estados Unidos, pero Pollock la encumbró en sus enormes murales, combinando la técnica surrealista con la fórmula de los nativos americanos cuando pintaban sobre la arena. Esta técnica se convirtió en un signo del nuevo poder americano y las ideas de poder, violencia y libertad fueron recuperadas y reivindicadas como genuinamente americanas. La tela del suelo se transformó en un campo de batalla, donde el artista se movía con absoluta libertad renunciando al tradicional bastidor europeo. Los grandes lienzos, que simbolizaban la extensión de las tierras vírgenes, y las pinceladas sueltas se convirtieron también en un símbolo de libertad de expresión.

De Kooning se convirtió a finales de los años cincuenta, junto a Pollock, en el otro cabeza de fila de esta pintura gestual. Entre 1945 y 1950, cuando la abstracción estaba en pleno apogeo, se propuso acabar con los tópicos tradicionales sobre el arte y la belleza mediante el tema de la mujer, que fue esencial en su pintura. Sus *Dos mujeres en el campo* (1954), *Mujer y bicicleta* (1952), *Mujer I* (1950-1952) y *Mujer II* (1952) se encuentran a mitad de camino entre la figuración y la abstracción. Son tremendamente expresivas, mostrándose como una mezcla entre las diosas de la fertilidad y las pintadas callejeras. Los brochazos

Vir heroicus sublimis (1950-1951, óleo sobre tela, 242,2 × 513,6 cm, Museo de Arte Moderno, Nueva York), de Barnett Newman.

Clyfford Still es el autor de *Sin título* (1951, óleo sobre lienzo, 237 × 192 cm, Instituto de Arte, Detroit).

violentos y gestuales de De Kooning las descomponen en mil trozos y mil colores, dándoles un aire amenazador y asemejándolas a un paisaje donde los brazos parecen caminos y los cuerpos colinas y valles.

Los característicos brochazos negros de Kline, en obras como *Sin título* (1957) o *Nueva York* (1953), le situaron en la misma línea de acción, gestual y apasionada, de Pollock. Hacia 1950 inventó un nuevo signo, una caligrafía de enormes dimensiones completamente abstractas. Argan la ha denominado la «iconografía del no», calificativo que comparte con la obra de Motherwell, que dedicó desde 1949 a 1976 casi 150 cuadros a España en la serie *Elegía a la República española*. La obra de Motherwell se basaba también en gruesos brochazos verticales llenos de genio y en grandes manchas ovales, con el negro como color predominante. Sus obras están llenas de potencia y grandeza, pero a la vez sus pinceladas son ingenuas y sencillas.

EL «IMPRESIONISMO ABSTRACTO» DE LOS CAMPOS DE COLOR

Frente a la pintura gestual y activa, Marc Rothko optó por una pintura más calmada basada en el color. Sus motivaciones no fueron distintas a las de Pollock, ya que ambos desearon ir más allá de la pintura de caballete, pero sus resultados fueron muy diferentes. Romántico, místico y misterioso, Rothko evolucionó hacia un lenguaje plástico personalísimo en el que su interés se centraba en la creación de espacios, la elección de los colores y el diálogo espiritual entre la obra y el espectador. Los cuadros de su época «clásica» (finales de los años cuarenta hasta su suicidio en 1970), como *Nº 10* (1952) y *Sin título* (1957), son grandes lienzos compuestos por rectángulos de tenues contornos que parecen crecer desde el centro y, mediante la aplicación de capas de color empastado y ligeros cambios de tono, adquieren profundidad y luminosidad. Son cuadros que envuelven al espectador con una enorme carga emocional.

En la misma línea se encontraban las obras de Gottlieb, Still y Newman. Gottlieb simplificó sus *Pictorafías* iniciales, sustituyendo las antiguas cuadrículas por fondos de sensuales colores, y reduciendo los signos básicos de vivos colores a dos o tres elementos primitivos que eran ampliados hasta dimensiones monumentales, como *Flecha que baja* (1956). Still, el más individualista, construyó desde los años cuarenta superficies de un solo color, muy empastadas, que eran raspadas con líneas o superficies dentadas de otro color como si fueran relámpagos: *Pintura* (1951). Buscaba para la pintu-

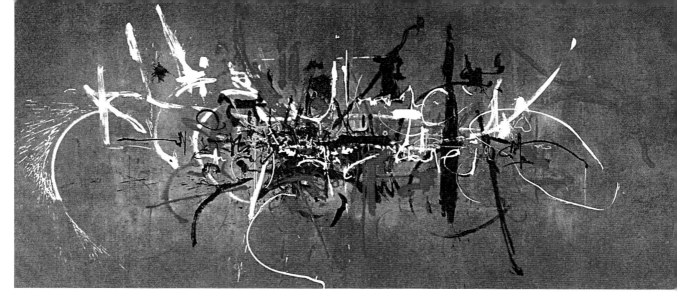

ra la pureza extrema, por eso no titulaba sus cuadros. Dentro del grupo destaca la obra extremadamente intelectual de Newman. La obra de este neoyorkino, *Momento* (1946), *Vir heroicus sublimis* (1950-1951), *Adán* (1951-1952), se relacionaba con los mitos judíos de la Creación a partir de la Cábala y del Génesis, poniendo en relación con ellos la franja vertical, que él llamaba «zip», y que aludía al momento de la Creación.

INFORMALISMO EUROPEO

La guerra dañó profundamente el alma de los europeos y las heridas tardaron mucho tiempo en cicatrizar. El mundo se convirtió en un lugar inhóspito donde se respiraba una atmósfera desesperada que dio lugar al naci-

miento de la filosofía existencialista de Sartre. En este ambiente de plena crisis cultural nació el Informalismo, un movimiento paralelo al Expresionismo abstracto americano, pero con tintes mucho más tristes, que dominó la escena artística europea hasta bien avanzada la década de los sesenta. Compartió con la vanguardia norteamericana la influencia del automatismo surrealista, la espontaneidad del Expresionismo y el valor que dio Dadá al azar y a la utilización del collage. El término fue acuñado por el crítico Michel Tapié, en 1951, a raíz de una exposición celebrada en París. No se puede hablar de un estilo homogéneo entre los informalismos que integran la escena de posguerra europea, pero sí que se encuentran muchos puntos comunes. La guerra les enseñó a estos artistas lo vulnerable que era la carne humana y, desde entonces, todos compartieron la des-

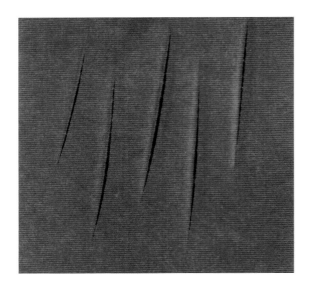

Concepto espacial: Esperas (1965, acuarela sobre tela, 100 × 81 cm, colección particular), de Lucio Fontana.

trucción de la forma, aunque los caminos que tomaron fueron diferentes.

En el núcleo parisino unos optaron por la línea gestual y caligráfica y otros por una línea matérica. La opción de Michaux (1899-1984) fue la del gesto y la mancha (*tache*). Durante los años cincuenta este poeta creó un alfabeto indescifrable para el espectador que le sirvió para representar diferentes estados mentales. La pintura del alemán Wols (1913-1951): *El fantasma azul* (1951), *Ala de mariposa* (1947), *La Nierendorffm* (1946- 1947), fue la imagen plástica de la angustia y la náusea. Sus lienzos son sacudidos, arañados y salpicados traduciendo el dolor desgarrado de este existencialista. El alcohol acabó con la vida de este pintor y fotógrafo que transformaba los objetos cotidianos en otros

Visión cósmica (1953, témpera sobre madera contrachapada, 82,8 × 55,5 cm, Museo de Arte Moderno, Nueva York), de Vedova.

misteriosos, creando un mundo lejano lleno de seres orgánicos que brotaban del inconsciente.

Dentro de esta tendencia gestual, destaca la obra del también alemán Hans Hartung (1904-1989) basada en grandes líneas oscuras, dinámicas y violentas, que adquieren un tono dramático: *T.1956-59* (1956), *H-30*, *T. 1954-16*. El negro fue también el protagonista de la obra de Pierre Soulages. Los grandes y oscuros signos aparecen en su obra *Pintura* (1948) como jeroglíficos chinos sobre el blanco fondo, creando contrastes luminosos. Georges Mathieu (1921) desarrolla una especie de caligrafía espontánea de influencia oriental en obras como *Capetianos por todas partes* (1954). Se adelantó a los *happening* realizando cuadros en público, que convertían a la pintura en un espectáculo.

Paralelamente, la materia se convirtió en la protagonista de la obra de Fautrier y Dubuffet. Fautrier (1898-1964) se considera el principal precursor de los informalistas por su serie de *Otages* (rehenes): *Cabeza de rehén nº 22* (1944) y *Sarah* (1942-1943), que realizó durante la ocupación francesa. El tema está en relación con las ejecuciones y torturas que se realizaron en el bosque de Chatenay-Malabry, mientras él vivía en una clínica de enfermos mentales. Sus rehenes y posteriores series sobre desnudos, objetos y paisajes, como *La mujer amable* (1946), están construidos a base de una espesa materia que se extiende de forma irregular por el papel o cartón, como si fuese un bajorrelieve, en el que dibuja y araña los rasgos.

En la producción de Jean Dubuffet (1901-1985), la materia fue también la gran protagonista. Al principio, la sustancia iba siempre unida a una importante figuración. Los cuerpos de sus amigos retratados y de las mujeres de su serie *Cuerpos de dama* (1950) están hechos de una espesa mezcla de distintos materiales que luego son arañados violentamente, como si fuesen pintadas callejeras. Sus figuras se alejan de la pintura tradicional y aparecen aplastadas, como si hubiera pasado una apisonadora por encima. Poco a poco la figura humana desapareció y se fue centrando en la superficie y la materia, realizando sus famosas *Texturologías* (1956-1958), como desiertos de formas destruidas, y las *Materiologías* (1960), realizadas con papeles arrugados recubiertos de pasta y resina, con arena y trocitos de mica. Para él, el sentido auténtico del arte se encontraba en la espontaneidad, por eso reivindicaba la utilización de todos los materiales y se interesaba por las manifestaciones instintivas de los niños, los locos y los primitivos. Este arte sin contaminar era lo que él llamaba «Art Brut».

EL GRUPO «COBRA» EN LOS PAÍSES BAJOS

Bajo el lema informalista «El arte es el deseo bruto», se agruparon los pintores Asger Jorn, Karel Appel, Corneille, Pierre Alechinski; y los poetas Noiret y Dotremont. Todos ellos fundaron en París el grupo Cobra en 1948 y trabajaron juntos hasta 1951. El nombre hacía referencia a las iniciales de las ciudades de procedencia de sus integrantes, Copenhague, Bruselas y Amsterdam. Fue una exposición de arte infantil celebrada en Amsterdam la que despertó en ellos el interés por un arte al que consideraban el único capaz de llevar a cabo una regeneración cultural, tras el desengaño que la guerra había provocado en los valores de la humanidad occidental.

Appel (1921) fue el principal representante de la sencillez que reivindicaba el grupo. Sus obras del periodo Cobra, *Niño con pelota* (1950), *Pájaro y hombre* (1952) y *Hombre* (1953), muestran cómo el grupo se nutría de sus tradiciones locales y del Surrealismo. Los colores muy vivos, aplicados de una forma rápida y violenta sobre la tela sin respetar los contornos, mostraban la influencia de Munch, Ensor y del Expresionismo nórdico de las primeras vanguardias. Del Surrealismo tomaron la expresión espontánea que nacía de la liberación del subconsciente, como una manifestación llena de vitalidad e inocencia, libre de toda censura. Pero a pesar del automatismo, sus temas no abandonaron del todo la figuración que se mostraba entre dramática y burlesca. Las figuras de Appel eran reducidas a sus rasgos principales y presentaban pequeños cuerpos sosteniendo grandes cabezas, cuyos rasgos estaban marcados a la manera infantil. Appel y los suyos consideraban la condición de artista como un compromiso vital ya que sólo el arte sin contaminar podía hacerles recuperar la añorada armonía universal dentro del caos que imperaba en la Europa de la posguerra.

El color, el gesto y el sentido primitivo aparecen también en la obra de Asger Jorn, el miembro más activo del grupo. Él mismo se definía como un primitivo contemporáneo en busca del arte tal y como era en sus orígenes. Pintaba obras como *El tímido orgulloso* (1957), *El viajero de Munich* (1958) o *Los descendientes* (1963), aplicando la pasta tal y como salía del tubo, como una cobra, y utilizaba cuchillos en vez de pinceles.

Daga (1988, aguafuerte sobre papel arches, 200 × 200 cm, Museo Patio Herreriano de Valladolid), de Antoni Tapies.

EL INFORMALISMO EN ITALIA

Los informalistas italianos, Emilio Vedova, Lucio Fontana y Alberto Burri, también respondieron a la tradición realista que dominaba la escena artística. Vedova (1919-1995) pintó *Campos de concentración* (1949-1950), a base de líneas, ángulos y mucho color negro, que le llevó a realizar obras como *Visión cósmica* (1953), con las que alcanzó su característico estilo abstracto basado en la espontaneidad del gesto y el movimiento rítmico y luminoso.

La vertiente más radical la encarnaron Lucio Fontana (1899-1968) y Alberto Burri (1915-1995). Fontana utilizaba superficies monocromas que eran perforadas primero con agujeros y luego con grandes rajas, *Concepto espacial: Esperas* (1965), *Concepto espacial: Expectativas* (1970). El gesto de rasgar la tela era muy meditado. Más que una liberación del inconsciente se trataba de una meditada investigación sobre el espacio, que huía de su anterior representación ilusionista y circulaba con absoluta libertad a través del lienzo. Con la apertura de la tela eliminaba las diferencias entre pintura y escultura, convirtiéndose en el precursor de acontecimientos posteriores. También se considera a Burri precursor de tendencias posteriores. Este médico, que trabajó en el frente curando a los heridos, utilizaba en su obra sacos, arpilleras, trapos viejos y todo tipo de materiales de desecho: maderas plásticos, hierros... A principios de los años cincuenta realizó collages en los que sacos desgarrados y cosidos contrastan con las zonas pintadas. En todos ellos, *Saco 5 P* (1953), *Saco B*

Manuel Millares pintó: *Collage* (1954, técnica mixta y collage sobre arpillera, 55 × 73 cm), en el Centro de Arte Contemporáneo, Madrid.

(1953), existe un principio constructivo, al igual que ocurre en los sacos del artista canario Millares.

LA POSGUERRA ESPAÑOLA

La Guerra Civil española (1936-1939) acabó con los tímidos coqueteos vanguardistas que se habían desarrollado durante el primer tercio del siglo XX. Terminada la guerra las novedades artísticas internacionales comenzaron a llegar al país con un retraso considerable y con algunas transformaciones. Estos cambios eran el resultado de la confrontación y el diálogo que se produjo entre las nuevas propuestas visuales y las condiciones históricas y culturales de España. La llegada del Informalismo a España se produjo en 1957, gracias a Juan Eduardo Cirlot (1916-1973). Desde entonces la plástica española se reunió en torno a tres grandes poéticas: la abstracción normativa y geométrica, diversas formas de realismo y un amplio abanico en torno al Informalismo.

La resurrección de la vanguardia se apreció primero en Barcelona, con la aparición del grupo *Dau al Set* (Dado en el siete) formado en 1948 por los pintores Antoni Tàpies (1923), Josep Tharrats (1918), Modest Cuixart (1925), Joan Ponç (1927-1984), el poeta Joan Brossa (1919) y el filósofo Arnau Puig. Editaron una revista, compartieron intereses surrealistas, considerando a Miró como su «padre», y ejercieron una importante tarea de renovación cultural a finales de los años cuarenta y principios de los cincuenta. El primero de los artistas informalistas españoles premiado fuera de España fue Antoni Tàpies. En sus primeros cuadros junto a *Dau al Set*, tanto él como sus compañeros, crearon un

mundo mágico lleno de monigotes y figuras inquietantes que mostraban la influencia de la obra de Paul Klee y Miró. Tàpies, desde fechas tempranas, inició una pintura de gran calidad y coherencia. Los elementos figurativos desaparecieron y la materia adquirió total protagonismo. A principios de los cincuenta formuló su personal lenguaje a través de los muros, que desde entonces se han convertido en una constante de su producción artística. Consigue el efecto de muro en obras como *Superposición de materia gris* (1961) y *Relieve en ocre y rosa* (1963), realizando gruesos empastes a base de una minuciosa técnica. En primer lugar aplica una capa de barniz sobre la tela y, antes de que seque, dispone de polvo de mármol, látex y pigmentos y, luego, realiza signos sobre ellos rasgando, haciendo incisiones, raspando, manchando... Los símbolos han ocupado un lugar importante en su producción. Las cruces, *Collage de les creus* (1947), *Tres cruces negras* (1961), *T invertida sobre fondo negro* (1961), *Daga* (1988), aparecen constantemente en su obra aludiendo a la «T» de su inicial y a la de su mujer, Teresa. Las grietas aparecen en sus muros como símbolo del paso del tiempo, como la huella que queda después de la acción. Otros signos, como la *senyera*, *El espíritu catalán* (1971), o las huellas, como señales que dejan los pies después de bailar la sardana, aparecen como señas de identidad de la colectividad a la que pertenece Cataluña, mostrando una actitud combativa de oposición frente al centralismo político.

A partir de 1957, tras la leve apertura política, se produjo una modernización económica y una revitalización del panorama artístico con la aparición de *El Paso* en Madrid. Este grupo fue fundado por Antonio Saura (1930), Manuel Millares (1926-1972), Manuel Rivera (1928-1995), Pablo Serrano (1910-1985), Rafael Canogar (1935), Juana Francés (1927-1990), Luis Feito (1929) y Antonio Suárez (1923), a los que luego se incorporaron Manuel Viola (1916-1987) y el escultor Martín Chirino. La vida de este grupo fue breve pero muy productiva. Consiguieron crear un mercado para los artistas y vigorizar el arte contemporáneo español. Sin unas directrices plásticas definidas, admitieron diferentes poéticas desarrollando la vertiente más gestual y expresionista del Informalismo, aunque sin renunciar al carácter expresivo de la materia. Las dos figuras principales del grupo fueron Antonio Saura y Manuel Millares, representantes de la vertiente gestual y matérica, respectivamente. La pintura de Saura (1930-1998) fue la del gesto automático sin abandonar la figuración. Sus series de crucificados, sus personajes históricos (retratos de *Felipe II*), sus mujeres (*Silvia*, *Brigitte Bardot*, *Madame Recamier*), sus curas y perros semihundidos, se repiten obsesivamente a lo largo de su carrera transformados en monstruos.

Esta estética respondía al deseo de Saura, y de *El Paso*, de criticar el uso que desde las autoridades se hacía de personajes y épocas que transmitían la «esencia de lo español». Saura realizaba una pintura de pincelada violenta utilizando una monocroma paleta.

Manuel Millares (1926-1972), tras sus inicios surrealistas, entró a formar parte de *El Paso* y elaboró la producción más personal e interesante del grupo. Sus obras fueron un reflejo de sus dos preocupaciones fundamentales, su interés por el subconsciente y por las raíces de su cultura primitiva canaria, *Aborigen nº 1* (1951). Desde 1953 introdujo la arpillera en sus cuadros, como recuerdo de las momias guanches, y, poco a poco, ésta fue ganando protagonismo y convirtiendo al cuadro en un objeto en sí mismo, y no un espacio ilusionista. El basto tejido de obras como *Collage* (1954), *Cuadro 173* (1962) y *Cuadro 122* (1962), se manifiesta de una manera brutal. Es arrugado, maltratado, horadado y manchado por su propio autor, transmitiendo una sensación de angustia y agresividad que se relaciona con su deseo de denuncia, como *Sarcófago para Felipe II* (1963). Su colorido es sobrio, utiliza el marrón de la arpillera, contrapone el blanco al negro y añade notas de color rojo para aportar mayor dramatismo a estas composiciones que son como un grito.

BACON, LA EXCEPCIÓN INGLESA

El artista que, como figura aislada, destaca dentro de la escena artística británica fue Francis Bacon (1909-1992). Este artista, de origen irlandés, realizó una pintura muy personal que simbolizaba la violencia, el desgarro, la soledad y la desesperación existencial del hombre contemporáneo. Con su primera obra notable, *Tres estudios de figura junto a una crucifixión* (1944), quedaba patente su dedicación a la figura humana como tema básico, y su interés por mostrar los sentimientos humanos más profundos. El tema de la crucifixión fue retomado a lo largo de su carrera, al igual que el formato de tríptico, que le servía para mostrar la imagen desde tres perspectivas diferentes. Sus obras producen una gran consternación porque el espacio, compuesto a base de pocas líneas, oprime a las figuras que se encuentran en su interior. Unos seres distorsionados y amorfos, como la figura con largo cuello que muestra sus dientes abriendo la boca y parece atacar al espectador. La crueldad fue un tema recurrente en su obra, porque él mismo pensaba que el infierno se encontraba en la tierra. Bacon utilizó técnicas tradicionales como el óleo, con el que conseguía densas capas. Su línea y sus colores fueron el resultado de una larga tradición pictórica y recurría a los grandes maestros

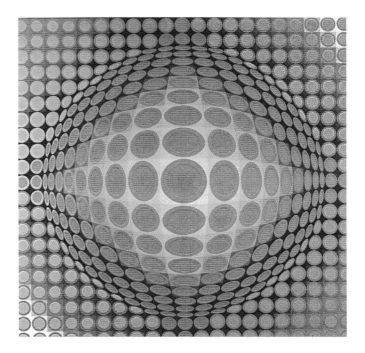

Vega 2000 (1968, acrílico sobre tela, 200 × 200 cm, colección particular), de Victor Vasarely.

clásicos de la pintura, como Velázquez y Rembrandt, desfigurando sus imágenes. Una de sus series más notables es la dedicada al *Retrato de Inocencio X*.

EL ENFRIAMIENTO DE LA NUEVA ABSTRACCIÓN AMERICANA

A finales de los años cincuenta el Expresionismo abstracto había dejado de gritar y parecía agotado para muchos jóvenes artistas. Aparecieron otras tendencias que, a pesar de reaccionar contra los viejos héroes expresionistas, tenían mucha relación con ellos. Las obras de Barnett Newman y su mujer, Helen Frankenthaler, suponían un puente entre el Expresionismo abstracto y la Abstracción pospictórica. El crítico de arte Greenberg llevó a los pintores Morris Louis y Kenneth Noland a visitar el taller donde Frankenthaler realizaba *Montañas y mar* (1952), para animarles a que realizaran investigaciones similares.

Los representantes de esta nueva tendencia: Newman (1905-1970), Ad Reinhardt (1913-1967), Noland (1924), Louis (1912-1962), Frank Stella (1887-1946) y Ellsworth Kelly (1923), se dieron a conocer en dos exposiciones. La primera titulada *Hacia una nueva abstracción*, celebrada en 1963 en Nueva York, y un año después la denominada *Abstracción pospictórica*, celebrada en Los Ángeles, que sirvió a Greenberg para dar nombre al movimiento. La Nueva Abstracción heredó los principios racionalistas y fríos de la Bauhaus, que transmitió Joseph Albers cuando la escuela fue cerrada por los nazis en 1933. Frente a la pintura de acción optaron por una pintura de reflexión y control, aunque heredaron de los expresionistas el gusto por los grandes formatos que hacían más impactantes sus cuadros. Proponían una pintura que se caracterizaba por la economía de formas, la plenitud del color, la simetría, la monocromía y la nitidez de la superficie sin alusiones al volumen, la atmósfera o los efectos táctiles. Los chorreos de la serie de *Columnas* de Morris Louis, las geométricas *Dianas* de Noland, los negros cuadrados de Ad Reinhardt, la simplificación plástica de los *Spectrum* de Kelly y la obra de Stella que se limita a repetir la forma del lienzo en el interior, pusieron fin a la idea ilusionista del arte, la pintura se convirtió en algo puramente visual que rechazaba todo lo que fuera extrapictórico.

ARTE ÓPTICO Y CINÉTICO

El enfriamiento de los años sesenta se manifestó en Europa con la aparición del Arte óptico, más conocido como Op Art, y del Arte cinético. Ambos se basaban en la introducción del movimiento como elemento plástico más importante, relacionándose con estilos de las vanguardias históricas. En 1960 se funda en París el Centro de Investigaciones de Arte Visual y, un año después, el GRAV. Trabajaron como un grupo de investigación y realizaron obras colectivas. Investigaciones similares se llevaron a cabo en otras ciudades de Europa: en Düsseldorf se funda el grupo *Zero*, en los Países Bajos el grupo *Nul*, el grupo *N* en Padua y en París un grupo de pintores y arquitectos españoles fundaron *Equipo 57*.

El movimiento podía ser real o virtual, por ello se podían diferenciar tres maneras de representarlo. En un primer momento se trabajó con obras bidimensionales, buscando efectos de tridimensionalidad, luego optaron por la introducción de la tercera dimensión, añadiendo objetos que creaban una doble superficie, y, en un tercer momento, fue la propia obra la

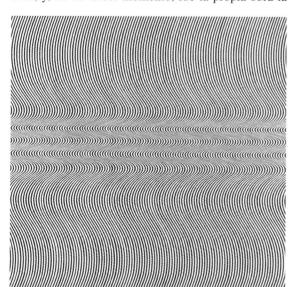

que adquirió movimiento sirviéndose de múltiples elementos. La obra del médico húngaro Victor Vasarely (1908- 1997) fue sin duda la más representativa del Op Art en Europa. El movimiento le había obsesionado desde su niñez. Defendía la idea de que la obra sólo alcanzaba la plenitud al ser contemplada por el espectador. Su obra persigue la estimulación de la retina con la consiguiente provocación de reacciones fisiológicas visuales, produciéndose una sensación de movimiento o vibración. Fue este punto el que diferenciaba a Vasarely y los suyos de las obras estáticas de la Abstracción postpictórica norteamericana. Vasarely, muy ligado al Constructivismo ruso y a la Bauhaus, investigó sobre los efectos de movimiento que se podían conseguir con una imagen de dos dimensiones Sus composiciones, *Supernova* (1959), *Vega 2000* (1968), *Vega Pal* (1969), utilizan formas y colores básicos que se disponen en una construcción absolutamente científica que se basa en las leyes ópticas.

Otros artistas también trabajaron e investigaron el movimiento virtual. El venezolano Jesús Rafael Soto (1923) utilizó un material moderno, el plexiglás, en obras como *Espiral con rojo* (1955). Sus obras, al igual que las de la inglesa Bridget Louise Riley (1931): *Corriente* (1946), *Cataratas* (1957), y las del español Eusebio Sempere (1923-1985), *Sin título* (1970); se basan en un geometrismo abstracto y un contraste de colores que sorprende al ojo humano, trabajando y experimentando con las deformaciones que produce la seriación y repetición.

En 1968 el Op Art estaba en todas partes. Consiguió salir de las galerías y los museos y lanzarse a la calle, llevando a cabo las teorías de la vanguardia rusa de unir arte y vida, de armonizar técnica y sociedad. El diseño de los muebles se hizo Op, la ropa de Yves St. Laurent se hizo Op. Pero este gran éxito fue tan efímero como la moda.

EL NACIMIENTO DEL POP ART

El enfriamiento que sufrió la imagen durante los años sesenta encontró otra versión en el Pop Art. El término fue acuñado por el crítico inglés Lawrence Alloway en un artículo publicado en 1958, para designar a un grupo de jóvenes artistas que, primero en Gran Bretaña y luego en Estados Unidos, reivindicaban una nueva «cultura popular» frente al arte demasiado científico,

Corriente (1964, pintura en emulsión sobre tela, 135 × 150 cm, Museo de Arte Moderno, Nueva York), de Bridget Riley.

que consideraban demasiado intelectual y elitista. Los tiempos habían cambiado y la recuperación económica hizo que apareciera la sociedad de consumo. Por eso, el hecho de que el Pop Art surgiera en dos grandes núcleos urbanos, como Londres y Nueva York, determinó que sus temas estuvieran en relación con el objeto cotidiano, y su fuente de inspiración fueran las vallas publicitarias, los escaparates, las revistas ilustradas, los cómics, los ídolos del mundo del cine y el rock and roll... la cultura del mundo de la calle de estética consumista. En el resto de Europa la presencia del Pop Art fue menos fuerte y tuvo connotaciones que le hicieron tomar otros nombres.

Los antecedentes del Pop Art se encontraban en las vanguardias históricas de la primera mitad del siglo XX. El Cubismo fue el primer movimiento que integró materiales y objetos cotidianos en el collage y assemblage, y la fascinación por la vida moderna fue una fuente de inspiración para los futuristas. Los *ready mades* dadaístas de Duchamp fueron el antecedente más inmediato de la obra de Rauschemberg y Johns, precursores del Pop americano. Mientras que los característicos collages del dadaísta alemán instalado en Londres, Kurt Schwitters, influyeron en los primeros collages del Pop británico. De hecho, el Pop Art se ha denominado Neodada, aunque el nihilismo dadaísta desapareció y el arte comenzó a disfrutar de la cultura visual que inundaba la gran ciudad.

Frente a la valoración del yo interior del artista y su capacidad de emocionar, que despertaba en el espectador múltiples sensaciones a través de un lenguaje abstracto universal, el artista pop se ocultaba detrás de la obra y dejaba que los objetos representados se conviertan en los verdaderos protagonistas y aparecieran como productos industriales contemporáneos. Pero aunque el mismo Andy Warhol dijo «quiero ser una máquina», se comportaba como una estrella de cine, atrayendo a los medios de comunicación hacia su excéntrica persona, consolidando el camino que habían iniciado otros artistas como Duchamp y Dalí.

El Pop Art nació en Inglaterra y, pese a compartir algunos aspectos con el Pop de Estados Unidos, no tuvo el mismo significado, ya que el contexto cultural de ambos países era diferente. En Gran Bretaña no hubo brotes de Informalismo, por lo que no se puede decir que surgiera como una reacción frente al lenguaje abstracto. Más bien fue todo lo contrario, ya que los jóvenes artistas del Arte Pop británico reivindicaban la cultura popular como una actitud de rebeldía contra la tradición neofigurativa que mantenía vigente el concepto de imitación.

¿Qué es lo que hace a los hogares de hoy en día tan diferentes, tan atractivos? (1956, collage sobre tela, 26 × 25 cm, Kunsthalle Tübingen), de Richard Hamilton.

El Pop inglés surgió a partir de 1952-1953 en el denominado *Independent Group*, integrado por artistas, críticos, escritores y arquitectos que se reunían en el Instituto de Arte Contemporáneo de Londres. Eduardo Paolozzi y Richard Hamilton ocuparon un lugar destacado dentro del grupo y en la gestación del Pop inglés. Paolozzi (1924) realizó extraordinarios collages con los recortes de revistas americanas durante los años cuarenta. En 1947 creó un collage titulado *Yo fui el juguete de un hombre rico* (1947) donde aparecía representado, entre varios objetos de la sociedad de consumo, un revólver que disparaba la palabra «POP». Fue la primera vez que apareció este término en una creación plástica y fue el precedente inmediato del collage más famoso del pop inglés: *¿Qué es lo que hace nuestros hogares hoy tan diferentes, tan atractivos?*, realizado en el año 1956, por Hamilton (1922), como cartel de la exposición *This is tomorrow*, organizada por el *Independent Group* en la Whitechapel Gallery de Londres. La palabra «pop» que disparaba la pistola aparece en la obra de Hamilton en el envoltorio de un enorme chupachups que enseña un chico musculoso, en medio de un montón de imágenes y objetos procedentes del consumo masivo: una aspiradora en marcha, un televisor, un magnetofón, carteles anunciadores, un emblema de la casa Ford, una lata de jamón sobre una mesa, una mujer desnuda, un retrato tradicional en la pared junto a la portada de un cómic romántico. Todo con colores vivos que contrastan provocando al espectador. Este collage se ha convertido en un auténtico manifiesto del giro cultural de aquellos años. En obras posteriores, como *Homenaje a Chrysler Corp* (1957) o *She* (1958-1961), Hamilton no presentaba esos objetos como algo al alcance de la mano, como ocurría en Estados Unidos, sino como algo volátil del mundo de los sueños, más que de la vida real.

El rock y los *Beatles* pusieron la banda sonora al Arte Pop en Inglaterra. Fue Peter Blake (1932), que anteriormente había trabajado para los Beach Boys, quien realizó la portada del disco *Sargent Pepper's* para la banda de Liverpool en 1967. Blake se propuso hacer una pintura fácil que se acercara a los gustos del gran público. Por eso él y otros artistas británicos, a diferencia de los americanos, utilizaron elementos que enlazaban con la tradición popular. En una de sus primeras pinturas con collage, *En el balcón* (1954), aparecen unos niños rodeados de sus objetos personales entre los que destaca, en el centro, un alargado recorte de revista con la representación de la familia real británica saludando. Los retratos-collage que hace de sí mismo, *Autorretrato con insignias*, y de sus amigos, están llenos de elementos que les presentan como miembros de una cultura popular, marcada por el cine, la música y lo americano. La implicación personal de Peter Blake aparece también en la obra de Hockney (1937). Este artista fue el más desta-

cado de la segunda generación del Pop inglés, que surgió a raíz de la exposición *Jóvenes Contemporáneos* (1961), celebrada en el Royal College of Art de Londres. En su obra *El primer matrimonio* (1962), juega con dos formas de pintar. Por un lado, la superficie lisa de aspecto realista que corresponde al novio, un amigo americano, y, por otro, la más informal o abstracta que corresponde a la novia, una estatua egipcia. Es una boda entre dos estilos, el antiguo de la novia y el moderno del novio. Este doble juego aparece también en la serie dedicada a las *Piscinas* que realiza a partir de 1963, cuando se traslada a Los Ángeles. En ellas, *Una zambullida aún mayor* (1967) contrapone la tersa superficie de todo el cuadro con la mancha borrosa que produce alguien, que no vemos, al tirarse al agua.

Aunque las primeras imágenes Pop fueron inglesas, éste se consolidó definitivamente en Estados Unidos gracias a sus protagonistas Andy Warhol, Roy Lichtenstein, Tom Wesselmann y James Rosenquist.

El Pop a ambos lados del Atlántico coincidía en su interés por atraer la atención del espectador sobre las cosas que la cultura tradicional había despreciado. Los padres del Pop americano, Robert Rauschenberg (1925) y Jasper Johns (1930), pintaban a mediados de los años cincuenta con una técnica parecida a la de los informalistas, pero sus temas banales y la despersonalización de sus obras les acercaban al Arte Pop. Las banderas, dianas y números de Johns eran un reflejo de su interés por la ambigüedad de los signos convencionales de la sociedad contemporánea y las *combined paintings* (pinturas combinadas) de Rauschemberg, *Alegoría* (1959-1960), incorporaban objetos de desecho a la pintura expresionista, interesándose por el espacio que separa el arte de la vida.

Los diversos creadores que recibieron el calificativo de «artistas pop» nunca formaron un grupo ni firmaron un manifiesto. Pronto fueron valorados por el público porque, a diferencia de lo que ocurría con el Expresionismo abstracto, el Pop Art conseguía hacerse entender por el espectador. Se dieron a conocer en los primeros años sesenta y la mayoría habían trabajado como diseñadores gráficos, de ahí el uso de colores simples y agresivos y la utilización de técnicas de producción mecánica. El universo de signos que brotaba del mundo industrial fue el tema de sus obras, pero el tratamiento que dieron a este mundo de consumo es lo que diferenciaba sus producciones.

Andy Warhol es la figura más llamativa del Pop Art: *Sopa Campbell* (1968, serigrafía, 23 × 29 cm, colección particular).

La estrella del Pop fue sin duda Andy Warhol (1928-1987). El nivel de despersonalización y deshumanización de sus obras le convirtieron en el artista Pop más original, enigmático y revolucionario. Después de trabajar en la ilustración de revistas y decoración de escaparates realizó, en 1962, las primeras serigrafías en tela con *Botes de sopas Campbells*, botellas de *Coca-Cola* y *Catástrofes*, dedicándose luego a los mitos populares como *Marilyn Monroe*, *Jackie Kennedy*, *Liz Taylor* o *Elvis Presley*. El proceso de sus serigrafías arrancaba de Duchamp. Comenzaba eligiendo la imagen, que provenía de los medios de comunicación, y después de recortarla y encuadrarla, decidía el tamaño de la ampliación, el número de veces que se iba a repetir, los colores y realizaba la impresión sobre tela o papel. Warhol, al igual que otros artistas pop, buscaba formalmente la máxima simplificación y para ello utilizaba grandes formatos y colores puros, combinados de manera impactante, que convertían sus pinturas en mensajes publicitarios. Poco después cambió esta labor artesanal por la fabricación industrial que llevaba a cabo en la famosa *Factory*, creada en un enorme piso de la calle 47. Allí sus colaboradores le ayudaban en las serigrafías y además se realizaban discos, revistas y películas underground. Al igual que los personajes estereotipados de sus serigrafías, Warhol buscó obsesivamente la fama y la logró en tan sólo dos años, convirtiéndose en un extravagante artista que no ocultaba su preferencia por la condición de objeto en lugar de la de ser humano.

Roy Lichtenstein (1923-2004) desarrolló su trabajo a partir de la ilustración de los medios de comunicación de masas. Desde sus primeras pinturas Pop, *Whaam!* (1963) o *Rubia esperando* (1964), utilizó sistemáticamente la trama tipográfica de la imprenta como base, y los cómics como iconografía. Su interés por los tebeos de amor y de guerra procedía del contraste entre la fuerza emocional del tema y la técnica fría y distanciada que poseían. Esta misma frialdad es la que transmiten sus obras, en las que apenas se puede sentir la personalidad del autor, aunque su método de trabajo concienzudo le alejase de la producción industrial, ya que Lichtenstein, a diferencia de Warhol, fue un pintor en el sentido más tradicional que deseaba crear obras de arte.

Los grandes desnudos de Tom Wesselmann (1931), *Naturaleza muerta* (1963) y *Bañera nº 3* (1967), son como inmensas madonnas contemporáneas que conservan los colores simples, planos y brillantes de Matisse y sus formas simplificadas al máximo. El protagonista de su obra es el erotismo como objeto de consumo, que se manifiesta en imágenes que resumen las aspiraciones de la sociedad de con-

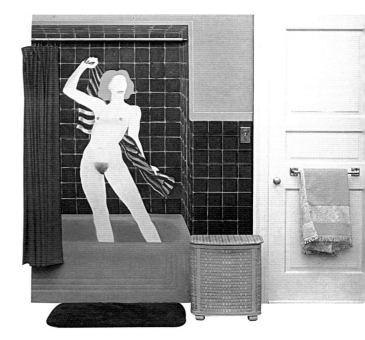

Bañera n.º 3 (1963, óleo sobre tela, plástico y objetos, 213 × 270 cm, Museo Ludwig, Colonia), de Tom Wesselmann.

sumo: gruesos labios rojos, melenas rubias, blancos dientes y cigarrillos humeantes. La iconografía del mundo contemporáneo fue también la fuente de inspiración de James Rosenquist (1933) pero sus imágenes aparecen fragmentadas de forma incongruente como en el gran mural de más de 26 metros llamado *F. 111* (1965), nombre del bombardero americano de la guerra de Vietnam.

EL NOUVEAU RÉALISME

El arte del objeto fuera de los países anglosajones tuvo otras connotaciones. En Francia se dieron a conocer en 1960, con el nombre de «Nuevos Realistas», un grupo de artistas encabezados por el crítico Pierre Restagny y el pintor Yves Klein. Estos jóvenes artistas vivían en una sociedad de consumo que consideraba al objeto como una nueva divinidad a la que adorar. El objeto cotidiano se convirtió en el tema de su pintura y en la materia con la que trabajar, aunque cada uno lo hiciera de una manera diferente. Arman (1928) coleccionaba objetos de deshecho que embutía en cajas de plástico, como en *Cemento en sí* (1973). César (1921-1998) realizó esculturas, llamadas *Compresiones*, a partir de la chatarra de los coches. El cartelista Jacques de la Villeglé (1926) utilizaba los carteles encolados de la calle: *Rue de la Cherche-Midi* (1962). Tinguely (1925-1991), obsesionado con el movimiento, creaba esculturas con restos de maquinarias y su mujer, Niki de Saint-Phalle (1930), se caracterizó por realizar relieves, como *Sin título* (1969), a base de objetos, muñecos y envases entre los que colocaba bolsas y botes de pintura sobre los que disparaba.

Rue du Cherche-Midi (1962carteles arrancados sobre tela, 97 × 76 cm, colección particular), de Jacques de la Villeglé.

Antropometría de la época azul (1960, pigmento sobre papel, 218 × 132 cm, colección particular), de Yves Klein.

Christo (1931) proponía empaquetar monumentos, edificios o paisajes. Daniel Soperri (1930) presentaba sobre el cuadro restos de comida, como en *El muro de la habitación n° 13* (1961-1964). Raysse (1936) trabajaba con objetos de plástico de grandes almacenes y también realizó rostros estereotipados con un lenguaje de colores chillones que le aproximan al Pop americano, como en *Rose* (1962).

No cabe duda de la importancia que la figura de Duchamp y el espíritu de Dadá tuvo en todas estas experiencias, manifestándose de una manera más brutal que en sus contemporáneos americanos. Yves Klein (1928-1962), fundador del Nuevo Realismo, apareció como el hijo de Dadá y el padre del Body Art cuando el 9 de marzo de 1960 llevó a cabo su *Sinfonía monótona*. Mientras unos músicos tocaban una nota repetida diez minutos seguida de un silencio, dos mujeres desnudas, embadurnadas con pintura, se arrastraban sobre el papel puesto en el suelo, dejando su huella. El resultado fueron sus famosas *Antropometrías* que unían teatro, música, pintura y performance. Klein realizaba desde mediados de los cincuenta pinturas monocromas usando un rodillo para repartir el color uniformemente. Con este procedimiento quería impersonalizar el color, pero su alejamiento era físico y no espiritual, porque su concepción antiarte estaba unida a su pasión por las ciencias ocultas y a su consideración de los colores como metáforas. Llegó incluso a bautizar su color favorito, el azul de ultramar, como IKB (*International Klein's Blue*).

EL HIPERREALISMO

En el año 1966 se celebró en el Museo Guggenheim de Nueva York una exposición titulada «*The Photografic Images*», que presentaba al público la obra de un grupo de pintores y escultores que se mostraban obsesionados por reproducir literalmente la realidad. Las obras de estos artistas se anunciaban bajo un rótulo que decía: «¡Atención, no hay cámara fotográfica!». Pero la fotografía siempre estuvo en la base de esta pintura, ya que la cámara fotográfica les servía como instrumento para recopilar la información que más tarde llevaban al lienzo. De esta manera realizaron una pintura que traducía literal y fotográficamente la realidad, pero ésta se mostraba de una manera tan meticulosa y fría, que alejaba de ella la implicación subjetiva del artista y del espectador.

La mayoría de las obras mostraban una predilección por las imágenes de la ciudad, plasmadas con una gran habilidad técnica. Son muy representativas las vistas urbanas de Richard Estes (1936), *Canadian club* (1974), *Downtown* (1978), que acentúan los reflejos del cristal y el metal; y las imágenes urbanas de Robert Cottingham (1935), que resaltan los letreros y mensajes publicitarios: *Tip Top* (1971), *Carl´s* (1975). Don Eddy (1944) optó por representar coches de carrocerías relucientes, *Pintura* (1971), y más tarde se decantó por el tema de los escaparates. Chuck Close (1940) realizó únicamente retratos de sus amigos. Primero fueron en blanco y negro con pintura acrílica, *Richard* (1969), y desde 1970 en color, *Linda* (1975-1976), con una técnica totalmente lisa que se basaba en la utilización del aerosol en las zonas de un mismo color. El Hiperrealismo, o Realismo fotográfico, apareció como sucesor del Pop por el interés que mostraba por los aspectos banales de la sociedad de consumo y quedó totalmente consagrado en la Documenta de Kassel de 1972. Desde entonces, se extendió por Europa en un momento en que los movimientos de vanguardia habían eliminado el objeto artístico y la posibilidad de comercializar con él.

LA POSTMODERNIDAD

A lo largo de los años setenta el Minimal Art, el Arte Conceptual, el Arte Povera y el Land Art desarrollaron una producción artística que puso las bases para la definición de la pintura de los años ochenta. El fracaso político de las revoluciones de Mayo del 68, la Primavera de Praga y el Chile de Allende contagiaron de desencanto el ambiente cultural, que dejó de creer en las vanguardias como proyecto de futuro. El fracaso del compromiso artístico para transformar la existencia cotidiana hizo que los movimientos modernos, centrados en la autonomía artística, entraran en crisis y fueran sustituidos por la recuperación de los viejos métodos, que iban desde la recuperación de la pintura de caballete hasta la factura artesanal. Después de las sucesivas rupturas y revoluciones contra el arte del pasado, se intentó lograr un equilibrio entre la tradición y la innovación. Se recuperó el interés por otras épocas históricas con una visión retrospectiva que ofrecía un gran repertorio, obedeciendo al dictado de las grandes políticas institucionales de los museos, galerías y fundaciones. La pintura de la transvanguardia italiana, los nuevos expresionistas alemanes y la vuelta a la figuración dominaron el panorama artístico que, actualmente, se caracteriza, por la convivencia de una gran pluralidad de estilos y tendencias.

LA TRANSVANGUARDIA ITALIANA

En la Bienal de Venecia de 1980 se presentó una de las últimas tendencias artísticas denominada «Transvanguardia», respaldada por Achille Bonito Oliva. Este crítico de arte italiano, además de ponerle nombre, con-

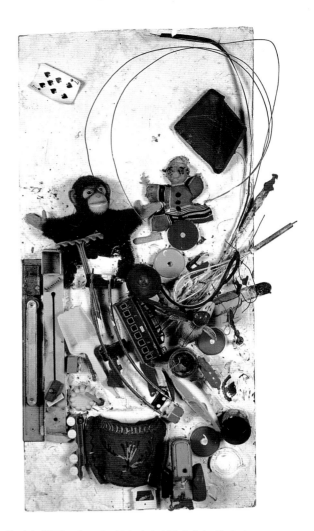

Sin título (1969, collage de objetos), de Niki de Saint-Phalle. La mayor parte de sus obras está en el Museo de Arte Moderno de Niza.

tribuyó a difundir esta modalidad artística por medio de escritos que divulgaban sus cualidades estéticas, partiendo de la idea de que esta tendencia era una respuesta al moralista Arte Povera de finales de los setenta.

Para los artistas de la Transvanguardia: Sandro Chia, Francesco Clemente, Enzo Cucchi, Mimmo Paladino y Nicola de Maria, toda la historia de la pintura era válida. Esta fue la característica más significativa de una pintura que tomaba en un mismo cuadro fragmentos de distintas obras del pasado y los conjugaba para crear una obra nueva. Técnicamente su carácter discontinuo las alejaba de cualquier tendencia a la repetición. Empleaban todo tipo de técnicas y colores, combinando elementos formalmente figurativos con otros abstractos. Habitualmente utilizaban signos en distintas zonas de la superficie, que daban a sus pinturas un aire muy decorativo. De la pintura norteamericana posterior a la II Guerra Mundial heredaron el gusto por los grandes formatos. Las obras de los transvanguardias no intentaron mostrar actitudes heroicas, sino, todo lo contrario, valoraban los pequeños sucesos, dotándoles en muchas ocasiones

Downtown (1978, óleo sobre lienzo, 122 × 152 cm, colección particular), de Richard Estes.

Carl's (1975, óleo sobre tela, 198 × 198 cm, Ludwig Forum For Für Internationale Kunst, Aquisgrán), de Robert Cottingham.

la tradición judeocristiana le ha aportado una mirada perversa y cínica, ajena al sentimiento de culpa, que se manifiesta sobre todo en la temática sexual que Clemente retoma en su pintura y convierte en naturalismo. La tercera tradición es la oriental, desde que Clemente viajara a la India en 1973 y abriera un estudio en Madrás. Las referencias y temáticas orientales aportan un sentido más místico a su lenguaje artístico, que ya no busca una interpretación en el sentido occidental. En la biblioteca de la Sociedad Teosófica de Madrás tomó contacto con esta corriente, la Teosofía, que sostiene la idea de que todas las religiones son sólo una, defendiendo una sociedad sin distinciones de sexo, raza y clase. La tradicional técnica del fresco es empleada en la mayoría de sus obras. Aunque ha usado muchas otras técnicas, utiliza esta antigua fórmula porque aporta una especial textura y luminosidad, ofreciendo una alternativa a las superficies brillantes y planas que imperaban en la pintura desde los sesenta. Sus murales, como los frescos de la piscina de Saint Moritz del Dr. Huvert Burda (1982) o sus famosos frescos de la discoteca *Palladium* de Nueva York (1985), transforman los espacios de estos templos de ocio, llenándolos de imágenes simbólicas que mezclan lo decorativo y lo figurativo en escenas que son ajenas a la finalidad del lugar donde se encuentran. La narración que caracteriza sus obras hace que los protagonistas de sus imágenes estén haciendo cosas que se pueden contar. Entre todos estos personajes destaca el propio artista, que hace del autorretrato uno de sus motivos favoritos, como un reflejo de su preocupación por el yo, por conocerse a partir de un gesto o una mirada. Por eso siempre su rostro mira directamente, entablando un silencioso diálogo con el espectador.

La presencia humana es constante en la obra de Sandro Chia (1946). En obras como *Gruta azul* (1980) o *Génova* (1980), se advierte su gran habilidad técnica, las riquísimas gamas cromáticas, y la referencia a múltiples estilos del pasado. La obra de Mimmo Paladino (1948) se caracteriza sobre todo por la aparición de signos esotéricos y su complicada iconografía, que contiene frecuentes alusiones a la religión y la mitología. Enzo Cucchi (1949) crea imágenes apocalípticas cargadas de misterio sometiendo a sus figuras y objetos a una particular metamorfosis. En obras como *Suspiro de una ola* (1983) o *Paisaje bárbaro* (1983) la realidad se funde con lo imaginario yuxtaponiendo figuración y abstracción.

LOS NUEVOS EXPRESIONISTAS ALEMANES

La situación de la pintura alemana era distinta de la italiana. Tras el nazismo y la huida de sus principales artis-

de un tinte de ironía que desmitificaba los hechos representados. Los títulos de las obras explicaban, como pequeñas narraciones, lo que ocurre en las escenas, alejándose de los sintéticos títulos que bautizaban las obras de las vanguardias históricas. El pintor Sandro Chia ha llegado a incluir pequeñas leyendas en sus pinturas explicando el tema que representan.

El lenguaje absolutamente personal de Francesco Clemente (1952) le ha convertido en uno de los artistas de la transvanguardia italiana que más influencia ha ejercido en la pintura de los últimos años. Sus obras son el reflejo de su manera de ver el mundo con figuras y objetos de diferentes culturas, que aparecen en una narración heredera de la tradición. En sus obras se habla de tres tradiciones. Una primera tradición clasicista relacionada con su lugar de nacimiento, Nápoles, donde el clasicismo de Pompeya y Herculano se aleja del clasicismo académico y se acerca más al naturalismo de los sentidos, lleno de olores y sensaciones. En segundo lugar, su rechazo por

Gruta azul (1980, óleo sobre lienzo, 147 × 208 cm, Colección Bruno Bischofberger Künsnacht, Zurich), de Sandro Chia.

tas, el panorama artístico se vio obligado a seguir los dictados de los principales centros hasta que, en los años sesenta, las ciudades de Berlín y Düsseldorf recuperaron la vitalidad de antaño, gracias a la aparición de artistas que reivindicaban el cuadro y la escultura frente al arte que había puesto en crisis el objeto artístico. Los pintores neoexpresionistas, que desarrollaron sus propuestas durante los años setenta, y afianzaron su lenguaje en los ochenta, reivindicaban la figuración frente a la abstracción, defendían la vuelta a la tradición de la vanguardia histórica contra la ruptura iconográfica y formal, y anteponían el fuerte sentimiento nacional al cosmopolitismo del expresionismo abstracto.

El nacionalsocialismo llevó a la cima la tradición alemana, proclamándose su heredero. Tras la derrota de la II Guerra Mundial, el pasado nacional estaba condenado a ser ocultado. Por eso, fue necesario revisar la ideología que había secuestrado la tradición y, por primera vez, los artistas alemanes se enfrentaron directamente a su reciente pasado. A veces las referencias fueron muy explícitas, como la serie de pinturas del *Café Deutschland*, de Jörg Immendorff (1945), llenas de narraciones y anécdotas político-sociales muy concretas, acompañadas de un gran sentido de lo grotesco. Markus Lüpertz (1941), otro miembro de esta generación de Nuevos Salvajes, tampoco ha ocultado los problemas de la tradición militarista alemana. Su pintura, que él denomina «ditirámbica», recopila la tradición cultural, política y artística de Alemania. *Cruces rojas-ditirámbicas* (1967), *Casco-ditirámbico* (1970) y *Negro-Rojo-Oro I-ditirámbico* (1974), son obras en las que queda reflejada la ideología alemana con motivos iconográficos de carácter monumental, claramente reconocibles, que destacan sobre los fondos neutros y desolados. La pintura matérica y los temas de Anselm Kiefer (1945) enlazan también con la tradición alemana, tanto en la elección de sus personajes protagonistas: Friedrich, Wagner, como en los desolados paisajes: *Pintura de la tierra quemada* (1974). A. R. Penck (1939) parte del dibujo esquemático, casi infantil, para realizar una pintura de fuerte contenido simbólico basada en figuras distorsionadas y signos primarios de fuerte coloración, como en *Sin Título* (1980) o *Yo, en Alemania* (1984).

Entre todos los neoexpresionistas alemanes destaca el pintor y escultor Georg Basilitz (1938) con una producción que desde 1969 da la vuelta a los motivos de sus cuadros: *Águila* (1972), *Clown* (1981), *Adieu* (1982) o la serie de *Los comedores de naranjas* (1981). Esta inversión de los motivos es su rasgo más conocido, y responde a su deseo de alterar la percepción del espec-

tador, su manera natural de mirar. Baselitz piensa que las reglas son artificiales, y desea hacer una pintura que vaya en contra de esa convención poniendo boca abajo los motivos. Al comenzar el siglo XX la pintura terminó con la simulación ficticia del espacio tridimensional sobre la superficie pictórica, pero continuó manteniendo la existencia de otros principios como: arriba y abajo, derecha e izquierda, horizontal y vertical. Algunas obras de Klee o Pollock se olvidaban de este tipo de organización pero, a diferencia de ellos, en la producción de Baselitz la desaparición de los condicionantes perceptivos no se produce en obras abstractas, sino en una pintura figurativa, totalmente reconocible. Sus monumentales protagonistas no se limitan a narrar, aparecen en un primer plano, como elemento fundamental

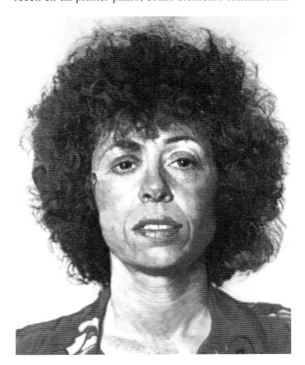

Linda (1975-1976, acrílico sobre tela, 274 × 233 cm, Museo de Arte Akren, Ohio), de Chuck Close.

El suspiro de una ola (1983, óleo sobre tela, 200 × 400 cm, Galería Brusino Bischofberger Künsnacht, Zurich), de Enzo Cucchi.

de la composición, y es su disposición la que construye la imagen. Sus figuras son un pretexto para dar rienda suelta a un lenguaje agresivo que se basa en una pincelada gestual, llena de violencia y dinamismo, y en colores intensos cuyos contrastes llaman poderosamente la atención del espectador.

LA PINTURA NEOEXPRESIONISTA NORTEAMERICANA

La obra del artista de ascendencia portorriqueña y haitiana, Jean Michel Basquiat (1960-1988), fue la más interesante de esta tendencia que incluye a otros artistas como Julian Schnabel (1951), Keith Haring (1958-1990), David Salle (1952) y Eric Fischl (1948), entre otros. El estilo inconfundible de Basquiat derivaba de sus primeras pinturas realizadas con sprays en el metro de Nueva York. Sus creaciones, como *Profit I* (1982) y *Autorretrato* (1986), se caracterizan por unas formas arcaicas e ingenuas, trazadas esquemáticamente, que se combinan con palabras escritas en inglés y castellano para reforzar el poder de las imágenes. Los rostros primitivos de sus figuras muestran los dientes ferozmente, pero esta agresividad se mezcla con toques de ironía. Violentos son también sus colores, que se presentan sin gradaciones en fuertes contrastes. Su producción era el resultado de una especie de performance, en la que Basquiat pintaba mientras escuchaba música, a veces bajo el influjo de las drogas, las mismas que acabaron con su vida tras una sobredosis.

Trágico fue también el final de Keith Haring. El sida acabó con la vida y la peculiar obra de este pintor que mezclaba figuras de animales y personajes, que parecen derivar de los cómics, como *Sin título* (1984). Sus figuras tienen contornos nítidos, gruesos y de colores contrastados, que se disponen sobre fondos neutros.

El prototipo de artista posmoderno lo encarna Julian Schnabel (1951) con una pintura de gran formato,

Los comedores de naranjas (1981, óleo sobre lienzo, 146 × 114 cm, propiedad privada), de Georg Baselitz.

que recopila elementos de otros estilos, y una temática que gira en torno a la muerte y al sexo. Su obra se ha hecho famosa por la introducción de materiales poco convencionales en la pintura: trozos de loza coloreados y pegados a la superficie, como en *El estudiante de Praga* (1983), terciopelo, algodón o pieles de animales.

LA PINTURA ESPAÑOLA DE LOS OCHENTA

A principios de los setenta el panorama político de España era muy diferente al del resto de Europa. Los artistas españoles realizaban un arte conceptual, muy politizado, que rompía con la concepción artística de la pintura y la escultura como objetos artísticos por medio de instalaciones, acciones, intervenciones, etc. Durante la transición política del franquismo a la democracia, a finales de los setenta y principios de los ochenta, el panorama artístico cambió y los jóvenes artistas prefirieron realizar una pintura que se alejaba de la fuerte politización de los tiempos pasados. Además, el arte comenzó a contar con el apoyo de la administración a la hora de incorporar el arte español al panorama internacional. Dentro de este panorama pictórico se diferencian varias tendencias. El mallorquín Miquel Barceló (1957) es el ejemplo más claro de la incorporación de un artista español al ámbito internacional. En los años ochenta su producción se hallaba próxima al Neoexpresionismo. Sus temas eran básicamente paisajes, naturalezas muertas, como en *Big spanien dinner* (1984), y animales, realizados de una manera muy personal, cruda y desenfadada, gracias a una técnica muy trabajada que mezclaba diferentes tex-

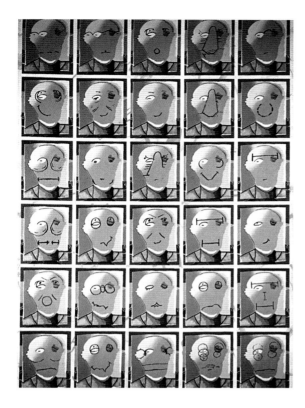

Sistema lábil (1975-1976, acrílico sobre lienzo, 270 × 187 cm, Museo Patio Herreriano de Valladolid), de Luis Gordillo.

turas utilizando diversos materiales: titanlux, óleo, pigmento, látex... Las largas estancias en su estudio de Mali le han hecho apartarse del Neoexpresionismo y realizar obras como *Che Saba* (1991), donde introduce diferentes elementos: barro, ramas y hojarascas, por medio del collage, creando obras de una gran belleza mística.

Luis Gordillo (1934) consiguió crear una pintura figurativa a finales de los sesenta, que se alejaba de la pintura politizada y se preocupaba únicamente por los aspectos plásticos y narrativos de la pintura en obras como *Sistema Lábil* (1975-1976). Su obra se convirtió en un ejemplo para la pintura figurativa de los años ochenta que se encuentra representada por un grupo de artistas con residencia en Madrid: Guillermo Pérez Villalta, Chema Cobo, Carlos Alcolea y Manolo Quejido. Todos ellos formaron parte de la llamada «Nueva Figuración Madrileña». El más conocido de todos es Guillermo Pérez Villalta (1948) con obras como *Grupo de personas en un atrio, o alegoría del arte y la vida, o del presente y del futuro* (1975), donde aparecen representados todos estos pintores que defendían una pintura narrativa en el Madrid de finales de los setenta. Su producción se caracteriza por beber tanto de los lenguajes del pasado, *La energía del viento* (1990), como de la pintura metafísica y el Pop Art del siglo XX, *Personaje matando a un dragón* (1977). El eclecticismo de sus obras produce a veces una sensación de agobio al

Profit I (1982, acrílico y spray sobre lienzo, 220 × 400 cm, colección privada, Nueva York), de Jean-Michel Basquiat.

espectador por la cantidad de focos de atención que dispone en la superficie. Pero su mezcla de estilos resulta llamativa y le ha llevado a configurar un lenguaje absolutamente personal.

Dentro de la tendencia que conecta con la pintura abstracta informalista, destaca la obra de José Manuel Broto (1949) y José María Sicilia (1954). *El Mirador* (1980) es un ejemplo de la pintura colorista iniciada por Broto en los ochenta. Se basa en el color dispuesto a base de grandes manchas por la superficie, sobre las que ubica otras salpicaduras de gran fuerza expresiva, que son el resultado del gesto o el goteo espontáneo del artista. Sicilia abandona el Neoexpresionismo figurativo para dedicarse a la pintura abstracta en series como *Tulipanes* y *Flores*, donde las texturas densas y los colores son fundamentales.

Personaje matando a un dragón (1977, acrílico sobre lienzo, 180 × 140 cm, Museo Patio Herreriano de Valladolid), de Guillermo Pérez Villalta.

Índice de ilustraciones